数据分析与定量研究丛书

H 型指数和 H 型测度研究

H-type Indices and H-type Measures

赵　星　李盛庆　叶　鹰等著

科学出版社

北　京

内 容 简 介

H指数是21世纪以来科学计量和信息计量领域最具创新的发现之一，学术界不仅已经研究了各种H型指数，而且发展出多种H型测度和独具特色的抽取核心结构的量化测度方法。本书是研究H型指数和H型测度的一部学术专著，在阐明H型指数和H型测度来龙去脉的基础上，对H型指数和H型测度的理论机理、实证研究和应用拓展等进行系统探索，可供读者参考。

本书可作为科研管理与评价、科技政策、科学计量学、信息计量学、文献计量学、图书情报与档案管理等相关领域研究者和工作者的业务参考用书，也可作为信息资源管理、信息管理与信息系统、图书馆学、情报学与文献学等相关专业的本科生和研究生的专题教材。

图书在版编目（CIP）数据

H型指数和H型测度研究 / 赵星等著. —北京：科学出版社，2018.9
（数据分析与定量研究丛书）
ISBN 978-7-03-058638-4

Ⅰ. ①H… Ⅱ. ①赵… Ⅲ. ①文献计量学–研究 Ⅳ. ①G250.252

中国版本图书馆 CIP 数据核字（2018）第 199545 号

责任编辑：惠 雪 / 责任校对：彭 涛
责任印制：张克忠 / 封面设计：许 瑞

科 学 出 版 社 出版
北京东黄城根北街 16 号
邮政编码：100717
http://www.sciencep.com

文林印务有限公司 印刷
科学出版社发行 各地新华书店经销

*

2018 年 9 月第 一 版 开本：720×1000 1/16
2018 年 9 月第一次印刷 印张：19 3/4
字数：375 000

定价：139.00 元
（如有印装质量问题，我社负责调换）

"数据分析与定量研究丛书"编委会

丛 书 序

||||||||||||||||||||||

　　自从西学东渐，科学思想及应用遍及各种学问，而定量化作为科学的重要特征却未见得深入人心，尤其是属于"文科"的社会科学中有些学者以为不必定量、甚或以当代西方社会科学对过度量化的反思为由，用中国学术长于思辨、容忍模糊的文化传统拒定量研究于千里之外。实则西方定性是建立在定量传统基础上的定性，中国量化远未及格，切不可尚未浸染量化即论过度定量，而宜取强化定量且定性定量并重之方略，既倡导质性研究需要量化支持（从 Nvivo 软件看质性研究），也鼓励量化研究需有质性判断（从统计相关到因果关联）。

　　不仅科学技术需要量化，2009 年以来，伴随计算社会科学的兴起，数据驱动的研究模式方兴未艾，在互联网和大数据蓬勃发展的推动下社会科学研究范式正在发生变革，乃至人文研究也出现了数字人文浪潮，数据分析和定量研究如同促进学术腾飞的双翼，正在学术研究中发挥引擎般作用，特别是在面向问题展开的跨学科研究中尤其如此。

　　在此学术发展新时期，科学出版社和本编委会以成熟一本推出一本的方式出版"数据分析与定量研究丛书"，旨在把数据分析和定量研究的研究成果系统化，既深化社会网络分析、社会仿真模型、复杂系统建模、自动信息抽取等方法，也强化复杂网络、信息分析、知识服务等应用，内容总体上以量化为方法特征，以数据、信息、知识、社会为主要解析对象，既处理大千世界的万千变化，也分析人类社会的复杂机理，期望能为理论界带来新思想，能为学术界迎来新知识。

　　收入本丛书的专著有两大特点：一是研究方法以定量主导，研究基础以数据支撑；二是跨学科性明显，既可能是计算社会科学的新领域，也可能是科技新方法新技术在人文社会科学中的新应用，覆盖科学计量、政策分析、用户测评等研究领域，体现知识的交叉融合。

　　丛书的作者大多是年富力强、充满活力的青年学者，他们都学有专长、术有专攻，对自己的研究具有独特的思考，取得了令人瞩目的成绩。丛书荟萃他们的研究成果，可以彰显当代数据分析和定量研究之主流，期望能丰富学术研究、推动学术进步，为学术发展提供参考。

　　是为序。

叶　鹰

欧洲文理科学院院士，南京大学教授

2018 年 8 月 1 日

前　言

||||||||||||||||||||||||

何为最好的测度？在信息计量学发展与成熟的数十年过程中，这一问题被频繁提起，其答案被孜孜以求，却依旧没有定论。

自 20 世纪 60 年代普赖斯（D. J. Price）提出引文分析、加菲尔德（Eugene Garfield）引入影响因子之后数十年，科学计量学界再没有产出具有同等开创意义和全局影响的测度或方法。以至于在 21 世纪之初，即使是图书情报学内部，也对这一领域持悲观态度，认为这一号称图书情报学最具有学科知识输出的领域在理论与方法创新上已走到尽头，剩下的仅是应用而已。当时，一部分信息计量学者也判定：测度、指标和方法，已不再是本领域能突破的重点研究方向。

然而，科学探索的本质是解决问题。学术数据测评这一问题客观存在，无可回避。学界要求我们面对这一问题，无关难度。而历史的进程也呼唤天才，无关学科。2005 年，似乎从来不曾关心科学计量学的物理学家乔治·赫希（Jorge E. Hirsch）横空出世，给出 21 世纪以来最有全局影响的信息计量学发现——H 指数。与普赖斯和加菲尔德一样，乔治·赫希并非图情学科出身。与引文分析和影响因子类似，H 指数也没有发表在图情学刊物上，而是发表于知名的综合性刊物《美国国家科学院院刊》（PNAS），其中之巧合与必然或许值得我们深思。

然而，H 指数带来的启示远不只这些。在理论上，后来的研究显示它能与包括洛特卡定律等情报学基本模型无缝衔接。在方法上，它的计算方法具有独特性，而并非像其他所有信息计量学指标那样仅是移植于统计学或数学的算法。在应用上，它仿若从"石头中蹦出"，却能在短短数年内被很多主流学科学者所自发地接受和使用，在这个抵制定量评价和影响因子大行其道的年代，H 指数起到了逆流而上的作用。

本书即在这样的背景下产生。我们课题组于近十年中，对 H 指数、H 型指数和 H 型测度进行坚持不懈的探索，先后发表了约 30 篇国际论文和 10 余篇中文论文，完成和正在完成三个国家自然科学基金项目［"h-指数和类 h-指数的机理分析与实证研究"（批准号：70773101）、"专利 h 指数与专利信息网络测度研究"（批准号：71173187）和"h 型信息网络测度的机理与实证研究"（批准号：71503083）］。其中精华，皆在本著作中。

全书分为五篇，从各类代表性的 H 型指数说起，随后分别在理论研究、应用研究和拓展研究三个方面进行系统性探索，最后导出有特色的 H 型网络测度。全书第一篇主要由赵星和叶鹰等主笔，第二篇由叶鹰和赵星撰写，李盛庆、叶鹰和赵星等合作完成了第三篇，第四篇主要由赵星和叶鹰等完成，最后一篇由赵星主笔。先后还有多位学者和师生参与了本书或之前 2011 年出版的《h 指数与 h 型指数研究》的相关研究工作，他们是 Ronald Rousseau、高小强、潘有能、唐建辉、张力、黄娟、彭晓东、谭旻、王舒月、张家榕、戚尔鹏、陈路遥、蔡前黎、苏林伟、罗瑞翛、张品慧、张瑜婷等，特致谢意。十载光阴，若有遗漏，还盼见谅。

本书的出版获得国家自然科学基金项目（h 型信息网络测度的机理与实证研究，批准号：71503083）的经费资助。

纵观全书，H 指数虽可谓影响深远，但仍难以称为 "最好的测度"。欣慰的是，它让我们看到最好测度应有之特点：简洁、巧妙、富含信息、独一无二。较完整地呈现 H 指数及相关拓展是本书的目的，但不是我们全部的目标，通过 H 型测度研究追寻最好测度的足迹才是本书的立著之意。限于水平，不足难免，只盼对读者有所启示，引发更多的批判、合作与创新。

作　者

2018 年夏

目　录

第四篇　H 型指数和 H 型测度的扩展研究

第一篇
H 指数和 H 型指数的方法发展

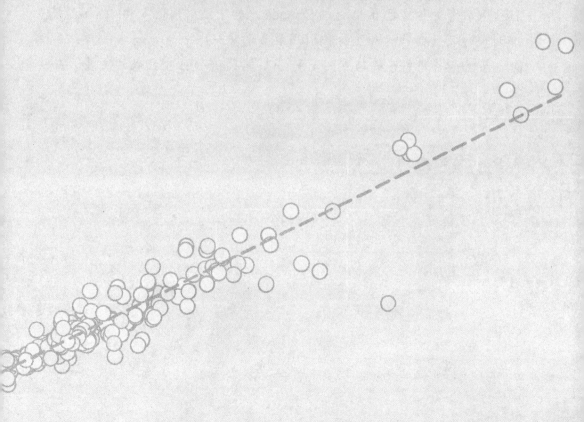

2005 年 11 月 15 日，一篇名为 "An Index to Quantify an Individual's Scientific Research Output" 的论文发表在美国科学院院报(PNAS)第 102 卷第 46 期上（Hirsch，2005），署名 J. E. Hirsch，虽然该文章于 2005 年 8 月已在 *arXiv* 上公开发表，但在 *PNAS* 的正式发表强化了学术界对此关注。*Nature* 评论员 Philip Ball 在当年 *Nature* 第 436 卷 900 页上的评论正面肯定了 H 指数的效果（Ball，2005）。尽管后来也有不同意见（Lehmann，2006），但 H 指数仍以其简单新颖的特点引起学术界的兴趣。很快，H 指数研究的学术帷幕开启，并成为学术热点。

现今，H 指数已全面进入学术评价、信息测度等领域的研究和应用，Hirsch 的原始论文已在 Web of Science 平台中被引用近 3500 次，成为信息计量学乃至情报学历史上被引用最多的文献之一。

而整个系列研究的起点则是 H 指数的提出和 H 型指数的发展。

第1章
从H指数到H型指数

1.1　Hirsch H 指数

　　按照 Hirsch 的原始定义，一名科学家的 H 指数是指其发表的 N_p 篇论文中有 h 篇且每篇至少被引 h 次，而其余 $(N_p–h)$ 篇论文每篇被引均小于或等于 h 次（A scientist has index h if h of his or her N_p papers have at least h citations each and the other $(N_p–h)$ papers have $\leqslant h$ citations each），也就是说：一位学者的 H 指数等于其发表至多 h 篇且每篇至少被引 h 次的论文，即一个学者的 H 指数表明其至多有 h 篇论文被引用至少 h 次。Braun 等（2006）将原来针对学者的 H 指数概念用于期刊，提出一种期刊的 H 指数等于该期刊发表了至多 h 篇且每篇至少被引 h 次的论文，或者说一种期刊的 H 指数表明该期刊所发表的全部论文中最多有 h 篇论文至少被引用 h 次。一般地，可将一个学术信息源的 H 指数定义为该信息源至多有 h 篇且每篇至少被引用 h 次的学术发文数，这一概念可普遍适用于学者、期刊、机构（包括大学）、专利权人乃至国家/地区。

　　H 指数的计算，首先需要把论文按照被引次数从高到低排序，表 1.1 是对其形成机制的数据示意。

表 1.1　H 指数形成机制示意

发表及被引数据			排序数据	
PY	P	C	TC	r
1996	1	2	32	1
1997	2	3+5	25	2
1998	3	4+6+8	20	3
1999	2	10+9	18	4

续表

发表及被引数据			排序数据	
PY	P	C	TC	r
2000	3	32+16+25	17	5
2001	2	20+18	16	6
2002	1	15	15	7
2003	5	1+2+3+17+11	12	8
2004	4	12+8+6+3	11	9
2005	3	9+7+5	10	10→h
2006	2	2+1	9	11
			9	12
			8	13
			8	14
			7	15
			6	16
			6	17
			5	18
			5	19
			4	20
			3	21
			3	22
			3	23
			2	24
			2	25
			2	26
			1	27
			1	28

注: PY=publishing year（出版年）；P=papers（论文数量）；C=citations from publishing to present（至今的被引次数）；TC=total citations in decreasing order（降序排列的被引次数）；r=order of paper（论文排序序号）.

设 r 是按被引次数降序排列的论文序次，TC_r 是论文 r 的被引总数，则有以下序列：

$$r = (1, 2, \cdots, r, \cdots, z) \tag{1.1}$$

$$\mathrm{TC} = (\mathrm{TC}_1, \cdots, \mathrm{TC}_2, \cdots, \mathrm{TC}_r, \cdots, \mathrm{TC}_z); \quad \mathrm{TC}_1 \geqslant \mathrm{TC}_2 \geqslant \cdots \mathrm{TC}_r \geqslant \mathrm{TC}_z \tag{1.2}$$

H 指数就是

$$h = \max\{r : r \leqslant \mathrm{TC}\} \tag{1.3}$$

即把一位学者发表的论文按其被引次数(TC)从高到低排序(r)后，H 指数等于按被引从多到少排列的单篇论文总计被引次数(TC)大于等于 r 时对应的最大序数 r。

参照学者们的总结（Costas and Bordons, 2007; Bornmann and Daniel, 2007; 叶鹰，2007；赵基明等，2008; Rousseau, 2008; Alonso et al., 2009），H 指数具有以下主要优点：

（1）具有数学简单性(It is a mathematically simple index)；

（2）具有数值稳健性(It is a robust indicator)；

（3）结合产出与影响(It incorporates both output and impact)；

（4）适用于各种层次(It can be applied to individual and aggregative levels)；

（5）数据容易获取(Data are easily obtained)。

相应地，其缺点也有：

（1）具有数据源依赖性(It is dependent on database source)；

（2）缺乏敏感性(It lacks sensitivity to changes in performance)；

（3）只升不降会导致"吃老本"(It allows scientists to rest on their laurels)；

（4）会受自引影响(Self-citations etc. can positively influence its value)；

（5）很难收全决定 H 指数的完整数据(It is difficult to collect complete data for the determination of the h-index)。

同时，H 指数也遭受一些批评，主要是以下几个方面：

（1）H 指数对科学家论文集中的被大量引用的某一篇或几篇论文并不敏感；

（2）H 指数没有区分论文由作者独立完成还是合作完成，以及合作作者在论文中的贡献度；

（3）H 指数在很大程度上依赖于科学家的学术生涯时间，这也就意味着 H 指数对于从事学术生涯时间大致相同的科学家之间才具有比较意义；

（4）对于 H 核内外的论文没有更细粒度的衡量；

（5）H 指数从来不会下降，因而也就不能反映出科学家的学术休止状态、退休甚至死亡。

（6）H 指数没有区分引用论文的质量，以及引用时文献的重要性；

（7）H 指数无法跨越学科与层面进行衡量。

为了试图解决 H 指数的一个或者多个缺点,各种 H 型指数层出不穷(Alonsoa, et al., 2009; Egghe, 2010; Cabrerizo, et al., 2010),择要综述如下。

1.2　针对高被引论文权重的 H 型指数

1.2.1　g 指数及 hg 指数

1. g 指数

第一个独立的 H 型指数是 Egghe 提出的 g 指数。Egghe（2006）把 g 指数界定为：论文按被引次数排序后相对排前的累积被引至少 g^2 次的最大论文序次 g,亦即第$(g+1)$序次论文对应的累积引文数将小于$(g+1)^2$。

g 指数的计算和 H 指数一样,也是首先需要把论文按照被引次数从高到低排序,而且需要计算累积被引 CC。表 1.2 是与表 1.1 中 H 指数对应的 g 指数形成机制的数据示意。

表 1.2　g 指数形成机制示意

发表和被引数据			排序数据			
PY	P	C	TC	r	r^2	CC
1996	1	2	32	1	1	32
1997	2	3+5	25	2	4	57
1998	3	4+6+8	20	3	9	77
1999	2	10+9	18	4	16	95
2000	3	32+16+25	17	5	25	112
2001	2	20+18	16	6	36	128
2002	1	15	15	7	49	143
2003	5	1+2+3+17+11	12	8	64	155
2004	4	12+8+6+3	11	9	81	166
2005	3	9+7+5	10	10→h	100	176
2006	2	2+1	9	11	121	185
			9	12	144	194
			8	13	169	202

发表和被引数据			排序数据			
PY	*P*	*C*	TC	*r*	*r²*	CC
			8	14←g	196	210
			7	15	225	217
			6	16	256	223
			6	17	289	229
			5	18	324	234
			5	19	361	239
			4	20	400	243
			3	21	441	246
			3	22	484	249
			3	23	529	252
			2	24	576	254
			2	25	625	256
			2	26	676	258
			1	27	729	259
			1	28	784	260

注：PY=publishing year（出版年）；P=papers（论文数量）；C=citations from publishing to present（至今的被引次数）；TC=total citations in decreasing order（降序排列的被引次数）；r=order of paper（论文排序序号）；CC=cumulative citations(累积被引数).

沿用式(1.1)和式(1.2)的符号，设 CC_r 是论文 r 从 1 到 r 的累积引文数，有

$$CC = (CC_1, CC_2, \cdots, CC_r, \cdots, CC_z); \quad CC_1 = TC_1, CC_r = \sum_{i=1}^{r} TC_i \qquad (1.4)$$

g 指数就是

$$g^2 = \max\{r^2 : r^2 \leqslant CC\} \qquad (1.5)$$

即 g 指数等于按被引从多到少排列的前列多篇论文累积引文数(CC)大于等于 r^2 时对应的最大序数 r。

Egghe 是在导出 H 指数 Egghe-Rousseau 模型（Egghe and Rousseau, 2006）

$h = (T)^{\frac{1}{\alpha}}$ 的同样理论基础上导出的 g 指数一般数学模型为

$$g = \left(\frac{\alpha-1}{\alpha-2}\right)^{\frac{\alpha-1}{\alpha}} h \geqslant h \tag{1.6}$$

式中，α 为洛特卡系数，一般取值为 2。

赵星等（2009）把 g 指数内的论文集合称为 g 核心（g-core），通过理论和实证研究揭示，g 指数在数值上与 g 核心内论文的篇均被引次数（CPP）接近，Schreiber（2010a）随后也得到类似的结果。g 指数作为较早提出的 H 型指数，已产生较大影响，成为迄今讨论最多的 H 型指数（Tol, 2008; Schreiber, 2008a; Costas and Bordons, 2008; Woeginger, 2009; Schreiber, 2009; Schreiber, 2010b）。

2. hg 指数

随着 g 指数和其他 H 型指数的发现，H 型指数与 H 指数的关系及其组合被纳入研究视野，如表 1.3 所示的普赖斯奖获得者（Price medallists）的 $\frac{g}{h}$ 值和（$g-h$）值，就提供一种最简单的组合。

表 1.3　普赖斯奖获得者的 H 指数、g 指数及其组合（Egghe, 2006）

姓名	H 指数	g 指数	g/h	$g-h$
Garfield	27	59	2.19	32
Small	18	39	2.17	21
Narin	27	40	1.48	13
Braun	25	38	1.52	13
Ingwersen	13	26	2.00	13
White	12	25	2.08	13
Schubert	18	30	1.67	12
Martin	16	27	1.69	11
Glanzel	18	27	1.50	9
Moed	18	27	1.50	9
Van Raan	19	27	1.42	8
Egghe	13	19	1.46	6
Leydesdorff	13	19	1.46	6
Rousseau	13	15	1.15	2

注：按右列计算数据（$g-h$）排序，数据相等时按 H 指数和姓名顺排。

叶鹰（2007）建议将$(g-h)$称为学术差，而$\dfrac{g}{h}$可称为学术势。陈亦佳（2009）以图书馆作为研究对象进行理论和实证讨论，认为学术差和学术势的主要意义是测量高被引论文集合的被引频次分布差异。

H 指数和 g 指数分别从不同角度反映出科学家的学术成就，并且已被大量实证研究证明其有效性。继续上述 H 指数和 g 指数的组合构想，Alonso 等（2010）将 H 指数和 g 指数结合在一起，提出 hg 指数，定义为 H 指数和 g 指数的几何平均数

$$hg = \sqrt{h \times g} \tag{1.7}$$

表 1.4 是普赖斯奖获得者的 hg 指数示意。

表 1.4　普赖斯奖获得者的 hg 指数（按 hg 指数降序排列）

获奖者	H 指数	g 指数	hg 指数
Garfield	27	59	39.91
Narin	27	40	32.86
Braun	25	38	30.82
Small	18	39	26.50
Schubert	18	30	23.24
van Raan	19	27	22.65
Glanzel	18	27	22.05
Moed	18	27	22.05
Martin	16	27	20.78
Ingwersen	13	26	18.38
White	12	25	17.32
Egghe	13	19	15.72
Leydesdorff	13	19	15.72
Rousseau	13	15	13.96

H 指数、g 指数和 hg 指数三者之间的关系为

$$h \leqslant hg \leqslant g , \quad hg - h \leqslant g - hg \tag{1.8}$$

实证发现 hg 指数更加接近 H 指数，其优点是可以避免对低 H 指数作者的片面评价以及高被引论文的过大影响，由此期望 hg 指数可能吸收 H 指数和 g 指数两者的优点而尽可能避免两者的缺点。Moussa 等尝试了将 hg 指数用于营销类期刊的学术影响力评价（Moussa and Touzani, 2010）。

1.2.2 h(2)指数及广义 h(2)指数

在利用 ISI Web of Science 计算学者 H 指数的过程中，存在由英文姓名缩写相同或英文姓氏改变等原因导致的学者文献数量与引文次数变化，这就造成 H 指数的计算误差。Kosmulski（2006）通过增加高被引文献的权重，提出 h(2)指数（h(2)-index），即 Kosmulski 指数。其定义是：一个科学家的 h(2)指数是其发表论文中有前 $h(2)$ 篇高被引文献至少被引用 $[h(2)]^2$ 次的最大自然数（A scientist's h(2)-index is defined as the highest natural number such that his $h(2)$ most cited papers received each at least $[h(2)]^2$ citations. ）。例如，h(2)指数为 10，则代表这位科学家至多发表 10 篇至少被引用 100 次的论文。

h(2)指数的计算过程与 H 指数相似，以表 1.1 数据为例转换为表 1.5。

表 1.5 学者 h(2)指数计算过程示意

发表及被引数据			排序数据		
PY	P	C	TC	r	r^2
1996	1	2	32	1	1
1997	2	3+5	25	2	4
1998	3	4+6+8	20	3	9
1999	2	10+9	18	4→$h(2)$	16→$[h(2)]$·
2000	3	32+16+25	17	5	25
2001	2	20+18	16	6	
2002	1	15	15	7	
2003	5	1+2+3+17+11	12	8	
2004	4	12+8+6+3	11	9	
2005	3	9+7+5	10	10→h	
2006	2	2+1	9	11	
			9	12	

由此可见，对于任何一位科学家而言，h(2)指数将不高于其 H 指数数值（Jin et al., 2007）。h(2)指数的最大优点在于减少误差，为利用科学网（Web of Science）数据库计算 h(2)指数数值减少论文数据核对等耗时，尤其是计算 H 指数过程中辨

析学者姓名的大量工作（Bornmann and Daniel, 2007），为实证研究带来便利。但是 h(2)指数并未能解决 H 指数因不同学科与不同年龄、自引与互引等因素导致的不足和缺陷。

Egghe 于 2011 年提出广义 Kosmulski 指数，记为 h_a，对于 $a \geqslant 1$ 有最大的秩为 $r = h_a$，而排序中秩为 $1, \cdots, r$ 的项值至少为 $(h_a)^2$。如果 $a=1$，那么 $h_a = h$。

性质 1.1 在洛特卡框架中描述 h_a 的公式，如果 $\alpha > 1$，那么 $h_a = T^{\frac{1}{(1-a(1-a))}}$。

性质 1.2 令 $a > 2$，下面两个式子是等价的：（1）$r = \left(\dfrac{\mu_r}{\mu}\right)^{\frac{1}{a}}$；（2）$r = h_a$，其中定义 r 核心为前 r 秩源集合，μ_r 为 r 个源平均的项数，μ 为每个源平均项数。

1.2.3 w 指数及广义 w 指数

w 指数是吴强对 H 指数的改进（国际知名刊物《物理世界》2008 年 6 月 5 日曾在头版头条进行过报道），试图用于研究人员文献影响的综合评价，尤其是高影响的论文。其定义为（Wu, 2010）：研究人员的 w 指数是指其发表的论文中有 w 篇论文均至少被引 $10w$ 次，而其余每篇被引均小于 $10(w+1)$ 次（The w-index can be defined as follows: If w of a researcher's papers have at least $10w$ citations each and the other papers have fewer than $10(w+1)$ citations, his/her w-index is w.）。

w 指数保留了 H 指数原有的简便性和易操作等优点，但更加关注研究人员的高影响论文。例如，某学者 w 指数为 12，那么代表这位学者发表的论文中有 12 篇论文均至少被引 120 次，而其余每篇论文被引均小于 130 次。

吴强选择 20 位天体物理学家作为样本，以 ISI 知识网（ISI Web of Knowledge）为数据源，计算出该 20 位科学家的 w 指数，并与 A 指数、H 指数、g 指数等 H 型指数进行了相关性分析，结果显示 w 指数和三者相关性非常强，这一方面说明 w 指数同样可用于评价，另一方面也表明 w 指数的必要性值得讨论——H 指数已经体现关注高影响论文，g 指数进一步强化高引论文被引次数的作用，w 指数再提高 10 倍可能导致过多地关注高影响论文并出现更多同值结果，会进一步降低指数的区分度。

Egghe 于 2011 年提出广义 Kosmulski 指数的同时，还提出广义 w 指数。

广义 w 指数，记为 w_a，对于 $a \geqslant 1$ 有最大的秩 $r = w_a$，而排序中秩为 1，…，r 的项值至少为 aw_a。如果 $a=1$，那么 $w_a = h$。

1.2.4 h_w 指数

针对 H 指数对科研表现的变化缺乏敏感性，Egghe 和 Rousseau（2008）提出基于引文权重的 h_w 指数。在离散型情况下，h_w 指数可定义为

$$h_w = \sqrt{\sum_{j=1}^{r_0} y_j} \tag{1.9}$$

式中，y_j 表示第 j 篇论文被引次数；r_0 是满足 $r_w(j) \leqslant y_j$ 的最大行值，$r_w(j) = \dfrac{1}{h} \sum_{1}^{j} y_j$。

而在连续型情况下，h_w 指数为

$$h_w = \sqrt{\int_0^{r_0} \gamma(r) \mathrm{d}r} \tag{1.10}$$

从理论上证明 h_w 指数可以用作一种可接受的 H 型测度。该指数与 H 指数和 g 指数的逻辑关系为

$$h \leqslant h_w < g \tag{1.11}$$

1.3　区分论文作者贡献的 H 型指数

1.3.1　h_I 指数与 h_m 指数

1. h_I 指数

作为一项科学研究评价的新指标，H 指数对不同研究领域的合作方式、引文方式等因素较为敏感，导致 H 指数存在学科依赖性和差异化。例如，Hirsch 列出

了物理学领域学者最高 H 指数为 110（Witten E），而生命科学领域学者最高 H 指数为 192（Snyder S H）。同时，H 指数是一个整数，当两位学者 H 指数相等时，为进一步区分需要选择另外的指标进行评价。

为弥补 H 指数的上述不足，Batista 等(2006)考虑到学者合作这一因素的影响，以物理学、化学、生物学/生物医学和数学四大学科为例，将 H 指数除以 h 篇论文中学者人数的平均值，对各学科差异进行标准化处理，提出 h_I 指数，计算公式为

$$h_I = h^2 / N_a^{(T)} \tag{1.12}$$

式中，$N_a^{(T)}$ 是 h 篇论文中的学者总数（允许学者重复出现）。假如某位学者在其 h 篇论文中均为单独作者，此时 $N_a^{(T)} = h$，h_I 指数与 H 指数值相等。h_I 指数近似表征了某一位科学家独立写作的 h_I 篇文献均至少被引用了 h_I 次，可相对有效地测量属于作者自己的产出及影响。但是，h_I 指数的算法仅考虑合作作者数量，而忽略了作者署名排序的差异，故高小强和赵星（2010）提出按作者署名顺位对被引次数进行分权的 h_{AW} 等指数作为补充。

2. h_m 指数

h_m 指数是 Schreiber（2008b）针对 h_I 指数的不足而提出的，简单地以 h 篇论文学者数的平均值作为标准化处理方法，将会过多地降低大规模合作论文的影响力和过多地增加单个学者论文的影响力。

h_m 指数类似于 H 指数，不同之处在于 h_m 指数按照学者数量进行排序。计算过程如下：

首先，类似于 H 指数的计算，将学者论文数按照被引次数从高到低排列，可得到序号 r，而 H 指数即为：$h = \max_r (r \leqslant c(r))$。

由此，将 r 以数学语言表示为：$r = \sum_{r'=1}^{r} 1$。然后采集序号从 1 到 r 的每篇论文的学者数，记为 $a(r')$，得到一个有效的排序序号 $r_{\text{eff}}(r)$，$r_{\text{eff}}(r) = \sum_{r'=1}^{r} \dfrac{1}{a(r')}$。

最后可将 h_m 指数表示为

$$h_m = \max_r (r_{\text{eff}}(r) \leqslant c(r)) \tag{1.13}$$

此外，张学梅（2007）也提出过不同涵义的对 H 指数进行修正的 h_m 指数。

1.3.2 ℏ（hbar）指数

Hirsch 认为 H 指数主要不足之一是没有考虑每篇论文合作者的数量。相对于大规模合作团队发表的论文而言，并不能给独立作者论文赋予额外的加分。因此利用 H 指数对具有不同合作方式的论文作者进行评价，容易造成扭曲和不公正。

于是他认为一个有效的文献计量指标应满足 4 个条件：

（1）能够反映现实因素，并对评价产生作用同时具有丰富统计学意义；

（2）能够引导科学进步的正确方向；

（3）不能对引文记录随机产生的小变化太敏感；

（4）在现有的数据库中应便于获取数据。

由此，Hirsch 提出另外一个指标：ℏ 指数（Hirsch，2009）。其定义为：某位科学家的 ℏ 指数是指他/她在其 ℏ 核心集合中拥有 ℏ 篇论文；ℏ 核心集合中的每篇论文均被引 ≥ℏ 次，而 ℏ 核心集合之外的其他论文则属于各篇论文合作者的 ℏ 核心（A scientist has index ℏ if ℏ of his/her papers belong to his/her ℏ core. A paper belongs to the ℏ core of a scientist if it has ≥ℏ citations and in addition belongs to the ℏ -core of each of the coauthors of the paper.）。

他认为 ℏ 指数满足上述 4 个条件，同时相对于 H 指数而言 ℏ 指数考虑了合作者的影响因素，建议可以单独使用 ℏ 指数或结合 H 指数综合运用。

为了能够更加清楚的理解 ℏ 指数的计算过程，举例如下：

假设研究人员 A 的引文数据如表 1.6 所示，A 的 H 指数为 20，接着开始选择 ℏ 核心集合内的论文。从第 20 篇开始，被引 21 次且为单个作者；第 19 篇被引 25 次，且合作者为 Junior（因为他的 H 指数为 8，低于 A，更低于该篇论文被引次数）；第 18，17，16 篇分别被引 28，30，34，且合作者均为 Senior（因为 B，C，D 的 H 指数均高于三篇论文被引次数，更高于 A），故从 ℏ 核心中去掉；同理第 15 篇被引 42 次，且合作者为 Senior（因为 B 的 H 指数高于 A），但低于该篇论文被引次数。

故在 H 核心集合内，去掉第 18、17、16 篇，原始的 H 指数变为 17，记为 $ℏ_{first-iteration}$ =17。但是 ℏ 核心的确定没有结束，因为还存在引文次数在 17～20 之间的论文，故需往下继续筛选。

表 1.6　ℏ 指数实例

r	被引次数	合作者（H 指数）	ℏ
1	104		1(single)
2	96		2(single)
…	…	…	…
15	42	D(39)	15(Senior)
16	34	D(39)	
17	30	C(54)	
18	28	B(47)	
19	25	A(8)	16(Junior)
20	21		17(Single)
21	19		18(single)
22	18	B(47)	
23	16		

第 21 篇论文被引 19 次且为单个作者，ℏ 增加至 18；第 22 篇论文被引 18，且合作者为 Senior，高于该篇论文被引次数；第 23 篇论文被引 16 次，低于 ℏ =18；而之后论文被引次数均低于 16，故对于研究人员 A，h=20，ℏ =18。对于 ℏ 的有效性，Hirsch 认为：

（1）ℏ 指数能够推动学术评价的民主化。若两人的 H 指数数值相等，其中一人的 ℏ 指数数值越高，则代表其学术发展前景更好。另外，对于年轻研究人员而言，若长期与 Senior 人员合作发文，并不能对他的 ℏ 指数产生作用，故应结合 H 指数综合判断。而当 H 指数相近的研究人员合作发表论文时，对各自的 ℏ 指数数值不会产生较大的降低。

（2）一位研究人员的 ℏ 指数会随着时间变化而出现降低，这将使得依靠著名学者增加 H 指数的方法失效。

（3）ℏ 指数在测量合作论文中某一研究人员的个人贡献方面比 H 指数更加准确。

1.3.3　h_c 指数

Ancheyta 于 2015 年提出 C 指数解决评估研究者科研生产力时经常面临的问题，需要同时考虑研究者的论文作者数，每篇论文作者数以及研究者的位置。C 指数和 H 指数相比能区分研究中做出主要贡献的研究者和较少贡献的研究者。H 指数修正的指数表示为 h_c 指数，形式为

$$h_c = hC \tag{1.14}$$

式中，H 指数是 Hirsch 提出的原始 H 指数指标，可以替换为其他指标。

C 指数考虑论文作者的重要性，计算方式为

$$C = \frac{1}{N} \sum_{i=1}^{N} \left(\frac{n_i + 1 - m_i}{n_i} \right) \tag{1.15}$$

式中，N 为论文总篇数；n_i 为论文 i 的总作者数；m_i 为作者在论文 i 总作者的位置。第一作者和通讯作者在论文中有比较重要的作用，因此 $m_i=1$。

以 5 个作者一起发表 5 篇论文为例，每篇论文被引至少 5 次，每个作者的 H 指数均为 5。设定每个作者的角色为：人员 1 为博士后；人员 2 为副教授；人员 3 为副教授；人员 4 为分析师；人员 5 为小组领导（通讯作者）。五篇论文的作者排序为表 1.7。

表 1.7　五篇论文作者排序情况

论文序号	作者排序
论文 1	人员 1，人员 2，人员 3，人员 4，人员 5
论文 2	人员 2，人员 1，人员 3，人员 5，人员 4
论文 3	人员 5，人员 1，人员 2，人员 3，人员 4
论文 4	人员 3，人员 2，人员 1，人员 5，人员 4
论文 5	人员 1，人员 3，人员 2，人员 4，人员 5

根据 C 指数的公式，每个人员 C 指数的值为

$$\text{人员 1：} C = \frac{1}{5} \left(\frac{5+1-1}{5} + \frac{5+1-2}{5} + \frac{5+1-2}{5} + \frac{5+1-3}{5} + \frac{5+1-1}{5} \right) = 0.80$$

$$\text{人员 2：} C = \frac{1}{5} \left(\frac{5+1-2}{5} + \frac{5+1-1}{5} + \frac{5+1-3}{5} + \frac{5+1-2}{5} + \frac{5+1-3}{5} \right) = 0.72$$

$$\text{人员 3：} C = \frac{1}{5} \left(\frac{5+1-3}{5} + \frac{5+1-3}{5} + \frac{5+1-4}{5} + \frac{5+1-1}{5} + \frac{5+1-2}{5} \right) = 0.68$$

$$\text{人员 4：} C = \frac{1}{5} \left(\frac{5+1-4}{5} + \frac{5+1-5}{5} + \frac{5+1-5}{5} + \frac{5+1-5}{5} + \frac{5+1-4}{5} \right) = 0.28$$

$$\text{人员 5：} C = \frac{1}{5} \left(\frac{5+1-1}{5} + \frac{5+1-1}{5} + \frac{5+1-1}{5} + \frac{5+1-1}{5} + \frac{5+1-1}{5} \right) = 1$$

那么，相应每个人员的 h_c 指数为

人员 1：$h_c = 4.0$；$h = 5$

人员 2：$h_c = 3.6$；$h = 5$

人员 3：$h_c = 3.4$；$h = 5$

人员 4：$h_c = 1.4$；$h = 5$

人员 5：$h_c = 5.0$；$h = 5$

h_c 作为新指标比 H 指数更加现实和可靠，与论文中作者角色的重要性一致。通讯作者保持和 H 指数一样的重要性（$h_c = h = 5$），而分析师可能在论文中只是参与者，从 5 降到 1.4，其他人员的 h_c 指数值分布在 3.4 到 4 之间。

C 指数是根据研究中的角色提供评估科学家科研产出更实际的指标值，允许识别在研究中是否是领导角色。使用 C 指数帮助评估者和机构正确评估科研产出的实际状况。在 C 指数的测评视域下，作者或会更谨慎考虑多少人参与研究更加合适，和其他指标一样，C 指数很容易在数据库中应用，因为其只要论文数、每篇论文作者数以及每篇论文作者的位置。C 指数不仅适合于科学家个体，同时也适合于期刊、机构等。

1.4　考虑时间维度的 H 型指数

1.4.1　现时 H 指数与趋势 H 指数

由于 H 指数未将论文的年龄因素考虑在内，所以在评价著名学者和年轻学者时，因著名学者在长时期内处于该领域学术前沿，其论文被引远远大于刚进入该领域的年轻学者，会造成评价的不公正。为此 Sidiropoulos 等（2007）考虑论文的年龄因素，提出现时 H 指数（contemporary H-index），记为 h^c，并定义为：

一位研究者的 h^c 指数是指其发表的 N_p 篇论文中 h^c 篇论文每篇论文的 $S^c(j)$ 均满足 $S^c(j) \geqslant h^c$，而余下的（$N_p - h^c$）篇论文 $S^c(j)$ 均满足 $S^c(j) \leqslant h^c$。

$S^c(j)$ 是论文 j 基于引文数据的分值，计算公式为

$$S^c(j) = \gamma \cdot (Y(\text{now}) - Y(j) + 1)^{-\delta} \cdot \text{cit}_j \tag{1.16}$$

式中，$Y(j)$ 是论文 j 的出版年龄；cit_j 是论文 j 的被引次数。

若令 $\delta = 1$，那么 $S^c(j)$ 就是论文 j 已获得的被引次数除以其出版年龄。γ 是为

了避免 $S^c(j)$ 数值过小而设置的参数。

进一步，Sidiropoulos 等（2007）考虑随时间变化每篇论文引文信息价值发生变化，赋论文每个引文以一个衰减权重，提出趋势 H 指数（trend H-index），记为 h^t，并描述为：

一位研究者的 h^t 指数是指其发表的 N_p 篇论文中 h^t 篇论文每篇论文的 $S^t(j)$ 均满足 $S^t(j) \geqslant h^t$，而余下的（$N_p - h^t$）篇论文 $S^t(j)$ 均满足 $S^t(j) \leqslant h^t$。

$S^t(j)$ 是论文 j 的分值，计算公式为

$$S^t(j) = \gamma \cdot \sum_{\forall x \in \text{cit}_j} (Y(\text{now}) - Y(x) + 1)^{-\delta} \tag{1.17}$$

式中，γ，δ 和 $Y(x)$ 的含义与式（1.16）中相同。

不过，以上将简单 H 指数复杂化的改进面临一个重要理论问题：是否值得为这样的回报投入复杂高昂的代价？

1.4.2 H 序列与 H 矩阵

H 序列和 H 矩阵是我国学者梁立明提出的概念（Liang, 2006），梁教授对 H 序列和 H 矩阵的陈述采用实际数据图表形式，她收集了 11 位物理学家的 H 指数年度分布数据，每位按年度区间如 2004 年，2003～2004 年，2002～2004 年…，分别称为 $h_1, h_2, h_3, \cdots$，形成该物理学家的 H 指数序列 h_i，就是 H 序列（H-sequece）；11 位学者的 H 序列排列在表中，就构成 H 矩阵（H-matrix）。

Egghe 将这样的 H 序列称为 $h^*(t) = \{h_1, h_2, \cdots, h_{tm}\}$，并在 Lotkaian 信息计量学框架下为之建立数学模型（Egghe, 2009）：

$$h^*(t) = (T(t_m) - h(t_m - t)^\alpha)^{1/\alpha} \tag{1.18}$$

式中，t 是相应时间序列，$t = 1, 2, \cdots, t_m$；T 是对应发表总量。

1.4.3 动态 H 指数

在理论研究中，H 指数的增长速度（H 速度）是一个具有参考意义的参量。既是为能够计算随时间变化而产生变化的 H 指数，更是为理论研究的深化，Rousseau 和叶鹰提出动态 H 指数（dynamic H-index），它是一个以时间为因变量

的动态变化指标,主要衡量在 H 核心集合内论文被引频次和 H 指数实际增长速度。这一指标中包含三个依赖于时间的因素:H 核心的规模、被引频次和 H 指数增长速度。

动态 H 指数(Rousseau and Ye, 2008)定义为

$$R(T) \cdot v_k(T) \tag{1.19}$$

式中,$R(T)$ 是 R 指数,标志一个水平量,它表示在时间 T 内,H 核心范围内所有论文总被引频次之和的平方根;$v_k(T)$ 是 H 指数变化速度,标志一个改变量。在实际中,以 $T=0$ 作为过程的起点,而 v_k 作为过程中的变化速率。当然这一起点并不一定是某一位科学家发文起点,$T=0$ 代表的是"当前"这一时间点,时间可往回追溯 10 年或 5 年,甚至任何某一时间。

若某一科学家在时间 T 内可以较好地符合 H 指数函数 $h(t)$,那么由此可以得到 $v_k(T)$。但是在实际中 $h_{\text{rat}}(t)$ 要比 $h(t)$ 更接近于 H 指数增长连续函数,因此 H 指数的增量可以表示为 $\Delta h_{\text{rat}}(t)$。

$$\Delta h_{\text{rat}}(t) = h_{\text{rat}}(T) - h_{\text{rat}}(T-1) \tag{1.20}$$

当 $\Delta h_{\text{rat}}(t)$ 为凹函数时,该近似函数大于实际导数;当 $\Delta h_{\text{rat}}(t)$ 为凸函数时,该近似函数小于实际导数。正是由于 $\Delta h_{\text{rat}}(t)$ 一般取值为 0 或 1,选择有理 H 指数(rational H-index)函数作为近似函数是合适的。

若上述方程能够用于实际科学评价,则需要除去作者自引频次。同时考虑到 ESI 数据库时间范围,选择 10 年时间相对合适。

根据上述想法,Rousseau 和 Ye(2008)以 Ronald Rousseau 在 2001～2008 年间的 H 指数、H 速率和 R 指数作为样本进行实证分析,参见表 1.8,结果表明方程是有效的。

表 1.8　Rousseau 的 H 指数、H 速率和 R 指数数值样本

时间	2001 年	2002 年	2003 年	2004 年	2005 年	2006 年	2007 年	2008 年
H 指数	0	1	2	3	4	5	6	7
H 速率	0.00	1.67	2.60	3.86	5.82	5.91	6.92	7.87
R 指数	0.00	1.41	2.24	4.58	6.71	7.87	10.15	10.91

选择 Power 函数 $h_{rat} = a \cdot y^b$ 进行非线性回归，得 $h_{rat} = 1.67 \cdot y^{0.801}$，检验后得 R^2 值为 0.984，说明该函数拟合程度非常好。对函数求导后，代入 2008 年数据后求得数值为 0.91，因此 Rousseau Ronald 在 2008 年的动态 H 指数值为 10.91 × 0.91=9.93。其中，利用近似函数 $\Delta h_{rat}(t) = h_{rat}(T) - h_{rat}(T-1)$ 可得 $\Delta h_{rat}(7)$ =7.78-6.92=0.86，接近于实际导数值 0.91。

1.5　H 核基础上更细粒度的 H 型指数

1.5.1　A 指数、AR 指数与 R 指数

把 H 指数内的论文集合称为 "Hirsch-core"（简称 H 核或 H 核心）（Rousseau, 2006），金碧辉(Jin B. H.)等合作提出 A 指数、AR 指数和 R 指数（Jin et al, 2007）。

A 指数可以简单地定义为在 H 核论文集合内的每篇论文平均被引次数，即

$$A = \frac{1}{h} \sum_{j=1}^{h} \text{cit}_j \tag{1.21}$$

式中，cit_j 为 H 核内按降序排列的第 j 篇论文被引次数。

由于 A 指数的计算分母为 h，在评价过程中有可能会造成低估拥有高 H 指数值的作者研究水平的问题。为此，将 H 核中引文次数总和以平方根方式处理，就得到 R 指数

$$R = \sqrt{\sum_{j=1}^{h} \text{cit}_j} = \sqrt{A \cdot h} \geqslant \sqrt{g \cdot h} \tag{1.22}$$

式中，cit_j 为 H 核内按降序排列的第 j 篇论文被引次数。

当发表总量为 T 时，这几个指数之间的关系为

$$T \geqslant A \geqslant g \geqslant R \geqslant h \geqslant 0 \tag{1.23}$$

金碧辉(Jin B. H.)等经过实证研究表明，H 指数、A 指数、R 指数和 g 指数四者之间具有较高的相关性，既表明其相互不独立，也表明 A 指数、R 指数和 H 指数、g 指数都可以用于评价。

为了克服 H 指数只增不减的缺陷，他们还提出将 R 指数改进为 AR 指数

$$AR = \sqrt{\sum_{j=1}^{h} \frac{\text{cit}_j}{a_j}} \tag{1.24}$$

式中，a_j 表示论文 j 的发表年龄，即 AR 指数是 H 核内每篇论文的年均被引次数总和的平方根。AR 指数是在 R 指数解决了 H 指数敏感度和区分度问题的基础上，采用论文发表年龄这一变量来解决其只升不降的问题。

A 指数、AR 指数与 R 指数聚焦于 H 核这一概念，以较自然的方式测评论文集合中高水平论文的影响力，成为现今常被提及的 H 型指数，并产生较大影响（Burrell, 2007b; Liu and Rousseau, 2009; Boell and Wilson, 2010）。

1.5.2　e 指数

张春霆（Zhang C. T.）认为 H 指数虽然具有简便性和有效性，但其存在诸多缺陷导致 H 指数用于学术评价中产生不准确和不公正。他强调了其中两点不足：引文信息的缺失，H 指数最多能够利用 h^2 数量的引文信息；H 指数的低决策性，主要体现在 H 指数为整数，当出现 H 指数相等时需要进一步评价。于是，他引进一个实数指数——e 指数（Zhang, 2009），对 H 指数忽略的引文信息进行弥补。

利用 H 指数至少可以得到 h^2 数量的引文信息，但在 H 核内 h^2 之前的引文信息被忽略，将其称为过剩引文量（excess citations），记为 e^2，并定义为

$$e^2 = \sum_{j=1}^{h}(\text{cit}_j - h) = \sum_{j=1}^{h}\text{cit}_j - h^2 \tag{1.25}$$

式中，cit_j 表示第 j 篇论文的被引频次。

令 $d^2 = \sum_{j=1}^{h}\text{cit}_j$ 得 $e = \sqrt{d^2 - h^2}$，故 $0 \leqslant e \leqslant \infty$，由此可判定 e 为实数。

e 指数与 H 指数、A 指数、R 指数均有关联：由 $R = \sqrt{\sum_{j=1}^{h}\text{cit}_j}$ 得 $R = \sqrt{h^2 + e^2}$，由 $A = \frac{1}{h}\sum_{j=1}^{h}\text{cit}_j$ 得 $A = \frac{1}{h}(h^2 + e^2) = h + \frac{e^2}{h}$。

由此可将 H 指数、e 指数、A 指数、R 指数四个指数分为两组：前两个为基础指数，后两个为衍生指数。把（h, e）作为联合指标包含 H 核中的全面信息。

1.5.3　m 指数与 q² 指数

由于引文分布通常是非正态分布的，那么中位数是一个比算术平均值更能反映集中趋势的统计指标。因此，类似于 A 指数，Bornmann 等（2010）提出 m 指数，并定义为在 H 核集合内论文被引次数的中位数。注意，该 m 指数与 Hirsch 原始论文中的 m（称为 m 商）含义不同。

众多由 H 指数衍生出的新指数，均从不同角度对研究人员的科学产出进行评价，而若将其中若干个指数进行结合使用，可以得到一个简单且更为全面的评价参数。Cabrerizo 等（2010）由此提出 q² 指数，定义为 H 指数和 m 指数的几何平均数，即

$$q^2 = \sqrt{h \cdot m} \tag{1.26}$$

由于 H 指数描述研究人员核心科学产出的论文数量，而 m 指数反映研究人员核心科学产出论文的影响力，因此，q² 指数在基于两者优点的基础之上，可以更全面地反映某位科学家核心科学产出的数量和影响。

1.5.4　J 指数

Todeschini（2011）提出 J 指数，在 H 指数的基础上加入一些概念，考虑 H 核内的论文多余引文数以及引文的分布。J 指数是基于 12 个增量的（表 1.9）。

表 1.9　J 指数增量

k	1	2	3	4	5	6	7	8	9	10	11	12
Δh_k	500	250	100	50	25	10	5	4	3	2	1.5	1.25
w_k	1	0.5	0.333	0.25	0.2	0.167	0.143	0.125	0.111	0.100	0.091	0.083

权重定义为 $\frac{1}{k}$，以这种方式任意定义增量 Δh_k 是出于考虑引文数字更大的范围。那么，J 指数定义为式（1.27），其中 $N_k(h \cdot \Delta h_k)$ 中的 $h \cdot \Delta h_k$ 为 H 指数评价假设阈值水平，即论文引文数大于（或等于）$h \cdot \Delta h_k$；w_k 为初始 H 指数每个额外的贡献的权重，权重之和为 3.103。

$$j = h + \frac{\sum\limits_{k=1}^{12} w_k \cdot N_k(h \cdot \Delta h_k)}{\sum\limits_{k=1}^{12} w_k}, \quad w_k = \frac{1}{k}, \quad k = 1, 2, 3, \cdots, 12 \tag{1.27}$$

可以发现，阈值水平是由原始 H 指数决定，因此，增加 H 指数会增加一个出版物在每个 k 值水平上的引文数。例如，H 指数等于 5，在第一个区域（$k=1$），所有出版物的引文数大于（或等于）2500（即 5×500）；如果 H 指数等于 30，那么第一个区域所有的引文数大于 15000（即 30×500）。实际上，小的 k 值（例如，1、2、3）对应于高被引论文，而大的 k 值（例如，10、11、12）考虑的是 H 核心中一部分相对较少引用的论文。

例如，如果一个学者的 H 指数等于 4，四篇论文被引 10，7，6 和 4 次，相应阈值为：2000，1000，400，200，100，40，20，16，12，8，6，5。这个例子中，前 9 项贡献均为 0，第 10 项贡献等于 1×0.1（引文数为 10 的文献）；第 11 项贡献为 3×0.091（三篇文献引文量为 10，7，6），第 12 项贡献为 3×0.083（三篇文献引文量为 10，7，6）。J 指数计算为：$j = 4 + \dfrac{1 \times 0.1 + 3 \times 0.091 + 3 \times 0.083}{3.103} = 4.2$。

1.5.5　核心区域与核心区间指数

H 指数是剔除引文分布尾部偏差的评价指标，对于不同出版习惯的科学家会有歧视的限制。因此，Dorta-González 于 2011 年提出核心区域指数和核心区间指数作为 H 指数的补充（Dorta-González and Dorta-González，2011）。

出版物 i 获得的引文数为 c_i，$c_1 \geqslant c_2 \geqslant \cdots \geqslant c_{N_p}$，令 $N_c^j = \sum\limits_{i=1}^{j} c_i$ 是 j 篇引文数最高的论文引文数之和。H 指数为满足 $c_h \geqslant h$ 时最大的 h 值，即 $h = \max\{i \in Z : c_i \geqslant i\}$。$H = h^2$ 是论文在 H 核心中的最低下限。上尾 U 是超出 H 核心最低下限的多余引文，下尾 L 是 H 核心之外论文的引文数。因此，满足下面三个等式，式（1.28）～式（1.30）。引文分布尾的权重通过 $\dfrac{N_c}{H}$ 给出。Hirsch（2005）认为，如果分布尾 $\dfrac{N_c}{H} < 3$，为小尾；分布尾 $\dfrac{N_c}{H} > 5$，为肥尾。如果科学家的比率 $\dfrac{U}{L}$ 相当大，那么 H 指数对这些科学家不利。因此，有必要测度 U 和 L 来补充 H 周围的区域，从

而增加辨别能力。

$$N_c = H + U + L \tag{1.28}$$

$$U = N_c^h - H \tag{1.29}$$

$$L = N_c - N_c^h \tag{1.30}$$

令 $E(F)$ 为接近于 H 的上尾（下尾）区域，也就是说引文分布的上尾 U(下尾 L)接近于 H 的部分。下尾区域的论文在不久的将来可能对增加 h 值有贡献，因为它们接近于 H 核心。上尾区域为 H 指数增加值提供部分贡献。

半径 j 的核心区域指数（central area index）定义为引文数前（$h+j$）篇的到第（$h-j$）篇的论文，也就是说，H 核心内的论文引文数由排序为（$h-j$）论文的引文数以及从（$h+1$）到（$h+j$）的论文的引文数来约束。半径 j 的核心区域指数的算数定义为：$A_j = (h-j) \cdot c_{h-j} + \sum_{i=h-j+1}^{h+j} c_i$，$j=1$，$\cdots$，$h-1$，而 $A_{h-1} = N_c^{2h-1}$ 包含整个上尾 U。H 指数可能对于某些研究者不公平，然而，核心区域指数可以这解决这些问题。

半径 j 的核心区间指数（central interval index）定义为论文从（$h-j$）到（$h+j$）的累积引文数：$I_j = \sum_{i=h-j}^{h+j} c_i$，$j=1$，$\cdots$，$h-1$，也就是区间$[h-j, h+j]$的引文数。特别地有 $I_{h-1} = A_{h-1} = N_c^{2h-1}$。

这两类指数的下尾部分区域相同，但是上尾部分区域明显不同，核心区间指数在 h 的左边增加论文的引文数，核心区域指数增加上尾部分可变大小的区域。通过两个相同的 H 指数作者比较说明，核心区域指数对于多引文作者较为有利。实证表明，两个指数有显著相关性。Dorta-González（2011）重点指出，核心区域指数和核心区间指数不用于替代 H 指数，仅作为 H 指数的补充。

1.5.6　双边 H 指数

具有同样 H 指数的研究者核心论文（顶端）引文量差异可能很大，同时没有进入 H 指数的论文（尾部）引文也会差异很大，但 H 指数没有涵盖这些信息。提升到更高的 H 指数仅依赖于一小部分论文，因此给定 h 值的研究者头尾的影响力

可能比更小 h 值的研究者更弱。因此，García-Pérez(2012)提出双边 H 指数，给出一种用于计算顶端和尾部引文情况的扩展方法。

令 N 是一个研究者的总论文数，$C=(c_1, c_2, \cdots, c_N)$分别是 N 篇论文的引文数，假定 C 为按照从大到小排序的结果，那么 $c_i \geqslant c_{i+1}$，$1 \leqslant i < N$，因此 H 指数为最大的 i，满足 $c_i \geqslant i$，$1 \leqslant i < N$。

长度为 k 的双边 H 指数定义为 $h \pm k = (h_{-k}, \cdots, h_{-1}, h_0, h_1, \cdots, h_k)$，负下标表示引文曲线的顶部，正下标表示引文曲线的尾部。有负下标的指标（例如，$h_{-j}, j \geqslant 1$）通过找到最大的 i 值（$i \leqslant h_{-(j-1)}$）满足 $c_i \geqslant i + \sum_{l=0}^{j-1} h_{-l}$，那么 $h_{-j} = i$。

同样地，正下标指标（例如，$h_j, j \geqslant 1$）通过找到最大的 i 值 $\left(\sum_{l=0}^{j-1} h_l + 1 \leqslant i \leqslant N \right)$ 满足 $c_i \geqslant i - \sum_{l=0}^{j-1} h_l$，那么 $h_j = i - \sum_{l=0}^{j-1} h_l$。例如，$N=28$，$C=$（386，282，172，113，87，83，80，69，40，38，30，28，27，24，17，14，11，11，10，7，7，4，2，1，1，1，0，0），那么 h±4 指数为（8，8，10，12，**15**，6，2，1，1），其中，H 指数在双边 H 指数中以 h_0 为代表，即标黑数字。

双边 H 指数具有以下属性：

（1）对于正值 j，随着 j 增加，h_{-j} 趋向于 0，h_j 也趋向于 0；

（2）对于正值 j，对于 $0 \leqslant j < k$，有 $h_{-j} \geqslant h_{-(j+1)}$，且 $h_j \geqslant h_{j+1}$；

（3）$h \pm k$ 中的引文总数等于 $\sum_{l=-k}^{k} h_l^2$，引文数不仅来自于 H 核心，而且来自于引文曲线顶端和尾部；

（4）对于正值 j，h_{-j} 反映论文获得至少 $\sum_{l=-j}^{0} h_l$ 条引文；

（5）$(h_0, h_1, \cdots, h_k)$ 即 García-Pérez (2009)提出的多维 H 指数，适合多维 H 指数的属性在这里同样适合。

（6）$J \leqslant N$，等号成立的情况为 $h_1 = 1$；对于 $1 \leqslant j \leqslant J$，$h_j = 1$。一般来说，实际上，$J < N$，除非足够多的论文引文数为 1；

（7）$h_j \geqslant h_{j+1}$，$1 \leqslant j \leqslant J$；

（8）$\sum\limits_{j-1}^{J} h_j = N$；

（9）被引至少 k 次的论文数由 $\sum\limits_{h_j > k} h_j$ 给出。

双边 H 指数作为 H 指数的扩展，同时考虑非 H 核心的引文数以及 H 核心内的多余引文。这个扩展指标能够根据引文特征区分同一学科内相同 H 指数的科学家，而这些特征 H 指数不能够反映。通过双边 H 指数的讨论，核心内部的引文以及非核心引文数均提供信息用于区分判断。因为双边 H 指数基于的是和 H 指数同样的规则，因此双边 H 指数也面临着 H 指数的缺陷，例如考量多作者和科研年龄的情况，需要在将来进一步改进。

1.5.7　k 指数和 w 指数

引文特征的不同导致不同学科的 H 指数无法直接比较，在引文数相对比较少的期刊中 H 指数一般较小，因此需要使用额外的信息比较 H 指数一样的科学家。Anania 等(2013)提出的两种新指标 k 指数（k-index）和 w 指数（w-index，注意区别于 1.2.3 节的 w 指数），这两种指标能更好地评估出版物引文较少的学科的研究，其目标是使用额外的信息从 H 指数离散的衡量变为连续的衡量，因而允许对那些 H 指数一样的科学家进行排序，这里需要考虑一些 H 指数没有涉及的信息。

k 指数保持 H 指数优良的特性，并且考虑科学家被引最多的出版物的引用。w 指数不同于 k 指数的是其考虑科学家所有出版物所获得的引用。

k 指数定义为

$$k = h + \left[1 - \left(\frac{h^2}{\sum\limits_{j=1,2,\cdots,h} \mathrm{cit}_j} \right) \right], \quad \forall h > 0 \tag{1.31}$$

如果 $h=0$，则 $k=0$。

式中，cit_j 为第 j 篇论文被引次数，$j = 1, 2, \cdots, h$；h 代表 H 指数；$\sum\limits_{j=1,2,\cdots,h} \mathrm{cit}_j$ 为

H 核心中的引文数之和；h^2 表示包含在 H 核（h-core）中的引文数总和的下限值，体现的是 H 核中引文数超出核心下限值的比例情况。当 $h=0$，k 值设定为 0，事

实上这种情况中，科学家出版物的 H 核为 0，从而这些出版物超出 h^2 的引文也不存在。k 指数在 h 和（$h+1$）之间变化（包含 h），当 H 核心内出版物的引文总数等于 h^2 时，k 指数为 k；当引文数逐渐增加时，k 指数趋向于（$h+1$）。

以 totcit 表示总被引频次，w 指数定义为

$$w = h + \left[1 - \frac{h^2}{totcit} \right], \quad \forall h > 0 \tag{1.32}$$

如果 $h=0$，则 $w=0$。

式中，h^2 表示包含在 H 核中引文数总和的下限值，体现的是科学家全部出版物的总引文数超出引文数下限 h^2 的比例情况。w 指数也是在 h 和（$h+1$）之间变动，如果科学家所有出版物的引文数总和等于 h^2，那么 w 指数为 h；如果引文总数逐渐增加，那么 w 指数趋向于（$h+1$）。

所有指数变量均可通过考虑作者数进行标准化。例如，标准化的个体 H 指数（normalized individual H-index）就是通过将出版物的引文数除以作者数标准化后求 H 指数。因此，k 标准化指数（k-norm index）和 w 标准化指数（w-norm index）通过考虑作者数将 k 指数和 w 指数标准化，而非绝对的引文数，也就是每篇出版物的引文数除以其作者数。

k 标准化指数定义为

$$k\text{-norm} = h\text{-norm} + \left[1 - \left(\frac{h\text{-norm}^2}{\sum\limits_{j=1, 2, \cdots, h\text{-norm}} citnorm_j} \right) \right], \forall h\text{-norm} > 0 \tag{1.33}$$

如果 $h\text{-norm}=0$，那么 $k\text{-norm}=0$。

式中，h-norm 为 H 标准化个体指数，$citnorm_j$ 为包含在科学家 H 标准化个体核中第 j 篇出版物获得的标准化引文数。当 H 标准化等于 0 时，k 标准化设定为 0，原因是 k 指数一致。k 标准化指数在 h-norm 和（h-norm$+1$）之间，当 H 标准化个体核心中的出版物获得的标准化引文数等于 h-norm^2，那么 k 标准化指数为 h-norm；当 H 标准化个体核心中的出版物获得的标准化引文数逐渐增加时，k 标准化指数趋向于 h-norm$+1$。

相应地，w 标准化指数（w-norm index）定义为

$$w\text{-norm} = h\text{-norm} + \left[1 - \left(\frac{h\text{-norm}^2}{\text{totcit-norm}}\right)\right], \quad \forall h\text{-norm} > 0 \tag{1.34}$$

如果 $h\text{-norm}=0$，

$$w\text{-norm} = \text{totcit-norm} / \left(1 + \text{totcit-norm}\right) \tag{1.35}$$

式中，totcit-norm 是科学家出版物标准化引文总数。

式（1.35）保证 H 标准化指数为 0 的科学家的 w 标准化指数值，w 标准化指数大于 0 而小于 1，为出版物的作者获得标准化引文数。w 标准化指数在 $h\text{-norm}$ 和 $h\text{-norm}+1$ 之间变化；当科学家出版物的标准化引文数总和等于 $h\text{-norm}^2$ 时，w 标准化指数等于 $h\text{-norm}^2$；当科学家出版物的标准化引文数逐渐增加时，w 标准化指数趋向于 $h\text{-norm}+1$。

对于任何科学家，不等式 $h\text{-norm} \leqslant k\text{-norm} \leqslant w\text{-norm}$ 以及不等式 $h \leqslant k \leqslant w$ 恒成立。

另外，k 指数、w 指数、k 标准化指数和 w 标准化指数可以非常容易进行修改从而提出自引；或者通过每个出版物的时间标准化引文来衡量科学家事业的长短。

1.6 测度 H 指数增量的 H 型指数

1.6.1 锥形 H 指数

锥形 H 指数（tapered H-index）提出的主要目的是为了评价所有对 H 指数增长 1 单位的增量产生作用的引文，赋予每篇引文以相当的数值（Anderson et al., 2008）。

锥形 H 指数的计算过程需借助 Ferrers 图（Ferrers diagram）进行，如图 1.1 所示。

假设某一学者的 5 篇论文按被引次数排序依次为 6，4，4，2，1，那么该学者的论文产出可用 Ferrers 图表示，每一行代表 17 篇引用文献中的分区。图中左上角黑点所能组成的最大正方形称为 Durfee square(杜菲方)，H 指数就等于该正方形边长 3。

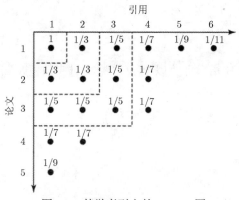

图 1.1 某学者引文的 Ferrers 图

假如某一学者只有 1 篇论文且被引用 1 次，那么他的 H 指数值为 1；若 H 指数值为 2，则 2 篇论文至少均被引用 2 次。也就是说，H 指数值从 1 增加到 2，需要再增加 3 次引文数，其中 1 次用于第 1 篇论文，2 次用于第 2 篇论文。以此类推，H 指数值从 2 增加到 3，需要再增加 5 次引文数。此时，形成 3×3 的杜菲方。由此可以计算出每个黑点所代表的分值，即为增加的每篇引文分值。若将杜菲方黑点数值相加，则其总和与 H 指数相等。

考虑杜菲方以外其他黑点数值，随着不断增加黑点个数即引文次数，那么总和数值必然不断增大，由此提出 h_T 指标。Ferrers 图中任何一个黑点数值均可表示为 $\left(\dfrac{1}{2i-1}\right)$，其中 i 为该黑点所在正方形边长。因此，该科学家 5 篇论文的分值分别为 1.88，1.01，0.74，0.29 和 0.11，故 $h_T = 4.03$。

将上述过程以数学语言表示，假设最高被引论文的被引次数为 n_1，其相对应的数值为 $h_{T(1)}$，则

$$h_{T(1)} = \sum_{i=1}^{n_1} \frac{1}{2i-1} = \ln(n_1)/2 + \mathrm{O}(1) \tag{1.36}$$

式中，$\ln(n_1)$ 是 $\log(n_1)$ 的转换；$\mathrm{O}(1)$ 表示为当 n_1 趋向无穷时，其值趋向于零。

进一步假设，学者的 N 篇论文其被引次数按降序排列依次为 n_1，n_2，n_3，$\cdots$，n_N，那么第 j 篇论文对应的分值为 $h_{T(j)}$：

$$h_{T(j)} = \frac{n_j}{2j-1}, \quad n_j \leqslant j \,;$$

$$h_{T(j)} = \frac{j}{2j-1} + \sum_{i=j+1}^{n} \frac{1}{2i-1}, \quad n_j > j \,;$$

综上所述，锥形 H 指数即为以上 N 篇论文对应数值 $h_{T(j)}$ 的总和 h_T，

$$h_T = \sum_{j=1}^{N} h_{T(j)} \tag{1.37}$$

1.6.2 随机 H 指数

H 指数的限制在于仅能衡量在相似阶段的研究人员之间的比较，其没有包含关于研究人员的 H 指数在给定的时间内从 h_0 增加到（h_0+1）的任何信息。因此，Nair 等（2012）提出了随机 H 指数。

随机 H 指数基于 Burrell（2007a）提出的随机模型假设：任何特定的出版物 i 获得引用的过程是引用速率为 λ_i 的泊松分布，且彼此之间的泊松分布过程互相独立，其中引用速率 λ_i 表示出版物每单位时间的引用。

随机 H 指数定义为：一个研究者的 H 指数记为 h_0，那么这位研究者的随机 H 指数定义为（h_0+p），p 为研究者基于目前的出版物，在一个时间单元（一般为 1 年）中将 H 指数从 h_0 提高到（h_0+1）时的概率。

实际上，可以通过（h_0+1-q）容易地计算随机 H 指数，其中 q 为基于当前的出版物，研究者在一个时间单元后 H 指数仍然是 h_0。对于 H 指数为 h_0 的一个研究者，令 L_0 为拥有引文数为（h_0+1）或者更多的论文数，$\mathcal{L}_1 = \left\{ L_0 + 1, \cdots, N \right\}$ 为至多有 h_0 引文数的论文，$K = h_0 - L_0$，基于当前 N 篇出版物，如果有至少（$K+1$）篇属于 $\mathcal{L}_1$ 集合的论文，这些论文的引文数为（h_0+1）或者更高。那么，随机 H 指数可以定义为：$h_s = h_0 + p = h_0 + 1 - q = h_0 + 1 - \sum_{i=0}^{K} q_i$，$q_i$ 是 $\mathcal{L}_1$ 集合的 i 篇论文在下一个时间单元获取的至少（h_0+1）引文数。论文在下一时间单元的引文数分布遵循速率为 λ_i 的泊松分布，引文数相互独立。因此，对于 $i \in \mathcal{L}_1$，令 $m_i = h_0 - n_i$ 为论文 i 需要额外的引文数才能达到 h_0，令 $p_i = P(M_i > m_i)$ 为引文数大于 h_0 的概率，最后，令 $q_i = 1 - p_i = 1 - P\left(M_i \leqslant m_i \right)$，那么 q_0, q_1, q_2, q_3 可以相应计算为下列四个式子，其他依次计算即可。

$$q_0 = \prod_{i=L_0+1}^{N} q_i = \prod_{i \in \mathcal{L}_1} q_i \tag{1.38}$$

$$q_1 = \sum_{i=L_0+1}^{N} \left(p_i \prod_{\substack{j \in \mathcal{L}_1 \\ j \neq i}} q_i \right) \tag{1.39}$$

$$q_2 = \sum_{i=L_0+1}^{N-1} \sum_{j=i+1}^{N} \left(p_i p_j \prod_{\substack{k \in \mathcal{L}_1 \\ k \neq i,\, k \neq j}} q_k \right) \tag{1.40}$$

$$q_3 = \sum_{i=L_0+1}^{N-2} \sum_{j=i+1}^{N-1} \sum_{k=j+1}^{N} \left(p_i p_j p_k \prod_{\substack{l \in \mathcal{L}_1 \\ l \neq i,\, l \neq j,\, l \neq k}} q_l \right) \tag{1.41}$$

随机 H 指数将 H 指数扩展到真实的情况，实际上随机 H 指数可以很容易地计算。随机 H 指数仅考虑当前已出版论文，使用随机模型预测下一时刻论文数量并包含在指数计算过程中。最近的出版物不大可能对随机 H 指数带来特别大的影响。随机 H 指数改进指标可以用于将来的研究，可能的扩展为通过移除引文数相互独立的假设或者引文速率为常数的假设来弱化随机模型的假设，但是计算会更加复杂，需要每篇论文引文的细节。后续研究可以将随机 H 指数扩展到 g 指数等其他指标。

1.6.3　实 H 指数与有理 H 指数

1. 实 H 指数

从 H 指数的定义出发，Rousseau 等扩大源项种类，提出实 H 指数（real valued h-index）的计算方法（Rousseau, 2006；Guns and Rousseau, 2009）。

令 $P(r)$ 作为第 r 项源项的产出量，$P(x)$ 作为 r 项源项产出量的分段线性函数；那么实 H 指数值即为函数 $P(x)$ 和函数 $y=x$ 的交点，如图 1.2 所示。

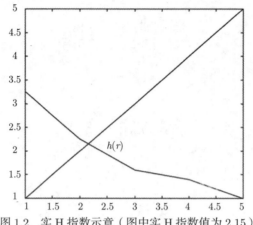

图 1.2　实 H 指数示意（图中实 H 指数值为 2.15）

2. 有理 H 指数

相对于实 H 指数，Ruane 和 Tol（2008）还发展了有理 H 指数，其定义为：（$h+1$）减去为获得（$h+1$）指数所需要的相对引文量，因此有理 H 指数(rational H-index)（h_{rat}）满足的条件 $h \leqslant h_{rat} < h+1$，并且可精确地表示为

$$h_{rat} = (h+1) - \frac{n_c}{2h+1} \tag{1.42}$$

式中，n_c 为 H 指数从 h 增加至（$h+1$）所需要的实际引文数量；而 $(2h+1)$ 表示增加 1 单位 H 指数所需要的最大引文数量。

与 H 指数相比，有理 H 指数的优点在于评价过程中增加了对于 H 指数增长的细节考察。在实际测评中，实 H 指数和有理 H 指数都比 H 指数更具区分度，能改善 H 指数测评中常出现的同值问题。

1.7　区分施引来源的 H 型指数

1.7.1　H$_l$ 指数

H 指数将出版物数量和每篇出版物的学术影响结合起来评估一个学者的生产力，假设为所有论文引用一篇学术论文时贡献一样，但其实高影响力的论文比低影响力的论文引用带给这篇论文更多的关注，考虑引用一个研究者的论文影响力作为评估因素是合适的。

Zhai 等(2014)提出 H_l 指数用于测度学者的绩效，将 H 指数和 H_l 指数(in-lobby index)结合起来。如果节点 x 有 k 个入度不低于 k 的邻节点，那么节点 x 的 H_l 指数为 k。相应的，在引文网络中论文节点 A，如果论文 A 至少被 k 篇论文引用，而这 k 篇论文的引文都不少于 k，那么论文节点 A 的 H_l 指数是 k。显然，论文的 H_l 指数比引文更精确地测度这篇论文的影响力。因此，当使用 H 指数评估研究者绩效，将论文的引文数替代为 H_l 指数，得出的评估结果更准确。

H_l 指数定义为：如果论文集合中至少有 h 篇论文的 H_l 指数不低于 h，则该论文集合的 H_l 指数是 h。如果学者的 H_l 指数是 h，则意味着学者有 h 篇论文，每篇论文的 H_l 指数不少于 h，研究者没有（$h+1$）篇论文的 H_l 指数不超过（$h+1$）。

H_l 指数有如下性质：

性质 1.3　对于任意集合 A 包含 n 篇论文，有 $0 \leqslant h_l \leqslant h \leqslant n$。当且仅当这个集合至少有一篇论文被至少一篇引文量 $\geqslant 1$ 的论文所引用，那么 $h_i > 0$。

在 H 指数分布和 H_l 指数分布符合幂律的条件下，h_l 有幂律上尾分布。令 x 为一个随机选择的节点，$d(x)$ 为节点 x 的节点度，$l(x)$ 是节点 x 的 H_l 指数。令 $a_n \approx b_n$ 意味着随着 $n \to \infty$，$\dfrac{a_n}{b_n} \to 1$；令 $a_n \cong b_n$ 意味着存在 $M > 1$，对于所有 M，有 $\dfrac{1}{M} \leqslant \dfrac{a_n}{b_n} \leqslant M$。$\alpha > 1$，$\beta > 1$，$c$ 代表常数，不同位置的 c 值不同。

性质 1.4　（H_l 指数分布）根据 H 指数的分布，假设随机选择的科学家 x 的产出有 α 肥尾 $P\big(n(x) \geqslant n\big) \approx cn^{-\alpha}$，论文引文数为 β 肥尾 $P\big(c(x) \geqslant s\big) \approx cs^{-\beta}$（包括科学家的论文引文数以及引用科学家论文的论文引文数），假定所有论文和引文数相互独立，那么有 $P\big(h_l(x) \geqslant k\big) \cong k^{-\alpha\left(\beta^2 + \beta + 1\right)}$。

H_l 指数的定义表明其可以测定 H 指数无法测定的差异性。科学家有同样的 H 指数，但可能 H 指数不同。一般来说，为了获得更高的 H 指数，科学家需要产出更多高引用的论文。而为了获得更高的 H_l 指数，科学家需要确保引用他的论文都是较高引用的论文，这比提高 H 指数更加困难。科学家可以通过自引提高 H 指数，但是无法通过同样的方式提高 H_l 指数。因此，H_l 指数能够给予科学家学术影响力更加准确地评估。

1.7.2　WL 指数

H 指数及其变体指标对于评价学者的科学影响受到广泛的欢迎，但这些指标均不考虑引用时在文中的提及频次。如果一篇文献在引用它的文献中出现超过一次，那么每次提及都有其目的和背景。在文献中提及所引用的文献是必不可少的，因为这些参考文献对于引用它们的文献非常重要，在论文中发挥重要作用。如果论文 B 中提及论文 A 多次，提及论文 C 一次，那么论文 A 相对于论文 C 比论文 B 更加重要，因此不能将论文 B 引用论文 A 和论文 B 引用论文 C 的引文数等同。

Wan 和 Liu（2014）提出引用提及（citation mention）的概念来说明引用参考文献在文中提及参考文献的次数。引文提及更好地代表文献之间的关系，即如果某文献提及某篇参考文献 m 次，那么这篇文献引用参考文献 m 次而非 1 次。他们还提出的新指标——WL 指数（WL-index），基于 H 指数并通过使用引文提及次数代替引文数量。WL 指数的定义为：如果一个科学家的 N_p 篇论文每篇获得 y 次引文提及，而其他 $(N_p - y)$ 篇论文每篇获得的引文提及次数小于等于 y 次，则他的 WL 指数为 y。

由于一篇论文获得的一次引文数涉及至少一次引文提及，一名科学家的 WL 指数大于等于这名科学家的 H 指数，也就是说，如果引用一名科学家论文的论文中多次提及了这名科学家的论文，那么使用引文提及代替引文的方式增加了科学家指标值。WL 指数基于一个比 H 指数更细粒度的引文分析，因此 WL 指数可比 H 指数提供对于科学家更精确的科学影响的评价，WL 指数在测度时某些表现较 H 指数更优。实际上，引文提及可以应用于替换其他任何指标中的引文，例如 g 指数等，这些指标可以简单地通过引文提及的数量进行改进。

如果论文中参考文献和应用这些参考文献的论文能正确地提取，并且引文提及在论文中通过字符串匹配得以识别，那么 WL 指数可以非常容易计算；但是如果参考文献以及参考文献的引文提及未能正确识别的话，结果就会受到影响。其他引文语境下可以在指标中考虑，例如，引用语句、引用位置等等。但是，使用引文语境将会在两个方面增加指标计算时的复杂度。首先，确定引文语境并不容易，如何在不同类型的论文中精确地提取引文语境仍然是一个问题。其次，在指标中引文语境的使用并不容易，现有的方法比计数方法更加复杂。评估一位科学家的影响指标应稳健并且容易计算和标准化。

1.8　跨学科或跨层面的 H 型指数

1.8.1　h_f 指数

h_f 指数泛指经过归一化处理的 H 指数（Sidiropoulos et al., 2007），其目的是实现对不同学科主体进行直接比较。Sidiropoulos 等把归一化 H 指数记为 h^n 并定义为

$$h^n = \frac{h}{N_p} \tag{1.43}$$

式中，N_p 为 H 指数主体发文总数，这实际上是一种篇均 H 指数，而且标记符号容易混淆指数 n 次方。

因此，更倾向一般的 h_f 指数定义

$$h_f = \frac{h}{f_m} \tag{1.44}$$

式中，f_m 表示不同学科的篇均被引次数，相当于归一化因子。最简便 f_m 取值可用 ESI 十年累积篇均被引作为实际数据。表 1.10 是 1998～2008 年 ESI 中 22 个学科的具体数值。

表 1.10　ESI 平均引文率：f_m 取值

领域	1998 年	1999 年	2000 年	2001 年	2002 年	2003 年	2004 年	2005 年	2006 年	2007 年	2008 年	平均
All Fields	17.74	17.11	16.38	15.08	13.56	11.62	9.74	7.33	4.69	2.35	0.46	9.91
Agricultural Sciences	11.21	11.12	11.10	9.97	8.99	8.05	6.61	4.81	3.12	1.43	0.25	6.20
Biology and Biochemistry	29.13	27.61	26.69	24.11	21.37	18.42	15.09	11.11	7.04	3.52	0.66	16.41
Chemistry	16.47	15.69	15.64	14.04	13.51	11.67	10.01	7.84	5.14	2.65	0.54	9.72
Clinical Medicine	20.62	20.05	19.21	17.92	16.42	14.42	12.14	9.32	5.95	2.91	0.52	11.99
Computer Science	7.20	6.36	5.84	6.02	5.98	3.81	2.66	1.99	1.06	0.80	0.15	3.15

领域	1998 年	1999 年	2000 年	2001 年	2002 年	2003 年	2004 年	2005 年	2006 年	2007 年	2008 年	平均
Economics and Business	10.50	9.55	8.84	7.77	7.49	6.17	4.94	3.42	1.94	0.86	0.17	5.19
Engineering	6.75	6.66	6.45	6.15	5.48	4.81	4.18	3.06	1.92	1.00	0.18	3.93
Environment/ Ecology	19.20	17.84	17.80	15.33	13.86	11.93	9.80	7.11	4.50	2.15	0.38	9.75
Geosciences	17.95	16.35	14.73	13.59	11.27	9.92	8.08	6.00	4.04	1.76	0.43	8.72
Immunology	36.18	33.00	32.95	30.70	26.96	23.33	20.08	15.00	9.87	5.10	0.93	20.92
Materials Science	9.60	9.41	9.57	8.92	7.93	7.40	6.13	4.61	3.07	1.50	0.27	5.72
Mathematics	5.86	5.79	5.18	4.52	4.27	3.61	2.99	2.27	1.44	0.69	0.15	3.07
Microbiology	28.23	26.44	24.67	22.55	20.00	17.32	14.62	11.59	7.04	3.42	0.65	15.04
Molecular Biology and Genetics	46.63	44.38	41.95	38.51	34.16	28.64	23.71	17.49	11.33	5.64	1.12	25.13
Multidisciplinary	3.54	3.46	3.74	5.45	7.32·	6.65	5.76	4.24	4.87	3.42	1.12	4.17
Neuroscience and Behavior	32.67	31.69	29.88	27.99	24.24	20.02	16.67	12.62	8.18	3.88	0.71	18.18
Pharmacology and Toxicology	17.87	18.22	17.89	17.06	16.05	13.21	11.83	8.50	5.97	2.82	0.51	10.96
Physics	13.81	13.35	13.10	11.86	10.51	9.25	8.18	6.36	4.30	2.06	0.55	8.19
Plant and Animal Science	12.81	12.30	11.76	10.71	9.58	8.21	6.87	4.97	3.13	1.50	0.31	7.06
Psychiatry/ Psychology	18.39	18.34	16.78	15.66	13.38	11.94	9.68	6.96	4.28	1.86	0.37	9.93
Social Sciences, General	7.64	7.35	7.09	6.34	5.85	5.04	4.32	3.26	1.96	0.88	0.20	4.16
Space Science	21.34	23.14	18.11	19.68	15.40	15.77	12.99	10.73	7.39	4.49	0.90	13.17

数据来源：http://esi.isiknowledge.com/baselinespage.cgi

1.8.2 连续 H 指数

Ruane 和 Tol 在提出有理 H 指数时，提出了连续 H 指数(successive H-index)。

而 2007 年 Schubert 提出的连续 H 指数，则是一个 H 指数序列概念（Schubert，2007）：设学者个人的 H 指数为 h_1，其从属于所在机构的 H 指数 h_2，该机构又从属于更上级群体，如国家的 H 指数 h_3。

Egghe 在 Lotkaian 信息计量学框架下考察研究 Schubert 的连续 H 指数后，指出在国家(H 指数设为 h_3)→机构(H 指数设为 h_2)→作者(H 指数设为 h_1)→论文(H 指数设为 h_0)→引文(C)序列中存在关系链并为之建立数学模型（Egghe，2008）

$$h_0 = C \ ; \ \ h_1 = T^{1/\alpha_0} \ ; \ \ h_2 = S^{1/\alpha_0 \alpha_1} \ ; \ \ h_2 = R^{1/\alpha_0 \alpha_1 \alpha_2} \tag{1.45}$$

式中，R、S、T、C 分别为机构层、作者层、论文层、引文层的最大数；而 α_0，α_1，α_2 为对应层次间幂律关系的 Lotka（洛特卡）指数（α_0，α_1，$\alpha_2 > 0$），约束条件为

$$R < S < T < C \ ; \ \ 1 < \frac{1}{\alpha_0} < \frac{1}{\alpha_1} < \frac{1}{\alpha_2} \tag{1.46}$$

连续 H 指数的重要意义之一是尝试建立不同测评层面 H 指数之间的联系。

1.9　其他指数

1.9.1　社会化 H 指数

大量计量指标用于评估研究者及其成果影响力，H 指数是一个广泛使用的指标，但是其不考虑合作团体的贡献，为了解决这个问题，Cormode 等（2013）提出社会化 H 指数（social H-index），反映个体对于研究圈子的影响力。

以 $A(p)$ 表示论文 p 的作者集合，$P(a)$ 表示作者 a 的论文集合。使用作者 a 的 H 指数 $h(a)$ 以及"支撑" a 的 H 指数的论文集合 $H(a)$（$h(a) \subseteq P(a)$），即那些论文至少有 $h(a)$ 条引文。首先定义"贡献"函数为论文对于论文作者的重要性，也就是说，contrib(p,a) 测度论文 p 是否对于作者 a 的 H 指数有贡献，如果 p "支撑" a 的 H 指数，那么 contrib(p,a)=1。满足属性：$\sum\limits_{p \in P(a)} \text{contrib}(p,a) = h(a)$。

一个作者的社会化 H 指数定义为对该论文作者有贡献的（包含自己）所有论文总数（标准化），则该作者的社会化 H 指数记为 $\text{SOC}^h(a)$，$\text{SOC}^h(a) =$

$$\sum_{p \in P(a)} \frac{1}{|A(p)|} \sum_{a' \in A(p)} \text{contrib}(p,a')。$$

贡献函数的定义可以有许多改进。可以通过贡献函数给予更高引文数的论文更多贡献；基于出版物的时间计算论文贡献；仅对作者自身 H 指数有贡献的论文。和 H 指数不同，社会化 H 指数可以随着时间降低，当一篇论文曾经对于作者的 H 指数有贡献，现在由于这篇论文不在 H 核心中，不计算在贡献之内。

通过贡献函数，可以得到：

$$\sum_a \text{SOC}^h(a) = \sum_p \sum_{a \in A(p)} \frac{1}{|A(p)|} \sum_{a' \in A(p)} \text{contrib}(p,a')$$

$$= \sum_p \sum_{p \in P(a)} \frac{1}{|A(p)|} \sum_{a' \in A(p)} \text{contrib}(p,a')$$

$$= \sum_p \sum_{a' \in A(p)} \text{contrib}(p,a') = \sum_a \sum_{p \in P(a)} \text{contrib}(p,a) = \sum_a h(a)$$

贡献函数的总和等于 H 指数的总和，但是将 H 指数重新进行分配。通过观察 $\text{SOC}^h(a)$ 和 $h(a)$ 之间的关系，是否可以决定 $\text{SOC}^h(a) \approx h(a)$。Cormode 等（2013）认为，尽管社会化 H 指数和 H 指数、论文篇数、作者数广泛相关，但是社会化 H 指数有许多变化表明新指标与传统指标还是有很大的区别。

社会化 H 指数作为测度学术圈中研究者的影响力，同时考虑出版物的质量和数量，以及研究者通过合作推动其他科学家的作用。社会化 H 指数有别于以前所研究的指标，可以有效地区分合作方式。这种社会化指标可以应用于其他关于学术成功的测度，例如，g 指数扩展不仅考虑合作者还可以考虑对其他学者间接的影响。

1.9.2　Zynergy 指数

H 指数最初的提出是一种启发式的构建。Prathap (2011a, 2014)认为，可使用一种简单的启发式"热力学"模型，可以更好地从三个维度评估信息产出过程，记为 Z 指数。

令 c_i（$i=1$，…，P）代表所有论文的引文排序，那么 $C = \sum c_i$（$i=1$，…，P）是引文总数。影响 $i = \frac{C}{P}$ 经验估计质量（速度）。这里定义与二阶（second-order）能量类似形式的表达式 $E = \sum c_i^2$，$X = iC$。P 是测量学术创造的量（规模），是一个零阶绩效指标，那么 i 和 P 为三维绩效评估的正交分量，$C = Pi$ 可以认为是一阶绩效评估指标。$X = iC = i^2 P$ 是更高阶的测度，是一个二阶稳健指标。除了 X 以外，$E = \sum c_i^2$ 也是一个二阶指标。X 和 E 的共存允许提出存在第三个既非质量又非数量的属性，计量学背景下，一致性（consistency）可能更有意义。一致性术语 $\eta = X / E$，可以认为是绩效评价的第三个构件。完美的一致性（即）$\eta = 1$，当 $X = E$ 是绩效完全均匀的情况，即所有论文有同样的引文数，$c_i = c = i$。为了从三个维度评估出版活动，我们仅需要 P，i 和 η。这就是质量、数量一致性视角。

普遍认为，H 指数提出一种启发式的构建方式，可以从质量属性和数量属性进行测量。通过将 $C = iP$ 作为构建规则，可以使用满足维度考虑的"热力学"模型，引入一种修改的 h_m 指数（Prathap, 2010a），重新定义为 p 指数（Prathap, 2010b），计算结果为 $p = p^{\frac{1}{3}} = \left(\dfrac{C^2}{p} \right)^{\frac{1}{3}}$。现在通过引入 z 指数（z-index）：

$$Z = \eta X = \eta^2 E \tag{1.47}$$

$$z = Z^{\frac{1}{3}} \tag{1.48}$$

z 的维度和 H 指数、p 指数的维度相同。严格地说，z 指数是一个将质量、数量和一致性三个维度结合起来的虚构指数。通过对 Leo Egghe, Wolfgang Glänzel, Ronald Rousseau 和 Jorge E 4 位科学家出版物和引文的有关分析，发现 H 指数的值介于 p 指数和 z 指数之间，而 H 指数实际上是一种模拟的 z 指数，可以通过启发式将质量、数量和一致性三个维度降为如同论文数 P 同样的维度。

各类 H 型指数是 H 指数提出后第一个五年的研究重点，也构成 H 型指数成为研究热点的基础。除以上所述各类 H 型指数外，还有一些指数，如 v 指数（Riikonen and Vihinen, 2008）、π 指数（Vinkler, 2009）等，国内也有大量研究（姜春林等，2006；姜春林，2007；万锦堃等，2007；张学梅，2007；叶鹰，2007；丁楠等，2008；赵星，2010），限于本著作内容不再赘述。

参 考 文 献

陈亦佳. (2009). 图书馆科研能力的学术差与学术势评价方法. 西南师范大学学报(自然科学版), 34(4): 140-143.

丁楠, 周英博, 叶鹰. (2008). h 指数和 h 型指数研究进展. 图书情报知识, (1): 72-77.

高小强, 赵星. (2010). 基于 h 核心的被引次数分权类 h 指数.情报理论与实践, 33(3): 50-53.

姜春林, 刘则渊, 梁永霞. (2006). H 指数和 G 指数——期刊学术影响力评价的新指标. 图书情报工作, 50(12): 63-65.

姜春林. (2007). 期刊 h 指数与影响因子之间关系的案例研究. 科技进步与对策, 24(9), 78-80.

万锦堃, 花平寰, 赵呈刚. (2007). 中国部分重点大学 h 指数的探讨. 科学观察, (3): 9-16.

叶鹰. (2007). h 指数和类 h 指数的机理分析与实证研究导引. 大学图书馆学报, 25(5): 2-8.

张学梅. (2007). hm 指数——对 h 指数的修正. 图书情报工作, 51(10): 116-118.

赵基明, 邱均平, 黄凯, 等. (2008). 一种新的科学计量指标——h 指数及其应用述评. 中国科学基金, 22(1): 23-32.

赵星, 高小强, 郭吉安, 等. (2009). 基于主题词频和 g 指数的研究热点分析方法. 图书情报工作, 53(2): 59-61.

赵星. (2010). H 指数的性质与扩展研究. 重庆: 重庆大学.

Alonsoa S, Cabrerizo F J , Herrera-Viedma E, et al. (2009). h-index: A review focused in its variants, computation and standardization for different scientific fields. Journal of Informetrics, (3): 273-289

Alonso S, Cabrerizo F J , Herrera-Viedma E, et al. (2010). hg-index: A new index to characterize the scientific output of researchers based on the h-and g-indices. Scientometrics, 82(2): 391-400.

Anania G, Caruso A. (2013). Two simple new bibliometric indexes to better evaluate research in disciplines where publications typically receive less citations. Scientometrics, 96(2): 617-631.

Ancheyta J. (2015). A correction of h-index to account for the relative importance of authors in manuscripts. International Journal of Oil Gas & Coal Technology, 10(2): 221.

Anderson T R, Hankin R K S, Killworth P D. (2008). Beyond the durfee square: enhancing the h-index to score total publication output. Scientometrics, 76(3): 577-588.

Ball P. (2005). Index aims for fair ranking of scientists. Nature, 436(7053): 900.

Batista P D, Campiteli M G, Kinouchi O. (2006). Is it possible to compare researchers with different scientific interests? Scientometrics, 68(1): 179-189.

Boell S K, Wilson C S. (2010). Journal impact factors for evaluating scientific performance: use of h-like, indicators. Scientometrics, 82(3): 613-626.

Bornmann L.(2010). Are there better indices for evaluation purposes than the h index? A comparison of nine different variants of the h-index using data from biomedicine. Journal of the American Society for Information Science and Technology, 59(5): 830-837

Bornmann L, Daniel H D. (2007). What do we know about the h index? Journal of the Association for Information Science & Technology, 58(9): 1381-1385.

Braun T, Glänzel W, Schubert A. (2006).A Hirsch-type index for journals. Scientometrics, 69(1): 169-173.

Burrell Q L. (2007a). Hirsch's h-index: a stochastic model. Journal of Informetrics, 1(1): 16-25.

Burrell Q L. (2007b). On the h-index, the size of the Hirsch core and Jin's A-index. Journal of Informetrics, 1(2): 170-177.

Cabrerizo F J, Alonso S, Herrera-Viedma E, Herrera F. (2010). q(2)-index: Quantitative and qualitative evaluation based on the number and impact of papers in the hirsch core. Journal of Informetrics, 4(1): 23-28.

Cormode G, Ma Q, Muthukrishnan S, Thompson B. (2013). Socializing the h-index. Journal of Informetrics, 7(3): 718-721.

Costas R, Bordons M. (2007). The h-index: advantages, limitations and its relation with other bibliometric indicators at the micro level. Journal of Informetrics, 1(2): 193-203.

Costas R, Bordons M. (2008). Is g-index better than h-index? an exploratory study at the individual level. Scientometrics, 77(2): 267-288.

Dorta-González P, Dorta-González M I. (2011). Central indexes to the citation distribution: a complement to the h-index. Scientometrics, 88(3): 729-745.

Eck N J V, Waltman L. (2008). Generalizing the h-and g-indices. Journal of Informetrics, 2(4) : 263-271.

Egghe L. (2006). Theory and practice of the g-index. Scientometrics, 69(1): 131-152.

Egghe L. (2008a). Examples of simple transformations of the h-index: Qualitative and quantitative conclusions and consequences for other indices. Journal of Informetrics, (2): 136-148.

Egghe L.(2008b). Modeling successive h-indices. Scientometrics, 77(3): 377-387.

Egghe L. (2009). Mathematical study of h-sequeces. Information Processing and Management, 45: 288-297.

Egghe L. (2010). The Hirsch index and related impact measures. Annual Review of Information Science & Technology, 44(1): 65-114.

Egghe L. (2011). Characterizations of the generalized Wu- and Kosmulski-indices in lotkaian systems. Journal of Informetrics, 5(3): 439-445.

Egghe L, Rousseau R. (2006). An informetric model for the Hirsch-index. Scientometrics, 69(1), 121-129.

Egghe L, Rousseau R. (2008). An h-index weighted by citation impact. Information Processing & Management, 44(2): 770-780.

García-Pérez M A.(2009).A multidimensional extension to Hirsch's h-index. Scientometrics, 81(3): 779-785.

García-Pérez M A. (2012). An extension of the h-index that covers the tail and the top of the citation curve and allows ranking researchers with similar h. Journal of Informetrics, 6(4): 689-699.

Guns R, Rousseau R. (2009). Real and rational variants of the h-index and the g-index. Journal of Informetrics, 3(1): 64-71.

Hirsch J E. (2005). An index to quantify an individual's scientific research output. Proceedings of the National Academy of Sciences of the United States of America, 102(46): 16569-16572.

Hirsch J E. (2010). An index to quantify an individual's scientific research output that takes into account the effect of multiple coauthorship. Scientometrics, 85(3): 741-754.

Iglesias J E, Pecharromán C.(2006).Scaling the h-index for different scientific isi fields. Scientometrics, 73(3): 303-320.

Jin B H, Liang L M, Rousseau R, et al. (2007). The r- and ar-indices: complementing the h-index. Chinese Science Bulletin, 52(6): 855-863.

Kosmulski M. (2006). A new Hirsch-type index saves time and works equally well as the original h-index. ISSI Newsletter, 2(3): 1004-1006.

Lehmann S, Jackson A D, Lautrup B E. (2006). Measures for measures. Nature, 444(7122): 1003-1004.

Liang L.(2006).H-index sequence and h-index matrix: constructions and applications. Scientometrics, 69(1): 153-159.

Liu Y, Rousseau R. (2009). Properties of Hirsch-type indices: the case of library classification categories. Scientometrics, 79(2): 235-248.

Moussa S, Touzani M.(2010).Ranking marketing journals using the google scholar-based -index. Journal of Informetrics, 4(1): 107-117.

Nair G M, Turlach B A. (2012). The stochastic h-index. Journal of Informetrics, 6(1), 80-87.

Prathap G.(2011a).The energy-exergy-entropy (or eee) sequences in bibliometric assessment. Scientometrics, 87(3): 515-524.

Prathap G. (2011b). Quasity, when quantity has a quality all of its own—toward a theory of performance. Scientometrics, 88(2): 555-562.

Prathap G. (2014). The zynergy-index and the formula for the h-index. Journal of the American Society for Information Science & Technology, 65(2): 426-427.

Riikonen P, Vihinen M.(2008). National research contributions: a case study on finnish biomedical research. Scientometrics, 77(2): 207-222.

Rousseau R. (2006). Simple models and the corresponding h- and g-index. E-LIS: ID 6153(3): 220-223.

Rousseau R, Leuven K U. (2008). Reflections on recent developments of the h-index and h-type indices. Collnet Journal of Scientometrics & Information Management, 2(1): 1-8.

Ruane F, Tol R S J. (2008). Rational (successive) h-indices: An application to economics in the Republic of Ireland. Scientometrics, 75(2) : 395-405

Rousseau R, Ye F Y.(2008). A proposal for a dynamic h-type index. Journal of the American Society for Information Science and Technology, 59(11): 1853-1855.

Schreiber M. (2008a). An empirical investigation of the g-index for 26 physicists in comparison with the h-index, the A-index, and the R-index. Journal of the American Society for Information Science and Technology, 59: 1513-1522.

Schreiber M. (2008b). To share the fame in a fair way, hm for multi-authored manuscripts. New Journal of Physics, 10(040201): 1-9.

Schreiber M. (2009). Fractionalized counting of publications for the g-index. Journal of the American Society for Information Science and Technology, 60: 2145-2150.

Schreiber M. (2010a). Revisiting the g-index: the average number of citations in the g-core. Journal of the American Society for Information Science and Technology, 61: 169-174.

Schreiber M. (2010b). How to modify the g-index for multi-authored manuscripts. Journal of Informetrics, (4): 42-54.

Schubert A. (2007). Successive h-indices. Scientometrics, 70(1): 201-205.

Sidiropoulos A, Katsaros D, Manolopoulos Y. (2007). Generalized hirsch h-index for disclosing latent facts in citation networks. Scientometrics, 72(2): 253-280.

Todeschini R. (2011). The j-index: a new bibliometric index and multivariate comparisons between other common indices. Scientometrics, 87(3): 621-639.

Tol R S J. (2008). A rational, successive g-index applied to economics departments in Ireland. Journal of Informetrics, (2): 149-155.

Vinkler P.(2009). The π-index: a new indicator for assessing scientific impact. Journal of Information Science, 35(5): 602-612.

Wan X, Liu F. (2014). Wl-index: leveraging citation mention number to quantify an individual's scientific impact. Journal of the Association for Information Science & Technology, 65(12): 2509-2517.

Woeginger G J. (2009). Generalizations of Egghe's g-index. Journal of the American Society for Information Science and Technology, 60: 1267-1273.

Wu Q. (2010). The w-index: A significant improvement of the h-index. Journal of the American Society for Information Science and Technology, 61(3): 609-614.

Ye F Y, Rousseau R. (2010). Probing the h-core: an investigation of the tail-core ratio for rank distributions. Scientometrics, 84(2): 431-439.

Zhai L, Yan X, Zhu B. (2014). The Hl-index: improvement of H-index based on quality of citing papers. Springer-Verlag New York, Inc.

Zhang C T. (2009). The e-index, complementing the h-index for excess citations. Plos One, 4(5): e5429.

第二篇
H 指数和 H 型测度的理论机理

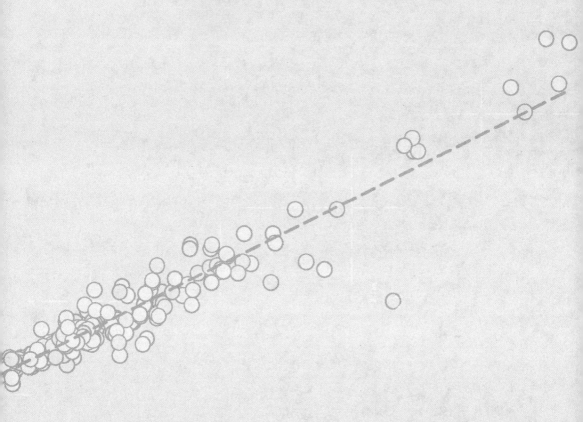

H 指数被发现后，学术界已提出多种数学模型对其进行解释。这些数学模型既贯通 Lotkaian 信息计量学又启发深入研究信息计量机理，展现出重要的理论价值。

Hirsch 在提出 H 指数时, 根据 H 指数线性增加, 构成第一个数学模型(Hirsch, 2005), 随后, Egghe 和 Rousseau 在基于幂律的 Lotkaian 信息计量学框架下提出了 Egghe-Rousseau 模型, Glänzel 和 Schubert 也基于随机数学理论建立了 Glänzel-Schubert 模型。因此, 就形成了三类代表性静态模型。同时, 动态模型也在发展中。

2.1　Hirsch 模型

首先, Hirsch 观察到一个科学家的引文总数 C^*通常要比 h^2 大很多, 其原因为 h^2 既忽略了那些被引最多的 h 篇论文且大于 h 值的那部分引文数, 同时也未计算那些低于 h 次引文的论文的被引数。如果 C 与 h^2 是线性关系, 则假定为

$$C = ah^2 \tag{2.1}$$

根据 Hirsch 的经验观测结果, 式(2.1)中的常数 a 取值范围是 3～5。这就是 Hirsch 原始公式。按照该公式, H 指数是总引文的函数, 形式为

$$h = f(C) = (C / a)^{1/2} \tag{2.2}$$

假如一名学者的 H 指数随着时间的变化呈近似线性的增长趋势, 用 p 代表该学者每年发表论文篇数, c 代表每篇论文在接下来的每一年获得新的引文数, 则 $(n+1)$年后总的引文数为

＊Hirsch 原用符号是 $N_{c,tot}$, 本专著统一用 C。

$$C = \sum_{j=1}^{n} pcj = \frac{pcn(n+1)}{2} \tag{2.3}$$

假设前 y 年的所有的论文都符合 H 指数的条件，可得

$$py = (n-y)c = h \tag{2.4}$$

于是有

$$h = \frac{c}{1+c/p} n \tag{2.5}$$

其形象化如图 2.1 所示。

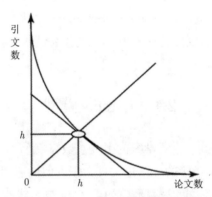

图 2.1　Hirsch H 指数线性模型示意

设 $\dfrac{c}{1+c/p} = m$，则 H 指数可估计为

$$h \sim mn \tag{2.6}$$

在这个简单的线性模型中，由 c 和 p 决定的参数 m，即为函数 h 的斜率（变量为 n），提供了比较不同资历科学家水平的一个有用的标准，尽管不同科学家的 m 值会很不相同。Hirsch 根据对许多物理学家引文记录的观察结果得出如下结论：

（1）$m \sim 1$ 时，经过 20 年的科研活动，科学家的 H 指数为 20，此时可以认为该科学家是一个成功的科学家。

（2）$m \sim 2$ 时，经过 20 年的科研活动，科学家的 H 指数为 40，此时可以认为该科学家是一个卓越科学家。这些科学家很可能正是那些在顶级大学或重点实验室中工作的科学家。

(3) $m \sim 3$ 或者更大时，经过 20 年或 30 年的科研活动，科学家的 H 指数分别为 60 或 90，可以认为该科学家是真正的科学精英。

就物理学而言，Hirsch 建议研究型大学教师晋升副教授的标准为 $h \sim 12$，晋升教授的标准为 $h \sim 18$。而美国国家科学院院士的 h 应该大于等于 45。

Hirsch 也认识到在实际情况下一般 $C(y)$ 并不是 y 的线性函数，于是他研究了一个扩展指数模型：

$$C(y) = C_0 \exp\left(-\frac{y}{y_0}\right)^{\beta} \qquad (2.7)$$

式中，C_0 是被引最多的论文的引文数；β 是指数参数，$\beta \leqslant 1$。尽管 Hirsch 进行了一些实际数据拟合，但这一模型并非普遍成立。

2.2　Egghe-Rousseau 模型

普莱斯（Price）奖获得者、著名信息计量学家 Leo Egghe 和 Ronald Rousseau 在 H 指数提出后不久，很快在基于幂律的 Lotkaian 信息计量学框架下推导出一个 H 指数的简单公式（Egghe and Rousseau, 2006），即

$$h = T^{\frac{1}{\alpha}} \qquad (2.8)$$

式中，T 是学者的发表总量（包括论文和著作等）；α 是 Lotka 指数。

本书用 P 代表论著数，于是 Egghe-Rousseau 模型就只是 P 的函数

$$h = f(P) = P^{\frac{1}{\alpha}} \qquad (2.9)$$

Egghe-Rousseau 模型简单明了，是在 Lotkaian 信息计量学框架下对 H 指数的理论描述。Egghe 还进一步推导出随动态时间 t 变化的动态 H 指数公式（Egghe, 2007）

$$h = \left[(1-a^t)^{\alpha-1} T\right]^{\frac{1}{\alpha}} \qquad (2.10)$$

式中，t 为随动态时间；a 是信息老化率。

2.3　Glänzel-Schubert 模型

几乎同时，另两位 Price 奖获得者、著名信息计量学家 Glänzel W 和 Schubert A 综合 Gumbel 理论、Pareto 分布和 Zipf 定律导出一个 H 指数数学模型并经期刊 H 指数实证（Glänzel, 2006; Schubert and Glänzel, 2007），形如

$$h = cP^{\frac{1}{2}}\text{IF}^{\frac{2}{3}} \tag{2.11}$$

式中，c 是常数；IF 是期刊计量指标中著名的 Garfield 影响因子。

当把 IF 一般化为 $\dfrac{C}{P}$ 后，Glänzel-Schubert 模型表明 H 指数是 P 和 C 的函数：

$$h = f(P,C) = cP^{\frac{1}{2}}\left(\frac{C}{P}\right)^{\frac{2}{3}} \tag{2.12}$$

从 H 指数定义看，H 指数确实既与 P 有关，也与 C 有关，故 Glänzel-Schubert 模型更具有一般意义。

2.4　Burrell 假说

英国学者 Burrell（2007）在随机数学框架下推出自己的 H 指数概略数学模型，其基本特征是：①H 指数是论著数 P 的对数的线性函数；②H 指数是引文数 C 的对数的线性函数；③H 指数与职业时间 t 成正比。即存在以下估计：

$$h \sim \log P \tag{2.13}$$

$$h \sim \log C \tag{2.14}$$

$$h \sim t \tag{2.15}$$

可惜的是，他没有给出等式，因此无法进行实证检验，只能假说为

$$h = f(\log P, \log C, t) \tag{2.16}$$

2.5　各类模型的检验与贯通

为检验上述 H 指数数学模型与现实数据的吻合程度，我们的思路是：采集 ESI 数据库中的 P、C 数据作为输入数据，计算出 H 指数计算值，并用同期 WoS 数据库中查出的 H 指数作为真实值，从而可以对比检验。分别采集 1997.1.1～2007.12.31 的 ESI 数据库中的前 200 个机构数据和前 200 种期刊数据，并分别对其中前 100 个、前 50 个机构和前 100 种、前 50 种期刊按三类模型计算出 H 指数，并与从 WoS 中查出的相应"真实"H 指数对照，获得具有参考价值的结果（Ye,2009）。

设式(2.1)中 $a=5$，式(2.8)中 $\alpha=2$，分别用以下公式作为 Hirsch 模型、Egghe-Rousseau 模型、Glänzel-Schubert 模型的计算估计：

$$h_c \sim \sqrt{\frac{C}{5}} \tag{2.17}$$

$$h_p \sim \sqrt{P} \tag{2.18}$$

$$h_{pc} \sim cP^{\frac{1}{3}}\left(\frac{C}{P}\right)^{\frac{2}{3}} \tag{2.19}$$

式中，常数 c 实算时对机构取 1，对期刊取 0.9（Schubert and Glänzel,2007）。

基础数据中前 100 个机构的有关参数如表 2.1 所列，前 100 种期刊的有关参数如表 2.2 所列。

表 2.1　按实查 H 指数排序的前 100 个机构数据

机构名称	P	C	CPP	h	h_p	h_c	h_{pc}
HARVARD UNIV	95457	2651015	27.77	330	308.9612	1628.194	419.1021
NIH	7800	232109	29.76	323	88.31761	481.7769	190.4526
STANFORD UNIV	49363	1131732	22.93	307	222.1779	1063.829	296.076
UNIV CALIF SAN FRANCISCO	36621	981823	26.81	299	191.3661	990.8698	297.4687
JOHNS HOPKINS UNIV	53594	1211258	22.6	297	231.5038	1100.572	301.3776
UNIV WASHINGTON	55003	1131765	20.58	297	234.5272	1063.844	285.6006

机构名称	P	C	CPP	h	h_p	h_c	h_{pc}
MIT	36315	814312	22.42	291	190.5649	902.3924	263.3009
UNIV CALIF SAN DIEGO	41318	920778	22.29	290	203.2683	959.5718	273.8124
BRIGHAM and WOMENS HOSP	14940	482231	32.28	289	122.2293	694.4285	249.6927
MAX PLANCK SOCIETY	72087	1346597	18.68	284	268.4902	1160.43	293.0018
YALE UNIV	37307	867884	23.26	271	193.1502	931.6029	272.2722
UNIV PENN	46505	919519	19.77	270	215.6502	958.9155	262.9285
UNIV CALIF BERKELEY	48514	935323	19.28	267	220.2589	967.121	262.2368
UNIV CALIF LOS ANGELES	54878	1024193	18.66	267	234.2605	1012.024	267.3461
WASHINGTON UNIV	29752	704179	23.67	265	172.4877	839.1537	255.449
MASSACHUSETTS GEN HOSP	17679	522236	29.54	263	132.9624	722.659	248.939
NCI	24653	701538	28.46	258	157.0127	837.5787	271.298
UNIV MICHIGAN	54703	931193	17.02	258	233.8867	964.9834	251.1752
COLUMBIA UNIV	42745	839310	19.64	257	206.7486	916.1386	254.5205
MRC	8010	220281	27.5	250	89.4986	469.341	182.2913
DANA FARBER CANC INST	5375	214701	39.94	248	73.31439	463.3584	204.675
UNIV CAMBRIDGE	44375	795504	17.93	247	210.6537	891.9103	242.5305
DUKE UNIV	35859	718220	20.03	243	189.3647	847.4786	243.2129
UNIV OXFORD	40619	747768	18.41	242	201.5416	864.7358	239.6692
UNIV CHICAGO	25952	541641	20.87	237	161.0962	735.9626	224.4253
UNIV MINNESOTA	46087	722768	15.68	236	214.6788	850.1576	224.6071
UNIV TOKYO	71006	912230	12.85	236	266.4695	955.1073	227.1784
UNIV PITTSBURGH	36333	660600	18.18	232	190.6122	812.773	228.9969
UNIV TORONTO	54406	832025	15.29	232	233.2509	912.154	233.4285
CORNELL UNIV	41930	730020	17.41	230	204.7682	854.4121	233.3677
CALTECH	21528	506170	23.51	227	146.7242	711.4563	228.2985
MEM SLOAN KETTERING CANC CTR	10971	348524	31.77	224	104.7425	590.3592	222.8915
UNIV N CAROLINA	38138	634147	16.63	224	195.2895	796.3335	219.3045
ROCKEFELLER UNIV	7131	316077	44.32	223	84.44525	562.2073	241.0553

续表

机构名称	P	C	CPP	h	h_p	h_c	h_{pc}
SCRIPPS RES INST	11297	401154	35.51	222	106.2873	633.3672	242.4124
BAYLOR COLL MED	19749	462826	23.44	222	140.5311	680.3132	221.3877
UNIV COLORADO	36461	635574	17.43	222	190.9476	797.229	222.9159
UNIV WISCONSIN	51337	758960	14.78	222	226.5767	871.1831	223.8342
CHILDRENS HOSP	16603	358347	21.58	219	128.8526	598.6209	197.7409
PRINCETON UNIV	19676	415383	21.11	219	140.2712	644.5021	206.2075
NORTHWESTERN UNIV	30367	534018	17.59	219	174.2613	730.7654	211.014
KYOTO UNIV	51808	638174	12.32	214	227.6137	798.8579	198.8563
UNIV MUNICH	29730	407815	13.72	209	172.4239	638.6039	177.542
OSAKA UNIV	44708	566083	12.66	209	211.4427	752.3849	192.7899
MCGILL UNIV	33020	529312	16.03	207	181.7141	727.5383	203.9614
VANDERBILT UNIV	23114	453189	19.61	206	152.0329	673.1931	207.1461
EMORY UNIV	22316	446137	19.99	205	149.3854	667.9349	207.3707
UNIV MARYLAND	42129	617124	14.65	205	205.2535	785.5724	208.3302
UNIV AMSTERDAM	24335	364127	14.96	203	155.9968	603.4294	175.9401
UNIV ILLINOIS	54812	686388	12.52	202	234.1196	828.4854	204.8148
UNIV ALABAMA	26527	442347	16.68	201	162.8711	665.0917	194.6974
UNIV MASSACHUSETTS	23953	397685	16.6	198	154.7676	630.6227	187.5824
UNIV LONDON IMPERIAL COLL SCI TECHNOL and MED	34082	487103	14.29	197	184.6131	697.9276	190.9252
UNIV SO CALIF	26332	429650	16.32	196	162.2714	655.4769	191.4144
BOSTON UNIV	23418	431880	18.44	195	153.0294	657.1758	199.6904
UNIV IOWA	24493	401013	16.37	191	156.5024	633.2559	187.2319
PENN STATE UNIV	37686	525381	13.94	190	194.1288	724.8317	194.1937
UNIV BRITISH COLUMBIA	33719	460675	13.66	190	183.6273	678.7304	184.6115
FRED HUTCHINSON CANC RES CTR	6249	204386	32.71	189	79.05062	452.0907	188.3897
UNIV ARIZONA	28954	446592	15.42	189	170.1587	668.2754	190.2359
UNIV VIRGINIA	22351	395491	17.69	188	149.5025	628.8808	191.2424
UNIV EDINBURGH	22243	359216	16.15	186	149.1409	599.3463	179.6854

机构名称	P	C	CPP	h	h_p	h_c	h_{pc}
INDIANA UNIV	26311	401447	15.26	186	162.2067	633.5985	182.985
UNIV HELSINKI	28956	445402	15.38	185	170.1646	667.3844	189.9111
OHIO STATE UNIV	36358	469514	12.91	185	190.6777	685.2109	182.3129
UNIV UTAH	21809	364986	16.74	184	147.6787	604.1407	182.8306
CTR DIS CONTROL and PREVENT	15946	335582	21.04	183	126.2775	579.2944	191.8291
KAROLINSKA INST	26430	481070	18.2	183	162.5731	693.5921	206.1009
NIAID	6885	237857	34.55	182	82.9759	487.7059	201.8057
TUFTS UNIV	14864	301580	20.29	181	121.918	549.163	182.9082
CASE WESTERN RESERVE UNIV	20065	377171	18.8	180	141.651	614.1425	192.1255
SUNY STONY BROOK	16381	306161	18.69	180	127.9883	553.3182	178.8627
UNIV CALIF DAVIS	37661	499075	13.25	178	194.0644	706.4524	187.69
UNIV CALIF IRVINE	20401	337635	16.55	177	142.8321	581.0637	177.4526
CLEVELAND CLIN FDN	14664	278815	19.01	176	121.095	528.0294	174.3434
UNIV ROCHESTER	18600	324479	17.45	176	136.3818	569.6306	178.2521
OREGON HLTH SCI UNIV	12461	261882	21.02	175	111.6288	511.7441	176.5792
INST PASTEUR	11799	272237	23.07	174	108.6232	521.7634	184.4931
CNR	36554	375879	10.28	173	191.191	613.0897	156.9063
MAYO CLIN and MAYO FDN	26125	499616	19.12	172	161.6323	706.8352	212.1668
UNIV CALIF SANTA BARBARA	17264	306076	17.73	171	131.3925	553.2414	175.7329
UNIV MILAN	26970	344434	12.77	169	164.2255	586.885	163.8404
UNIV ZURICH	22908	363943	15.89	168	151.3539	603.2769	179.5057
UNIV HEIDELBERG	24198	345552	14.28	168	155.5571	587.8367	170.2467
UNIV UTRECHT	29260	427481	14.61	167	171.0555	653.8203	184.1584
LOS ALAMOS NATL LAB	17526	256088	14.61	166	132.3858	506.0514	155.2367
MCMASTER UNIV	18829	269202	14.3	166	137.2188	518.8468	156.7352
UNIV GENEVA	15191	271573	17.88	165	123.2518	521.1267	169.3456
NASA	24855	342938	13.8	165	157.6547	585.6091	167.9026

机构名称	P	C	CPP	h	h_p	h_c	h_{pc}
UNIV BASEL	12637	231536	18.32	163	112.4144	481.1819	161.8695
WEIZMANN INST SCI	11669	237336	20.34	162	108.0231	487.1714	169.0098
TECH UNIV MUNICH	21376	283459	13.26	160	146.2053	532.4087	155.4788
UNIV MONTREAL	18782	243528	12.97	160	137.0474	493.4856	146.7373
CEA	25254	303130	12	160	158.9151	550.5724	153.7792
UNIV TENNESSEE	21604	284906	13.19	158	146.983	533.7659	155.48
UNIV BIRMINGHAM	20138	263015	13.06	158	141.9084	512.8499	150.8809
UNIV MIAMI	15832	250343	15.81	157	125.8253	500.3429	158.1733
UNIV CINCINNATI	17885	261456	14.62	157	133.7348	511.3277	156.3608
UNIV ALBERTA	27616	328093	11.88	157	166.1806	572.794	157.3734
UNIV FLORIDA	39162	422038	10.78	157	197.8939	649.6445	165.7172
VET ADM MED CTR	19505	461179	23.64	156	139.6603	679.1016	221.7245
LEIDEN UNIV	21352	331300	15.52	156	146.1232	575.5867	172.6132
RUTGERS STATE UNIV	22835	314875	13.79	156	151.1125	561.1372	163.146
CSIC	37417	382088	10.21	156	193.4347	618.1327	157.4128
TOHOKU UNIV	42034	401985	9.56	156	205.022	634.0229	156.617
THOMAS JEFFERSON UNIV	10666	208930	19.59	153	103.2763	457.0886	159.9645
UNIV GLASGOW	18864	264962	14.05	153	137.3463	514.7446	154.999
MICHIGAN STATE UNIV	22860	284062	12.43	153	151.1952	532.9747	152.2905
USDA	34609	315801	9.12	153	186.0349	561.9617	142.2524
UNIV BRISTOL	21212	288982	13.62	152	145.6434	537.5705	157.8745
GEORGETOWN UNIV	11262	197507	17.54	151	106.1226	444.4176	151.3183
UNIV TUBINGEN	19366	256720	13.26	149	139.1618	506.6754	150.4443
UNIV VIENNA	23758	303874	12.79	149	154.1363	551.2477	157.2233
UNIV KENTUCKY	17847	238076	13.34	148	133.5927	487.9303	146.9915
UNIV HAMBURG	17128	226581	13.23	148	130.874	476.0053	144.1923
HEBREW UNIV JERUSALEM	20691	271220	13.11	148	143.8437	520.7879	152.6379
UNIV MANCHESTER	26837	312405	11.64	148	163.82	558.932	153.773
UNIV MED and DENT NEW	12200	198801	16.3	146	110.4536	445.8711	147.9943

续表

机构名称	P	C	CPP	h	h_p	h_c	h_{pc}
JERSEY							
UNIV FREIBURG	16699	239964	14.37	146	129.2246	489.8612	151.078
UNIV LUND	28366	388914	13.71	146	168.4221	623.6297	174.6992
UNIV FRANKFURT	14284	196722	13.77	145	119.5157	443.5335	139.3924
UNIV MELBOURNE	24996	282336	11.3	145	158.1012	531.353	147.2343
TEXAS A and M UNIV	30981	326125	10.53	145	176.0142	571.0736	150.8866
NAGOYA UNIV	28169	296621	10.53	145	167.8362	544.6292	146.176
UNIV MAINZ	15583	226762	14.55	144	124.8319	476.1953	148.8649
WAYNE STATE UNIV	16753	237196	14.16	144	129.4334	487.0277	149.7636
UNIV CONNECTICUT	17503	226695	12.95	143	132.2989	476.125	143.1805
UNIV COPENHAGEN	20927	282140	13.48	142	144.6617	531.1685	156.0854
UNIV GRONINGEN	20394	284836	13.97	141	142.8076	533.7003	158.4766
UNIV SHEFFIELD	19073	234977	12.32	140	138.105	484.7443	142.5214
UNIV WURZBURG	16009	224695	14.04	139	126.5267	474.02	146.6784
LOUISIANA STATE UNIV	20934	233273	11.14	139	144.6859	482.9834	137.4699
UNIV SYDNEY	26894	286181	10.64	139	163.9939	534.9589	144.9371
UNIV QUEENSLAND	23200	239460	10.32	139	152.3155	489.3465	135.1914
INRA	19355	229977	11.88	138	139.1222	479.5592	139.7898
YESHIVA UNIV	12732	289456	22.73	137	112.8362	538.0112	187.3693
UNIV ERLANGEN NURNBERG	17884	214365	11.99	137	133.7311	462.9957	136.9938
CNRS	51974	622348	11.97	135	227.9781	788.8904	195.2802
UNIV STRASBOURG 1	13134	212865	16.21	134	114.6037	461.373	151.1197
UNIV BARCELONA	20556	240616	11.71	134	143.3736	490.5262	141.2594
UNIV NOTTINGHAM	18414	207253	11.26	134	135.6982	455.2505	132.6605
UNIV PADUA	21277	234600	11.03	134	145.8664	484.3552	137.3052
TEL AVIV UNIV	27702	270666	9.77	134	166.4392	520.2557	138.2823
AUSTRALIAN NATL UNIV	18145	221282	12.2	133	134.7034	470.4062	139.2597
Univ Hong Kong	18352	162193	8.84	133	135.4696	402.7319	112.7706
UNIV NIJMEGEN	12847	208002	16.19	132	113.3446	456.0724	149.8874

续表

机构名称	P	C	CPP	h	h_p	h_c	h_{pc}
UNIV BERN	15328	214479	13.99	132	123.8063	463.1188	144.2249
UNIV UPPSALA	25048	336960	13.45	132	158.2656	580.4826	165.4776
CUNY MT SINAI SCH MED	11322	231999	20.49	131	106.4049	481.6627	168.1392
UNIV WESTERN ONTARIO	16663	196155	11.77	131	129.0852	442.8939	132.1606
KYUSHU UNIV	29106	267992	9.21	131	170.6048	517.6794	135.1556
UNIV NEBRASKA	17995	199617	11.09	130	134.1454	446.7852	130.3182
UNIV NEW S WALES	19548	199138	10.19	130	139.8142	446.2488	126.6145
PURDUE UNIV	24302	244322	10.05	130	155.891	494.2894	134.8936
AARHUS UNIV	17125	234767	13.71	129	130.8625	484.5276	147.6506
UNIV CALGARY	17292	200359	11.59	129	131.499	447.6148	132.4354
UNIV MISSOURI	24155	240394	9.95	129	155.4188	490.2999	133.7266
UNIV MUNSTER	16614	208009	12.52	128	128.8953	456.08	137.5818
UNIV LEEDS	18758	213547	11.38	128	136.9598	462.1115	134.4282
UNIV BOLOGNA	21832	218221	10	128	147.7566	467.1413	129.7272
FREE UNIV BERLIN	15965	201136	12.6	127	126.3527	448.4819	136.3442
UNIV OSLO	16974	199320	11.74	127	130.2843	446.4527	132.7517
UNIV BONN	18046	205172	11.37	126	134.3354	452.9592	132.6276
TOKYO INST TECHNOL	24846	223871	9.01	126	157.6261	473.1501	126.3481
CSIRO	16213	196737	12.13	125	127.3303	443.5504	133.617
UNIV GOTTINGEN	16237	191525	11.8	125	127.4245	437.6357	131.2472
N CAROLINA STATE UNIV	19403	197456	10.18	125	139.2947	444.3602	126.2181
ETH ZURICH	25982	371950	14.32	122	161.1893	609.877	174.6571
CHINESE ACAD SCI	108745	545093	5.01	122	329.7651	738.3041	139.7531
IOWA STATE UNIV	18110	194194	10.72	121	134.5734	440.6745	127.6741
SEOUL NATL UNIV	31615	232237	7.35	119	177.8061	481.9097	119.5334
UNIV GEORGIA	19666	202755	10.31	117	140.2355	450.2832	127.8629
UNIV PARIS 11	21570	245450	11.38	116	146.8673	495.4291	140.8353
HOKKAIDO UNIV	28014	239374	8.54	116	167.3738	489.2586	126.8908
RUSSIAN ACAD SCI	125956	475991	3.78	116	354.9028	689.921	121.6375

续表

机构名称	P	C	CPP	h	h_p	h_c	h_{pc}
NATL UNIV SINGAPORE	27606	205392	7.44	114	166.1505	453.2019	115.1816
UNIV SAO PAULO	35451	219313	6.19	113	188.2844	468.3087	110.7482
UNIV ROMA LA SAPIENZA	28963	289406	9.99	110	170.1852	537.9647	142.4486
JST	19363	320393	16.55	108	139.151	566.0327	174.3905
NIDDK	6147	201305	32.75	105	78.40281	448.6703	187.5118
MERCK and CO INC	8372	216846	25.9	102	91.49863	465.6673	177.75
ERASMUS UNIV ROTTERDAM	13033	256853	19.71	98	114.1622	506.8067	171.7141
CHINESE UNIV HONG KONG	15826	129269	8.17	97	125.8014	359.54	101.8447
TAIWAN UNIV	26116	179052	6.86	97	161.6045	423.1454	107.1153
GOTHENBURG UNIV	15865	206221	13	94	125.9563	454.1156	138.9235
CATHOLIC UNIV LOUVAIN	17310	230074	13.29	93	131.5675	479.6603	145.1384
HONG KONG UNIV SCI and TECH	10442	89513	8.57	87	102.1861	299.1872	91.53386
HUMBOLDT UNIV BERLIN	18952	270444	14.27	84	137.6663	520.0423	156.856
PEKING UNIV	20711	115265	5.57	84	143.9132	339.507	86.29199
WAGENINGEN UNIV	16138	204477	12.67	83	127.0354	452.1913	137.3412
UNIV SCI and TECH CHINA	14841	84706	5.71	82	121.8236	291.043	78.50762
TSINGHUA UNIV	23988	92129	3.84	81	154.8806	303.5276	70.72161
NANJING UNIV	15697	78287	4.99	75	125.2877	279.7981	73.1149
UCL	40882	717140	17.54	74	202.193	846.8412	232.5575
UNIV TEXAS MD ANDERSON CANC CTR	11843	208016	17.56	73	108.8255	456.0877	153.9939
UNIV TEXAS AUSTIN	25203	305677	12.13	71	158.7545	552.8806	154.7835
AIST	24148	204916	8.49	70	155.3963	452.6765	120.2907
FUDAN UNIV	12799	64676	5.05	70	113.1327	254.3148	68.85248
CHENG KUNG UNIV	14686	80894	5.51	69	121.1858	284.4187	76.3957
CATHOLIC UNIV LEUVEN	22607	261346	11.56	62	150.3562	511.2201	144.5616

注：P、C 数据来自 1997～2007 年 ESI；CPP=C/P；h 为 1997～2007 年 WoS 实查值；h_p，h_c，h_{pc} 分别是根据式(2.17)～式(2.19)的计算值。

表 2.2　按实查 H 指数排序的前 100 种期刊数据

期刊名称	P	C	CPP	h	h_p	h_c	$0.9\,h_{pc}$
NATURE	11274	1337209	118.61	487	106.1791	1156.378	541.3027
SCIENCE	10404	1263175	121.41	476	102	1123.911	535.2661
N ENGL J MED	3879	569640	146.85	374	62.28162	754.745	437.3434
CELL	3824	552923	144.59	350	61.8385	743.5879	430.7892
PROC NAT ACAD SCI USA	31437	1485447	47.25	315	177.3048	1218.789	412.4914
LANCET	7320	438190	59.86	286	85.557	661.9592	297.1175
JAMA-J AM MED ASSN	4076	340127	83.45	264	63.84356	583.2041	305.0439
J BIOL CHEM	59611	1864004	31.27	264	244.1536	1365.285	387.7282
NAT GENET	2244	254603	113.46	259	47.37088	504.582	306.8335
CIRCULATION	10271	495513	48.24	250	101.3459	703.9268	288.0552
PHYS REV LETT	34835	925393	26.57	249	186.6414	961.9735	290.8035
NATURE MED	1806	217957	120.68	247	42.49706	466.8587	297.3921
GENE DEVELOP	3105	255862	82.4	231	55.72253	505.828	276.2519
CHEM REV	1533	177349	115.69	229	39.15354	421.1282	273.765
J EXP MED	3835	280361	73.11	223	61.92738	529.4913	273.6778
J CLIN INVEST	4489	300238	66.88	217	67	547.9398	271.7987
EMBO J	6675	393721	58.98	211	81.70067	627.4719	285.2903
J AM CHEM SOC	29238	828456	28.33	210	170.9912	910.1956	286.2949
CANCER RES	13134	471049	35.86	205	114.6037	686.3301	256.57
NEURON	3209	218367	68.05	201	56.64804	467.2975	245.8529
J NEUROSCI	12889	479307	37.19	197	113.5297	692.32	261.2305
J CLIN ONCOL	6671	272707	40.88	196	81.67619	522.2136	223.3937
J CELL BIOL	4879	293060	60.07	194	69.84984	541.3502	260.1449
BLOOD	12796	468595	36.62	194	113.1194	684.54	257.9311
J IMMUNOL	19005	568246	29.9	187	137.8586	753.8209	257.0811
ASTROPHYS J	26744	564050	21.09	186	163.5359	751.0326	228.2758
IMMUNITY	1603	138186	86.2	183	40.03748	371.7338	228.3754
MOL CELL	2632	165074	62.72	183	51.30302	406.293	217.9546

期刊名称	P	C	CPP	h	h_p	h_c	$0.9\,h_{pc}$
MOL CELL BIOL	8932	342288	38.32	179	94.50926	585.0538	235.8305
APPL PHYS LETT	38780	531905	13.72	174	196.9264	729.3182	193.9867
NUCL ACID RES	10213	271701	26.6	173	101.0594	521.2495	193.3328
ANGEW CHEM INT ED	11988	311731	26	169	109.4897	558.3288	200.862
PHYS REV B	54565	640855	11.74	164	233.5915	800.5342	195.9221
NAT CELL BIOL	1464	94734	64.71	162	38.26225	307.7889	183.0183
DEVELOPMENT	5427	225293	41.51	162	73.66817	474.6504	210.6792
NAT NEUROSCI	1869	108563	58.09	160	43.23193	329.489	184.7583
GASTROENTEROLOGY	3736	160790	43.04	160	61.12283	400.9863	190.5682
NAT BIOTECHNOL	1715	104458	60.91	158	41.41256	323.1996	185.3021
BRIT MED J	6796	175491	25.82	157	82.43786	418.9165	165.471
ONCOGENE	9349	270482	28.93	153	96.69023	520.0788	198.5275
CURR OPIN CELL BIOL	1009	80893	80.17	152	31.76476	284.4169	186.4826
ANN INTERN MED	2164	113178	52.3	150	46.51881	336.4194	180.8924
J VIROL	14913	369043	24.75	150	122.1188	607.4891	209.0444
J PHYS CHEM B	21791	326751	14.99	149	147.6177	571.6214	169.8088
ANNU REV IMMUNOL	300	73241	244.14	148	17.32051	270.6307	261.4968
PHYS REV D	21917	330901	15.1	148	148.0439	575.2399	170.9668
AMER J HUM GENET	3048	147829	48.5	147	55.20869	384.4854	192.8262
CURR BIOL	4234	148808	35.15	146	65.06919	385.7564	173.5937
CIRC RES	3344	143663	42.96	145	57.82733	379.029	183.4277
ADVAN MATER	4468	137244	30.72	145	66.8431	370.4646	161.5543
ACCOUNT CHEM RES	1125	79926	71.05	144	33.54102	282.7119	178.4132
ARCH GEN PSYCHIAT	1222	73487	60.14	143	34.95712	271.0849	164.1091
DIABETES	4465	151717	33.98	142	66.82066	389.5087	172.7519
NEUROLOGY	8871	213713	24.09	142	94.18599	462.291	172.6694
AMER J RESPIR CRIT CARE MED	5311	175498	33.04	141	72.87661	418.9248	179.6465
J CLIN ENDOCRINOL METAB	8540	220686	25.84	141	92.41212	469.7723	178.6546

续表

期刊名称	P	C	CPP	h	h_p	h_c	$0.9\,h_{pc}$
ANAL CHEM	10546	233112	22.1	140	102.6937	482.8167	172.6994
HEPATOLOGY	3953	140501	35.54	139	62.87289	374.8346	170.9178
PLANT CELL	2279	107655	47.24	138	47.73887	328.1082	171.9708
AMER J PSYCHIAT	3116	117695	37.77	138	55.82114	343.067	164.4235
J MOL BIOL	10067	243723	24.21	135	100.3344	493.6831	180.7021
NUCL PHYS B	7806	145155	18.6	133	88.35157	380.9921	139.2574
PHYS LETT B	13356	218983	16.4	133	115.5682	467.9562	153.1515
MON NOTIC ROY ASTRON SOC	12003	186320	15.52	133	109.5582	431.648	142.4594
J CHEM PHYS	28287	395459	13.98	133	168.1874	628.8553	176.821
ANN NEUROL	2484	94772	38.15	131	49.83974	307.8506	153.4783
FEBS LETT	13689	249088	18.2	131	117	499.0872	165.5153
HUM MOL GENET	3589	129823	36.17	130	59.90826	360.3096	167.4519
AMER J PATHOL	4403	142018	32.25	130	66.35511	376.8528	166.0617
MACROMOLECULES	14607	270168	18.5	128	120.8594	519.7769	170.989
BRAIN	2377	89261	37.55	127	48.75449	298.7658	149.6522
ARCH INTERN MED	3090	102886	33.3	127	55.58777	320.7585	150.7587
J CELL SCI	4801	129196	26.91	127	69.28925	359.4385	151.4908
BIOCHEM J	8190	176508	21.55	127	90.49862	420.1286	156.0964
ARTHRITIS RHEUM	4059	118321	29.15	126	63.71028	343.9782	151.0887
CHEM MATER	7886	154272	19.56	126	88.80315	392.7747	144.499
BIOCHEMISTRY-USA	19170	366119	19.1	126	138.4558	605.0777	191.233
APPL ENVIRON MICROBIOL	10238	198751	19.41	124	101.183	445.815	156.8274
ARTERIOSCLER THROMB VASC BIOL	3949	117638	29.79	123	62.84107	342.984	151.8947
BIOCHEM BIOPHYS RES COMMUN	22983	296179	12.89	123	151.6015	544.2233	156.3043
MOL MICROBIOL	5439	146392	26.92	122	73.74958	382.6121	157.9634
DIABETES CARE	4278	108880	25.45	122	65.40642	329.9697	140.4555
ENDOCRINO LOGY	6944	165322	23.81	122	83.33067	406.5981	157.8978

续表

期刊名称	P	C	CPP	h	h_p	h_c	$0.9\,h_{pc}$
FASEB J	3970	82476	20.77	122	63.00794	287.1864	119.6431
CLIN INFECT DIS	6128	119874	19.56	122	78.28154	346.2282	132.8471
GENOME RES	2011	79314	39.44	121	44.84417	281.6274	146.2498
LANGMUIR	16189	237395	14.66	120	127.236	487.232	151.5291
BIOL PSYCHIAT	3316	90592	27.32	119	57.58472	300.985	135.267
STROKE	4871	126113	25.89	119	69.79255	355.1239	148.3522
J APPL PHYS	32581	296364	9.1	119	180.5021	544.3932	139.2138
CLIN CANCER RES	7668	163723	21.35	118	87.56712	404.627	151.7607
HYPERTENSION	4167	109770	26.34	116	64.5523	331.3156	142.4574
MOL BIOL CELL	3995	113099	28.31	115	63.20601	336.3019	147.3891
KIDNEY INT	6470	132472	20.47	115	80.43631	363.967	139.4376
RADIOLOGY	5067	115527	22.8	114	71.18286	339.8926	138.1042
CHEM COMMUN	14158	218584	15.44	114	118.9874	467.5297	150.0026
DEVELOP BIOL	4629	106088	22.92	113	68.03675	325.7115	134.4741
AMER J CLIN NUTR	3964	97365	24.56	112	62.9603	312.0337	133.7201
GENETICS	5314	118044	22.21	112	72.89719	343.5753	137.8816
BIOPHYS J	7594	144954	19.09	111	87.14356	380.7282	140.398

注：P、C 数据来自 1997～2007 年 ESI；CPP$=C/P$；h 为 1997～2007 年 WoS 实查值；h_p，h_c，h_{pc} 分别是根据式(2.17)～式(2.19)的计算值。

表 2.1 数据按 C 降序排列拟合图如图 2.2 所示。表 2.2 数据按 C 降序排列拟合图如图 2.3 所示。

显然，两组数据都显示 Glänzel-Schubert 模型获得最佳拟合效果，三种估计的数值分布归纳为

$$h_p < h \sim h_{pc} < h_c \tag{2.20}$$

由于 Pearson 相关系数表征了正态分布数据的相关性，而 Spearman 相关系数表征了非正态分布数据的相关性，故用 Pearson 相关系数和 Spearman 相关系数共同构成全面反映相关信息的全息相关矩阵，则 100 个机构和 100 种期刊的全息相关矩阵分别如表 2.3、表 2.4 所示。

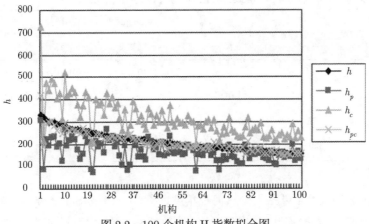

图 2.2　100 个机构 H 指数拟合图

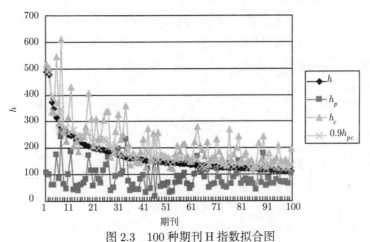

图 2.3　100 种期刊 H 指数拟合图

表 2.3　100 个机构 H 指数实检值与计算值的全息相关矩阵（0.01 水平）

相关性		Spearman (Sig.(2-tailed))			
		h	h_p	h_c	h_{pc}
Pearson (Sig.(2-tailed))	h	1	0.450 (0.000)	0.735 (.000)	0.907 (0.000)
	h_p	0.449 (0.000)	1	0.872(0.000)	0.511 (0.000)
	h_p	0.756 (0.000)	0.872(0.000)	1	0.833(0.000)
	h_{pc}	0.885 (0.000)	0.576 (0.000)	0.899(0.000)	1

表 2.4　100 种期刊 H 指数实检值与计算值的全息相关矩阵（0.01 水平）

相关性		Spearman (Sig.(2-tailed))			
		h	h_p	h_c	$0.9\,h_{pc}$
Pearson (Sig.(2-tailed))	h	1	0.021 (0.834)*	0.616 (0.000)	0.942 (0.000)
	h_p	0.124 (0.220)*	1	0.737(0.000)	0.065 (0.520)*
	h_c	0.740 (0.000)	0.723(0.000)	1	0.665(0.000)
	$0.9\,h_{pc}$	0.975 (0.000)	0.169(0.093)*	0.786(0.000)	1

* 相关性不显著

从表 2.3 和表 2.4 可见无论从何种角度评价，Glänzel-Schubert 模型都是最佳选择。尽管 WoS 数据库和 ESI 数据库同期数据并不完全相同，但为统计意义上的对比提供了参考判别信息。同时，纯粹幂律模型的数据拟合结果不佳（Ye and Rousseau, 2008），也强化了上述认识。纯 ESI 数据也支持该结果(Ye, 2011)。

从理论上分析，Hirsch 模型、Egghe-Rousseau 模型和 Glänzel-Schubert 模型的贯通只需要一个条件，这就是 Lotkaian 信息计量学成立且 P 和 C 之间存在幂律关系(Ye, 2011)。

$$C = aP^{\beta} \tag{2.21}$$

在此条件下，Egghe-Rousseau 模型式(2.8)成立，将式(2.21)代入式(2.8)得

$$h = \left(\frac{C}{a}\right)^{\frac{1}{\alpha\beta}} \tag{2.22}$$

当 $\alpha\beta=2$ 时，式(2.22)就是 Hirsch 模型。

用 $1 = C^{\alpha/(\alpha+1)}C^{-\alpha/(\alpha+1)}$ 乘以式(2.22)两端，并注意 C 可用式(2.21)替换，则有

$$h = P^{1/\alpha}C^{\alpha/(\alpha+1)}C^{-\alpha/(\alpha+1)} = a^{-\alpha/(\alpha+1)}P^{1/\alpha}C^{\alpha/(\alpha+1)}(P^{-\alpha/(\alpha+1)})^{\beta} \tag{2.23}$$

如果

$$\beta = 1 + \frac{1}{\alpha^2} = \frac{\alpha^2+1}{\alpha^2} \tag{2.24}$$

令 $c = a^{-\alpha/(\alpha+1)}$，即得

$$h = a^{-\alpha/(\alpha+1)}P^{1/\alpha}(C/P)^{\alpha/(\alpha+1)}(P^{-1/\alpha(\alpha+1)}) = cP^{1/(\alpha+1)}(C/P)^{\alpha/(\alpha+1)} \qquad (2.25)$$

这正是 Glänzel-Schubert 模型，其中 $c>0$ 是常数。

因此，Hirsch 模型、Egghe-Rousseau 模型和 Glänzel-Schubert 模型具有统一的内在机理，其同时成立的条件是 Lotkaian 信息计量学框架和 P-C 幂律联系。三类模型中 Egghe-Rousseau 模型只有一个自由参数(α)，是最简化的 H 指数模型；Hirsch 模型和 Glänzel-Schubert 模型中均有两个自由参数(α或β, a 或 c)，因而能更好地拟合实际数据。

当$\alpha=2$ 和 $c=1$ 时，有$\beta=1.25$ 和 $a=1$，于是可得 H 指数的 Hirsch 型估计值为

$$h \sim C^{2/5} = C^{0.4} \qquad (2.26)$$

Egghe-Rousseau 估计值为

$$h \sim P^{1/2} = P^{0.5} \qquad (2.27)$$

Glänzel-Schubert 估计值为

$$h \sim P^{1/3}(C/P)^{2/3} \qquad (2.28)$$

前述检验过的实证数据支持这些论断。式（2.26）即为导出的 P-C 幂律关系模型简化形式（高小强和赵星，2010）。

式(2.21)的产生机理可以解释为自然和社会系统中普遍存在的幂律分布（Gabaix et al., 2003; Newman, 2005; Clauset et al., 2009），在文献计量学中也有经验基础（Price, 1976; Redner, 1998; Katz, 1999），但也存在个别争议（van Raan, 2001），这为 H 指数理论模型研究的继续深入研究留下扩展空间。

参 考 文 献

高小强, 赵星. (2010). h 指数与论文总被引 C 的幂律关系. 情报学报, 29(3):506-510.

Burrell Q L. (2007). Hirsch's h-index: A stochastic model. Journal of Informetrics, 1(1): 16-25.

Clauset A, Shalizi C R, Newman M E J. (2009). Power-Law Distributions in Empirical Data. SIAM review, 51(4): 661-703.

Egghe L, Rousseau R. (2006). An informetric model for the Hirsch-index. Scientometrics, 69(1): 121-129.

Egghe L. (2007). Dynamic h-index: the Hirsch index in function of time. Journal of the American Society for Information Science and Technology, 58(3): 452-454

Gabaix X, Gopikrishnan P, Plerouv, et al. (2003). A theory of power-law distributions in financial market fluctuations. Nature, 423(6937): 267-270.

Glänzel W. (2006). On the h-index-A mathematical approach to a new measure of publication activity and citation impact. Scientometrics, 67(2): 315-321.

Hirsch J E. (2005). An index to quantify an individual's scientific research output. Proceedings of the National Academy of Sciences of the USA, 102(46): 16569-16572.

Katz J S. (1999). The self-similar science networks. Research Policy, (28): 501-517

Newman M. (2005). Power laws, Pareto distributions and Zipf's law. Contemporary Physics, 46(5): 323-351.

Price D S. (1976). A general theory of bibliometrics and other cumulative advantage distribution. Journal of the American Society for Information Science, 27(5): 292-306.

Redner S. (1998). How popular is your paper? An empirical study of the citation distribution. European Physical Journal B, (4): 131-134.

Schubert A, Glänzel W. (2007), A systematic analysis of Hirsch-type indices for journals. Journal of Informetrics, 1(2): 179-184.

van Raan A F J. (2001). Competition amongst scientists for publication status-Toward a model of scientific publication and citation distributions. Scientometrics, 50(1): 347-357.

Ye F Y. (2009). An investigation on mathematical models of the h-index. Scientometrics, 2009, 81(2): 493-498.

Ye F Y. (2011). A unification of three models for the h-index. Journal of the American Society for Information Science and Technology, 62(1): 205-207

Ye F Y, Rousseau R. (2008). The power law model and total career h-index sequences. Journal of Informetrics, (2): 288-297.

第 3 章
H 型指数与信息计量理论研究

H 指数的发现（Hirsch, 2005）不仅为信息计量指标增加了新指数，而且为信息计量理论研究增添了新内容，作为一个计量测度，H 指数的魅力在于非常简单却蕴涵着丰富的信息计量学信息，既可供实际应用，也可供理论分析。尤其是 H 核概念（Rousseau, 2006）和广义 H 指数的引进，可以大大拓展 H 指数理论研究范围，兹述如下。

3.1　H 核–H 尾分布及其测度

H 核概念可以广泛应用于源–项（source-item）关系（Schubert and Glänzel, 2007; Ye and Rousseau, 2008; Egghe, 2010）和多种时间窗口（Liang and Rousseau, 2009），设 H 核中引文数为 C_H，则 C_H 的平方根被称为 R 指数(Jin et al., 2007)：

$$R = \sqrt{C_H} \tag{3.1}$$

类似地，可以引进 Z 指数作为 H 尾的测度：

$$Z = \sqrt{C_T} \tag{3.2}$$

式中，C_T 是所有引文数减去 C_H 后剩余的引文。注意到，$C_H - h^2 = e^2$ 中隐含着一个新指数——e 指数（Zhang, 2009），可以把引文曲线 $C(r)$ 的分布划分为 e 区、H 区和 H 尾区，而 H 核区是 e 区和 H 区之和，如图 3.1 所示。

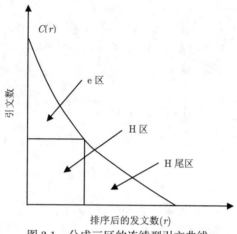

图 3.1　分成三区的连续型引文曲线

如果把 $C_T(t)/C_H(t)$ 称为尾–核率，则可用一个时间相关指数作为测度，称为 k 指数（Ye and Rousseau, 2010，注意区别于 1.5.7 节的 k 指数）

$$k(t) = \frac{C(t)}{P(t)} \bigg/ \frac{C_T(t)}{C_H(t)} \tag{3.3}$$

以期刊 *Scientometrics* 的实际数据为例，从 WoS 中收集的 10 年数据（1998～2008 年）如表 3.1 所列。相应参数图如图 3.2 所示。

表 3.1　期刊 *Scientometrics* 的实际数据

发表时间	P	C	$C_H = R^2$	$C_T = Z^2$	C/P
1998 年	102	863	410	453	8.46
1998～1999 年	228	1389	515	874	6.09
1998～2000 年	339	2214	639	1575	6.53
1998～2001 年	440	3026	852	2174	6.88
1998～2002 年	541	3934	1008	2926	7.27
1998～2003 年	635	4615	1059	3556	7.27
1998～2004 年	736	5368	1172	4196	7.29
1998～2005 年	850	5913	1256	4657	6.96
1998～2006 年	996	6489	1384	5105	6.52
1998～2007 年	1130	6686	1384	5302	5.92
1998～2008 年	1262	6730	1384	5346	5.33

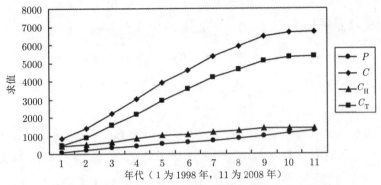

图 3.2　期刊 *Scientometrics* 年份-引文分布(1998～2008 年)

由此计算获得的尾–核率(C_T/C_H)和 k 指数如表 3.2 所示。

表 3.2　期刊 *Scientometrics* 的尾-核率和 k 指数

发表时间	C_H /%	C_T /%	C_T/C_H	k	h
1998 年	47.51	52.49	1.1	7.66	16
1998～1999 年	37.08	62.92	1.7	3.59	19
1998～2000 年	28.86	71.14	2.5	2.65	22
1998～2001 年	28.16	71.84	2.6	2.70	24
1998～2002 年	25.62	74.38	2.9	2.51	26
1998～2003 年	22.95	77.05	3.4	2.16	27
1998～2004 年	21.83	78.17	3.6	2.04	28
1998～2005 年	21.24	78.76	3.7	1.88	29
1998～2006 年	21.33	78.67	3.7	1.76	31
1998～2007 年	20.70	79.30	3.8	1.54	31
1998～2008 年	20.56	79.44	3.9	1.38	31

尽管我们已用幂律模型部分解释尾–核率(C_T/C_H)的成因（Ye and Rousseau, 2010），但理论上仍可进一步深入研究。例如，图 3.1 显示的 $C(r)$ 和以 r 表征的 P 之间的关系可用负幂规律描述为

$$C(r) = ar^{-b} \tag{3.4}$$

综合长尾理论可望丰富对幂律模型的认识。值得指出的是：k 指数并非是一

个 H 型指数，而只是一个与 H 指数相关的 H 尾–核分布测度。

对此，可进一步用 5 种比率：R_H，R_T，S_H，S_T 和 S_Z，来测度 H 核、H 尾和零引论文（或专利）的相互比例，其定义为：

$$R_H = C_H/C；\quad R_T = C_T/C；\quad S_H = P_H/P；\quad S_T = P_T/P；\quad S_Z = P_Z/P \tag{3.5}$$

式中，C、P 分别为引文总量和论文（或专利）总量；C_H、C_T、P_H、P_T、P_Z 分别代表 H 核中的引文量、H 尾中的引文量、H 核中的论文（或专利）量、H 尾中的论文（或专利）量和零引论文（或专利）量。由于 $R_H + R_T = 1$ 和 $S_H + S_T + S_Z = 1$，因此，5 种比率只有 3 种是独立变量（选择 R_H，S_H 和 S_Z）。分别以 WoS 和 DII 作为论文和专利的数据源，选择相同的 6 个主题分别检出数据，其结果发现：无论其绝对数值大小如何，论文和专利的上述比率变化趋势都类似(Liu et al., 2013)，具体如图 3.3～图 3.8 所示。

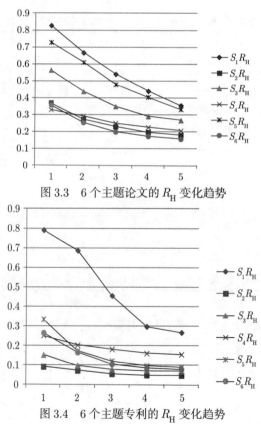

图 3.3　6 个主题论文的 R_H 变化趋势

图 3.4　6 个主题专利的 R_H 变化趋势

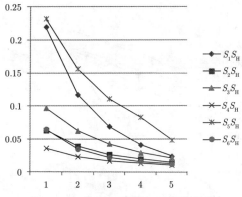

图 3.5　6 个主题论文的 S_H 变化趋势

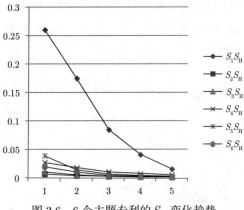

图 3.6　6 个主题专利的 S_H 变化趋势

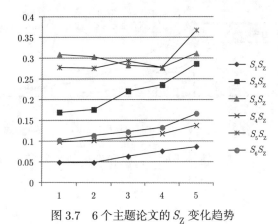

图 3.7　6 个主题论文的 S_Z 变化趋势

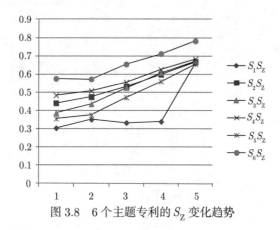

图 3.8　6 个主题专利的 S_Z 变化趋势

对 H 核和 H 尾的形态测度及其动态性质进行深入探究，系统研究形状（shape descriptors）、形心（shape centroids）、k 指数和 k′指数等测度的性质，发现理科文献和文科文献均存在随 H 指数增大的形心漂移规律，如图 3.9 所示。

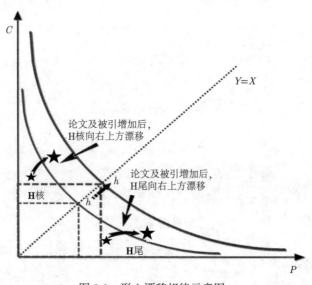

图 3.9　形心漂移规律示意图

其中 H 核和 H 尾的漂移轨迹不同，文科和理科的漂移模式也略有差异，参见图 3.10 和图 3.11。

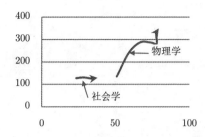

图 3.10　文科（社会学）和理科（物理学）H 核形心 (C_x, C_y) 的不同漂移特征

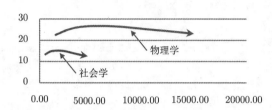

图 3.11　文科（社会学）和理科（物理学）H 尾形心 (T_x, T_y) 的不同漂移特征

综合以上研究，H 核–H 尾的分布特性可通过多种测度进行刻画，也正是这些测度揭示了 H 核–H 尾的整体分布特征。

3.2　H 指数框架下的多变量测度集

结合集成影响指标 I3 (Leydesdorff and Bornmann, 2011) 和 H 指数构成 I3 型多变量指标框架（Ye, et al., 2017），可构成发文矢量 $\boldsymbol{X}=(X_1, X_2, X_3)$ 和引文矢量 $\boldsymbol{Y}=(Y_1, Y_2, Y_3)$、发文分值 I3X$= X_1+X_2+X_3$ 和引文分值 I3Y$= Y_1+ Y_2+ Y_3$ 等多变量指标。理论框架如下（Ye and Leydesdorff, 2014）：

以按引用数 C 排序的发文数 P 作为横坐标(x)，引用数 C 作为纵坐标(y)，可作发文–引文的排序分布，如图 3.12 所示。在图 3.12 中，H 指数将发文量和引文量分为 3 个区段（区间），沿 x 轴分布的 3 个发文区段依次是：①H 核发文量 P_c；②H 尾发文量 P_t；③零被引论文量 P_z。类似地，沿 y 轴分布的 3 个引文区间为：①超引区域（excess）的引文量 $C_e=e^2$；②H 核内正方形区域引文量 $C_c=h^2$；③H 尾的引文量 $C_t=t^2$。

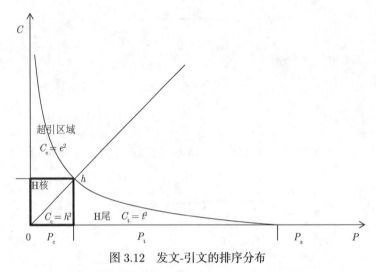

图 3.12　发文-引文的排序分布

令 $x_c=P_c/(P_c+P_t+P_z)$, $x_t=P_t/(P_c+P_t+P_z)$, $x_z=P_z/(P_c+P_t+P_z)$, $y_c= C_c/ (C_c+C_t+C_e)$, $y_t=C_t/(C_c+C_t+C_e)$, $y_e=C_e/(C_c+C_t+C_e)$ 作为权重，可以定义两个独立向量：发文向量 $\boldsymbol{X}$ 和引文向量 $\boldsymbol{Y}$

$$\boldsymbol{X} = (X_1, X_2, X_3) = (x_c P_c, x_t P_t, x_z P_z) = (P_c^2/P, P_t^2/P, P_z^2/P) \tag{3.6}$$

$$\boldsymbol{Y} = (Y_1, Y_2, Y_3) = (y_c C_c, y_t C_t, y_e C_e) = (C_c^2/C, C_t^2/C, C_e^2/C) \tag{3.7}$$

以及 I3 型发文指数 I3X 和 I3 型引文指数 I3Y：

$$\text{I3X} = x_c P_c + x_t P_t + x_z P_z = X_1 + X_2 + X_3 \tag{3.8}$$

$$\text{I3Y} = y_c C_c + y_t C_t + y_e C_e = Y_1 + Y_2 + Y_3 \tag{3.9}$$

向量 $\boldsymbol{X}$ 和发文指数 I3X 表征发文的相对分值，而向量 $\boldsymbol{Y}$ 和引文指数 I3Y 则表征引文的相对分值。为便于应用，H 核中的引文分值可融合成 $Y_h=Y_1+Y_3=y_h C_h$，其中 $y_h=C_h/C$, $C_h=C_e+C_c$。

这样，以上结合 H 指数的 I3 型多变量框架提供多维测度：衡量 H 核发文的 H 核发文分值 X_1（X_1 和 Y_1 结合体现核心影响力），衡量 H 尾发文的 H 尾发文分值 X_2，衡量 H 核引文的 H 核引文分值 Y_h，衡量 H 尾引文的 H 尾引文分值 Y_2，表征发文总量的 I3 型发文指数 I3X，表征引文总量的 I3 型引文指数 I3Y 等。总的看来，$\{X_i\}(i=1,2)$ 和 $\{Y_i\}(i=1,2,3)$ 以及 I3X 和 I3Y 均适合用作独立测度，这些测度或指数为测评学术提供多角度的不同参量。

不同测评对象（主体和客体）可选用不同的测度集，例如，大学的发文和引文数量巨大且学科众多，不同的评价参量可以给出不同角度的测评信息，但应该主要关心大学的核心影响力，故可用 H 指数、X_1 和 Y_1 进行测评而放弃 H 尾信息，图 3.13 给出 25 所国内外名校的核心影响力信息。

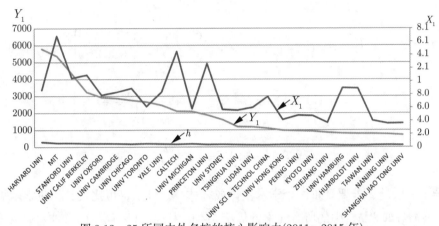

图 3.13　25 所国内外名校的核心影响力(2011~2015 年)

从图 3.13 可见，哈佛大学（HARVARD UNIV）的引文核心影响力高居榜首，而麻省理工学院（MIT）的发文核心影响力独占鳌头，斯坦福大学（STANFORD UNIV）、伯克利加州大学（UNIV CALIF BERKELEY）、剑桥大学（UNIV CAMBRIDGE）和牛津大学（UNIV OXFORD）的发文和引文核心影响力皆名列前茅，耶鲁大学（YALE UNIV）和密歇根大学（UNIV MICHIGAN）的发文核心影响力有异峰突起。在 H 指数皆为整数且差异相对不大的情形下，X_1 和 Y_1 提供了差异较大的对比并分别表征出发文和引文的核心影响力。

实证研究揭示了整体 H 核分布适用于评价学者、X_1 和 Y_1 适用于评价大学的核心影响力，I3X 和 I3Y 适合替代期刊影响因子 JIF。多变量指标为学术评价提供了结合 I3 和 H 指数优势的多维视角，可丰富学术评价测度。

而且，学术矩阵 **M** 和学术迹 **T** 的思想可推广至专利矩阵和专利权人迹（Huang et al., 2015），学术迹还能扩展为主迹 T_1、副迹 T_2、亚迹 ST 三类：

$$\boldsymbol{V}_1 = \begin{pmatrix} Y \\ X \\ Z \end{pmatrix} = \begin{pmatrix} Y & X & Z \end{pmatrix}^{\mathrm{T}} = \begin{pmatrix} Y_1 & Y_2 & Y_3 \\ X_1 & X_2 & X_3 \\ Z_1 & Z_2 & Z_3 \end{pmatrix} \tag{3.10}$$

$$V_2 = \begin{pmatrix} X \\ Y \\ Z \end{pmatrix} = (X \quad Y \quad Z)^{\mathrm{T}} = \begin{pmatrix} X_1 & X_2 & X_3 \\ Y_1 & Y_2 & Y_3 \\ Z_1 & Z_2 & Z_3 \end{pmatrix} \tag{3.11}$$

$$\mathbf{SV} = \begin{pmatrix} C_{\mathrm{h}}^2 / C & C_{\mathrm{t}}^2 / C \\ P_{\mathrm{c}}^2 / P & P_{\mathrm{t}}^2 / P \end{pmatrix} \tag{3.12}$$

$$T_1 = \mathrm{tr}(V_1) = Y_1 + X_2 + Z_3 = \frac{C_{\mathrm{c}}^2}{C} + \frac{P_{\mathrm{t}}^2}{P} + \left(\frac{C_{\mathrm{e}}^2}{C} - \frac{P_{\mathrm{z}}^2}{P} \right) \tag{3.13}$$

$$T_2 = \mathrm{tr}(V_2) = X_1 + Y_2 + Z_3 = \frac{P_{\mathrm{c}}^2}{P} + \frac{C_{\mathrm{t}}^2}{C} + \left(\frac{C_{\mathrm{e}}^2}{C} - \frac{P_{\mathrm{z}}^2}{P} \right) \tag{3.14}$$

$$\mathrm{ST} = \mathrm{tr}(\mathbf{SV}) = \frac{C_{\mathrm{h}}^2}{C} + \frac{P_{\mathrm{t}}^2}{P} \tag{3.15}$$

更一般地，若要评价两个学术主体或客体 A 和 B，可比较其相应学术矩阵 M_{A} 和 M_{B}，如果 M_{A} 中的所有元素皆优于 M_{B}(记为 $\{M_{\mathrm{A}}\} \succ \{M_{\mathrm{B}}\}$)，并非总是A>B，如 X_3 就是小数值为优)，则评价 A 好于 B。更一般地，可用多变量指标张量 T_{A} 和 T_{B}，如果 T_{A} 中的所有元素皆优于 T_{B}(记为 $\{T_{\mathrm{A}}\} \succ \{T_{\mathrm{B}}\}$)，则评价 A 好于 B。

3.3　广义 H 指数

Egghe 等使用过的信息计量 H 指数可进一步扩展为统计学意义上的广义 H 指数（Egghe, 2010）。近年邵兵家等也使这一思想在电子商务数据中得到了应用和实证（Shao et al., 2016）。

从纯粹信息计量角度，可以把 H 指数定义为：任何信息源的信息计量 H 指数指它至多有 h 个产出至少被引 h 次。

由于 H 指数的简洁普适特性，甚至可以超越信息计量学而作为一般统计概念上的类似于总数、平均数的基础统计参量，并可广泛应用于社会、经济和自然系统中。在此框架下可形成统计学意义上的广义 H 指数。

该广义 H 指数涵义是：将事物的某一表征属性按数值降序排列，寻找最大的序号 h，使序号 h 对应的属性数值大于或等于 h，而序号（$h+1$）对应的属性数值小于（$h+1$）。其计算过程的形式化表达如表 3.3 所示。

表 3.3　广义 H 指数的形式化表达

排序 i	属性值 X_i	判定条件
1	X_1	$X_1 > X_2$
2	X_2	$X_2 > X_3$
…	…	…
$h-1$	X_{h-1}	$X_{h-1} > h-1$
h	X_h	$X_h > h$
$h+1$	X_{h+1}	$X_{h+1} \leqslant h$
…	…	…
$N-1$	X_{N-1}	$X_{N-1} \leqslant h$
N	X_N	$X_N \leqslant h$

注：N 为对象集合中个例总数。

广义 H 指数的主要统计学意义在于关注顶端数据。现实系统中，二八定律普遍存在，且我们关注的或能获取的数据常常也并非全集而仅是部分，也时常有幂律分布在社会、经济或自然系统中出现。广义 H 指数正好能测度幂律或类似形状分布（例如，指数分布等）的顶端部分数据，这类顶端数据也是现实中需要重点关注的关键样本。即便是正态分布，对其顶端数据的 H 指数测度也能给出与平均数等传统参量所不能表征的信息。因此，广义 H 指数在更广泛系统中的使用，可能会揭示出一些以前未能关注到的现象。

表 3.4 是广义 H 指数在社会经济系统中的一个应用案例，记录了某厂家生产的 20 种型号大型仪器在 3 周内的销量数据。

表 3.4　某厂家产品销售的 H 指数测度

排序	第一周		第二周		第三周	
	仪器代码	销售台数	仪器代码	销售台数	仪器代码	销售台数
1	AS5	56	BD3	55	AS5	75
2	BD3	23	AS5	33	BD3	40
3	AD2	22	AD2	25	HJ6	29
4	AS2	20	GH1	23	RT5	25
5	GH1	18	HJ6	20	AD2	10
6	HJ6	15	AS2	10	AS2	6
7	RT5	12	EF2	10	KU7	5
8	EE1	11	VN3	9	TT3	5
9	EF2	10	AM2	8	GH1	5
10	KU7	10	EE1	8	IO5	5

续表

排序	第一周		第二周		第三周	
	仪器代码	销售台数	仪器代码	销售台数	仪器代码	销售台数
11	AM2	5	TT3	6	AM2	3
12	JU7	4	RT5	5	YT6	3
13	PO9	3	YT6	3	VN3	2
14	WE2	3	JU7	3	JU7	2
15	TT3	2	WE2	1	EF2	2
16	YT6	2	IO5	1	EE1	1
17	IO5	2	KU7	1	WE2	1
18	QG2	1	DS1	1	DS1	1
19	DS1	1	PO9	0	PO9	1
20	VN3	0	QG2	0	QG2	1
汇总		220		222		222

由表 3.4 可见，该厂家的销售总量在 3 个月内并无太大变化，由于产品型号数量稳定，每种型号的平均销售量也无较大变动，但 H 指数的逐渐降低，表明该厂的销售正向更少数的型号集中。假定每种型号产品利润相等，H 指数逐渐降低，即说明其利润已主要由 H 核心内的几种关键产品产生。厂家的生产和营销策略可能需要作出相应调整。这一案例中总量和平均数都未有变化，当有变化时，还可将 H 指数与其他统计量相对照，可能又得到新的管理启示。

H 指数的算法性质要求对象个体数量与属性数值量级可比，否则其测评将失去有效性。但现实中这一条件未必一定满足，如表 3.5 所示的两个算例。

表 3.5　两组对象个体数量与属性数值量级不可比的算例

算例1			算例2		
序号	对象个体	属性数值	序号	对象个体	量
1	A	1199990	1	a	2.2
2	B	999980	2	b	1.9
3	C	599900	3	c	1.8
4	D	380000	4	d	1.6
5	E	278000	5	e	0.5
6	F	156000	6	f	0.35
7	G	90000	7	g	0.29
...	...	...	...	...	...
100	...	5000	200	...	0.001

由表 3.5 可见,两组数据中,一组是属性数值量级过大,H 指数直接等于对象个体数量,H 指数的测度失效。另一组是属性数值量级太小,H 指数等于 1,H 指数的测度也无效。故需寻求改进方法使得 H 指数在这类情况下仍具有测度有效性。

由于 H 指数应用的都是对象个体的集合,主要关注点常是内部互比。因此,可考虑采用数值变换的方法,在不失去数据间总体差异关系的情况下,将原始数据变换为可用 H 指数测量的量级。

变换方法可采用将全部属性数值都除以中位数的方法,假设表 3.5 中第一组数据的中位数为 8000,第二组的中位数为 0.025,则表 3.5 数据变换表 3.6。

表 3.6　变换后的两组算例

算例 1			算例 2		
序号	对象个体	属性数值	序号	对象个体	量
1	A	150.00	1	a	88.00
2	B	125.00	2	b	76.00
3	C	74.99	3	c	72.00
4	D	47.50	4	d	64.00
5	E	34.75	5	e	20.00
6	F	19.50	6	f	14.00
7	G	11.25	7	g	11.60
...		...	...	...	...
100	...	0.63	200	...	0.04

由表 3.6 可见,变换后的属性数值量已可以排序并进行 H 指数计算。这一变换可扩充广义 H 指数的应用范围。

固然,使用中位数变换的方法也未必能全部解决量级不可比问题。当数据偏斜程度或差异程度很大时,中位数作为变换中的参数未必合适,此时需要寻找更合适的变换参数。另一方面,数值变换客观上也损失了原始数据的数值信息,解释结果中的 H 指数时需参照原始数据才能得到合理结论。

参 考 文 献

Albert R, Barabasi A L. (2002). Statistical mechanics of complex networks. Reviews of Modern Physics, 74(1): 47-97

Albert R, Barabasi A L. (2009). Scale-free Networks: A Decade and Beyond. Science, 325(5939): 412-413

Borgatti S P, et al. (2009). Network analysis in the social sciences. Science, 323(5916): 892-895

Chen D Z, Huang M H, Ye F Y. (2013). A probe into dynamic measures for h-core and h-tail. Journal of Informetrics, 7(1): 129-137

Egghe L. (2005). Power laws in the information production process: Lotkaian informetrics. Amsterdam: Elsevier.

Egghe L. (2010).The Hirsch-index and related impact measures. Annual Review of Information Science and Technology.

Egghe L, Rousseau R. (2006). An informetric model for the Hirsch-index. Scientometrics, 69(1): 121-129.

Hirsch J E. (2005). An index to quantify an individual's scientific research output. Proceedings of the National Academy of Sciences of the USA, 102(46): 16569-16572.

Huang M H, Chen D Z, Shen D, Wang M S ,Ye F Y. (2015). Measuring technological performance of assignees using trace metrics in three fields. Scientometrics, 104(1): 61-86

Jin B H, Liang L M, Rousseau R, Egghe L. (2007). The R- and AR-indices: complementing the h-index. Chinese Science Bulletin, 52(6): 855-863.

Leydesdorff L, Bornmann L. (2011). Integrated impact indicators compared with impact factors: an alternative research design with policy implications. Journal of the American Society for Information Science and Technology, 62(11), 2133–2146.

Liang L M, Rousseau R. (2009). A general approach to citation analysis and an h-index based on the standard impact factor framework. Proceedings of ISSI 2009 (in press).

Liu J Q, Rousseau R, Wang M S,Ye, F, Y, (2013). Ratios of h-cores, h-tails and uncited sources in sets of scientific papers and technical patents. Journal of Informetrics, 7(1): 190-197

Rousseau R. (2006). New developments related to the Hirsch index. Science Focus, 1(4): 23-25 (in Chinese). English version available at: E-LIS: code 6376.

Schubert A, Glänzel W. (2007). A systematic analysis of Hirsch-type indices for journals. Journal of Informetrics, 1(2): 179-184

Shao B, Xiao F, Zhao S X.(2016). Exploring the h-type measure and its theoretical model in the context of E-commerce. Current Science, 110(12) : 2276-2280.

Strogatz S H. (2001). Exploring complex networks. Nature, 410(6825): 268-276

Watts J. (2007). A twenty-first century science. Nature, 445: 48.

Ye F Y, Bornmann L, Leydesdorff L. (2017). h-based I3-type multivariate vectors: multidimensional indicators of publication and citation scores. Collnet Journal of Scientometrics and Information Management, 11(1), 153-171

Ye F Y, Leydesdorff L. (2014). The "Academic Trace" of the Performance Matrix: A Mathematical Synthesis of the h-index and the Integrated Impact Indicator (I3). Journal of the Association for Information Science and Technology, 65(4): 742-750.

Ye F Y, Rousseau R. (2008). The power law model and total career h-index sequences. Journal of Informetrics, 2(4): 288-297.

Ye F Y, Rousseau R. (2010). Probing the h-core: an investigation of the tail-core ratio for rank distributions. Scientometrics, 84(2): 431-439.

Zhang C T. (2009). The e-index, complementing the h-index for excess citations. PLoS One, 4(5), e5429.

第三篇
H 型指数和 H 型测度的应用研究

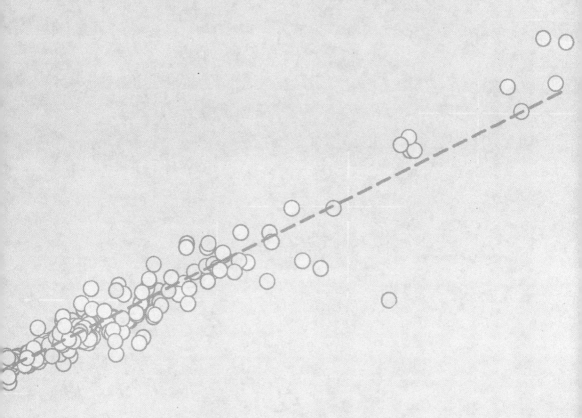

学术评价可针对学术主体(作者、大学、专利权人等)进行，也可针对学术客体(论著、期刊、专利等)展开，还可以评价一些特殊对象（科学基金、图书馆、医院、国家等）。以 H 型指数为代表的高影响特征测度已在学者、期刊、学术机构、专利权人、科学基金、医院、图书馆、国家/地区等层面得到广泛应用，本书也对其进行多层面实证研究。

第4章
学术主体（作者、大学、专利权人）H型指数测评

4.1 作者 H 型指数测评

作者 H 指数是 H 指数的原创点(Hirsch，2005)，对作者 H 指数进行实证检验是 H 指数研究最理所当然的工作。相关学者已经对部分领域的作者（邱均平和缪雯婷，2007）、文科作者（丁楠等，2009）、理科作者（潘有能等，2009）等的 H 指数进行分析比较。本章将对普赖斯奖得主的 H 指数、g 指数、学术迹(Ye and Leydesdorff，2014)等测度进行比较分析。

1. 方法与数据

原始数据主要采集于 Web of Science (WoS)数据库，具体操作步骤如下：

（1）进入国际信息计量学会议网站，找到 1984～2015 年历届普赖斯奖（Derek De Solla Price Award）获奖人员名单（http://www.issi2015.org/en/Derek-De-Solla-Price- Award.html），得到表 4.1 所列的数据。

表 4.1 1984～2015 年历届普赖斯奖得主名单

获奖年度	获奖者
1984 年	E. Garfield
1985 年	H.J. Moravcsik
1986 年	T. Braun
1987 年	H. Small, V. V. Nalimov
1988 年	F. Narin

获奖年度	获奖者
1989 年	J. Vlachy, B.C. Brookes
1993 年	A. Schubert
1995 年	R. K. Merton, A. F. J. van Raan
1997 年	B.C. Griffith, J. Irvine & B. R. Martin
1999 年	W. Glänzel, H. F. Moed
2001 年	L. Egghe, R. Rousseau
2003 年	Loet Leydesdorff
2005 年	P. Ingwersen, H. D. White
2007 年	Katherine W. McCain
2009 年	P. Vinkler, M. Zitt
2011 年	O. Persson
2013 年	B. Cronin
2015 年	M. Thelwall

（2）进入 WoS 数据库（2015 年 7 月 29 日），利用作者（Author）检索途径进行作者检索，时间范围不做特殊的设定，在初次检索的基础上，Web of Science 类别中选择"INFORMATION SCIENCE LIBRARY SCIENCE"学科进行精炼，这样操作基本可以处理因作者姓名缩写造成的重名问题。对二次检索结果，选择 Create Citation Report，获得作者的被引篇数 P(results found)、被引次数 C(sum of the times cited)、篇均被引次数 CPP(average citations per item)和 H 指数 h(H index)。

（3）利用 WoS 数据库的数据导出功能下载每一位作者的全记录数据，利用自己编程的程序，提取每一条记录中的被引频次，计算作者的 g 指数(g index)。

（4）利用自编程序，提取每一位作者全记录数据的被引频次，计算单个作者发表的论文数 P、所发表论文的 H 指数 h、所发表论文的总被引次数 C、所发表论文中零被引论文数 P_z、H 核中论文被引数 C_h，最后利用学术迹公式

$$T = \frac{h^4 + (C_h - h^2)^2}{C} + \frac{(P - h - P_z)^2 - P_z^2}{P}$$ 计算学术迹值（academic trace）。

按照以上数据检索策略和处理方法得到如表 4.2 所示。

表 4.2 普赖斯奖得主的相关指标值

获奖者	P	C	CPP	H 指数 h	g 指数 g	学术迹值 T
W. Glänzel	187.00	4645.00	24.84	37.00	61.00	1035.03
Loet Leydesdorff	194.00	3931.00	20.26	36.00	53.00	765.06
E. Garfield	224.00	1648.00	7.36	34.00	45.00	712.78
M. Thelwall	216.00	3309.00	15.32	31.00	48.00	600.11
A. Schubert	128.00	2859.00	22.34	29.00	50.00	813.78
H. F. Moed	78.00	2502.00	32.08	28.00	49.00	885.27
R. Rousseau	217.00	2589.00	11.93	26.00	40.00	447.91
L. Egghe	188.00	2454.00	13.05	24.00	43.00	586.54
T. Braun	84.00	2005.00	23.87	23.00	43.00	665.11
A. F. J. van Raan	49.00	1879.00	38.35	23.00	43.00	778.18
B. Cronin	282.00	2184.00	7.74	23.00	39.00	376.09
H. Small	49.00	2284.00	46.61	20.00	47.00	1394.86
F. Narin	29.00	1611.00	55.55	19.00	29.00	975.33
H. D. White	59.00	1907.00	32.32	19.00	43.00	1039.13
P. Vinkler	49.00	775.00	15.82	19.00	26.00	275.86
P. Ingwersen	74.00	1581.00	21.36	18.00	39.00	818.57
Katherine W. McCain	68.00	1766.00	25.97	18.00	42.00	958.47
B. C. Brookes	95.00	981.00	10.33	17.00	30.00	360.43
M. Zitt	35.00	702.00	20.06	14.00	26.00	299.62
O. Persson	34.00	950.00	27.94	14.00	30.00	524.51
B. C. Griffith	29.00	714.00	24.62	11.00	26.00	442.71
B. R. Martin	14.00	294.00	21.00	9.00	10.00	144.84
M. J. Moravcsik	39.00	218.00	5.59	7.00	14.00	96.61
J. Vlachy	9.00	64.00	7.11	4.00	8.00	36.85
J. Irvine	7.00	94.00	13.43	4.00	7.00	65.37
V. V. Nalimov	14.00	16.00	1.14	3.00	3.00	1.13
R. K. Merton	4.00	3.00	0.75	1.00	1.00	−0.08

注：Merton、Irvine 的主要研究成果分布在社会学领域，Nalimov、Vlachy 的主要研究成果分布在物理学领域，他们在"INFORMATION SCIENCE LIBRARY SCIENCE"领域的科研成果相对较少（谭健，2012）。

2. 结果与讨论

对表 4.2 中的指标数据进行相关性分析得到表 4.3。

表 4.3　普赖斯奖得主的相关指标值之间的 Spearman 相关关系

	P	C	CPP	H 指数 h	g 指数 g	学术迹值 T
P	1	0.826^{**}	-00.008	0.864^{**}	0.775^{**}	0.457^{*}
C	0.826^{**}	1	0.414^{*}	0.938^{**}	0.941^{**}	0.731^{**}
CPP	-00.008	0.414^{*}	1	00.312	0.476^{*}	0.795^{**}
H 指数 h	0.864^{**}	0.938^{**}	00.312	1	0.929^{**}	0.669^{**}
g 指数 g	0.775^{**}	0.941^{*}	0.476^{*}	0.929^{**}	1	0.807^{**}
学术迹值 T	0.457^{*}	0.731^{**}	0.795^{**}	0.669^{**}	0.807^{**}	1

** 表述在置信度（双测）为 0.01 时，相关性是显著的；* 表示在置信度（双测）为 0.05 时，相关性是显著的。

从表 4.3 可以看出，普赖斯奖得主的 H 指数(h)与被引篇数(P)、被引次数(C)、g 指数(g)和学术迹值(T)在置信度（双侧）为 0.01 时，Spearman 相关性是显著的。其中，g 指数与 H 指数相关系数高达 0.929。学术迹值与 g 指数的相关系数要高于与 H 指数的相关系数。而篇均被引次数（CPP）与 H 指数的关系为不显著相关关系，表明 CPP 和 H 指数可以作为相互独立的指标使用。

再用普赖斯奖得主的数据检验以下数学模型对这一领域作者 H 指数的适用性。

（1）Hirsch 公式估计（Hirsch, 2005）：

$$h_c \sim \sqrt{\frac{c}{3}} \tag{4.1}$$

在 Hirsch 原始论文中分母 a 是一个等于 3～5 的常数，故此式子中取 $a=3$ 进行实际检验。

（2）Egghe-Rousseau 公式估计（Egghe and Rousseau, 2006）：

$$h_p \sim \sqrt{P} \tag{4.2}$$

由于 Lotka（洛特卡）指数 α 常取 2，故取 $\alpha=2$ 进行检验。

（3）Glänzel-Schubert 公式估计（Glänzel, 2006; Schubert and Glänzel, 2007）：

$$h_{pc} \sim P^{\frac{1}{3}} \left(\frac{C}{P}\right)^{\frac{2}{3}} \tag{4.3}$$

这里取 $c = 1$ 进行检验。

将表 4.2 中上述学者的相关数据分别代入式(4.1)～式(4.3)，获得的结果中实际 H 指数的拟合情形如图 4.1 所示。

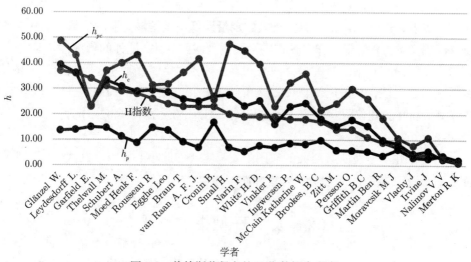

图 4.1　普赖斯奖得主的 H 指数拟合示意

计算数据表明所有普赖斯奖得主的 H 指数大多数介于式(4.1)和式(4.2)的估计值之间

$$h_p < h < h_c \tag{4.4}$$

用 SPSS 求出其 Spearman 相关系数如表 4.4 所示。

表 4.4　普赖斯奖得主的 H 指数全息相关矩阵

	H 指数	h_c	h_p	h_{pc}
H 指数	1	0.938**	0.864**	0.736**
h_c	0.938**	1	0.826**	0.825**
h_p	0.864**	0.826**	1	0.449*
h_{pc}	0.736**	0.825**	0.449*	1

** 表示在置信度（双测）为 0.01 时，相关性是显著的；* 表示在置信度（双测）为 0.05 时，相关性是显著的。

表 4.4 相关系数表明：式(4.1)、式(4.2)和式(4.3)估计值与实际 H 指数之间均有统计学意义上的显著相关性。

综上所述，普赖斯奖得主的数据显示，H 指数与被引篇数(P)、被引次数(C)、g 指数和学术迹值都有一定相关性。H 指数实际值大多落在 Hirsch 公式和 Egghe-Rousseau 公式估计值之间。

虽然诸多实证已表明作者 H 指数与作者的学术影响，甚至学术水平有较强的正相关关系，但学术评价中，对于人的定量评价一直是最主要的争议点。H 指数是基于引文的方法，但在作者这样的微观测度层面，引文测评的稳健性相对较弱。作者自认为最高水平的研究最终曲高和寡，孤芳自赏，一般水平但切合热点的研究反而引起关注，获得广泛认可，这在科学史中并不罕见。因此，在实际的作者和学者评价中，建议只将 H 指数作为参考，任何时候都不宜将之作为一个判决式的"一刀切"指标。

当然，并不是在所有层面的应用中，都需要如此小心翼翼。在大学等宏观层面，引文及 H 指数的测评会更有稳健性。

4.2 大学 H 型指数测评

大学评价是学术界和社会广泛关注的话题，现有的大学排名很多，大多采用综合指标排名。H 指数的提出（Hirsch, 2005）为大学评价及排名提供一个新的视角。程丽等（2009）对国际大学 H 指数排名和综合指标排名进行实证比较研究，薛霏和叶鹰(2014)对大学的学术矩阵和学术迹进行探讨。

选取国内外 24 所大学作为研究对象，对大学的 H 指数、g 指数、学术迹(Ye and Leydesdorff, 2014)等指标进行比较分析。另外，还将引入衡量大学高水平论文的自然指数（nature index）作为比较指标，探讨传统指数和新型指数之间的相关性。

1. 方法与数据

将 H 指数概念推广到大学，可以定义一个大学的 H 指数是该大学发表至多 h 篇至少被引用 h 次的论文数。g 指数、学术迹值（Ye and Leydesdorff, 2014）等指标也可以类似地推广到评价大学。

原始数据主要采集于 Web of Science (WoS)数据库，具体操作步骤如下：

（1）参考已有研究成果（薛霏和叶鹰，2014)，选取国内外 24 所著名大学作为研究样本，参见表 4.5。

（2）登录 Web of Science（WOS）数据库（2015年8月2日），设置检索范围为：SCI-EXPANDED，SSCI，A&HCI，CPCI-S，CPCI-SSH，通过 Address 途径检索每所大学的全记录数据，时间范围限定在 2013 年，文献类型精炼为 ARTICLE，利用 WoS 数据库的数据导出功能下载每一所大学的全记录数据。因部分大学的数据超过 1 万条，因此不能直接通过 WoS 数据库的 Create Citation Report 获取 H 指数等数据，需要集中下载之后，通过后续自编程序计算。

（3）利用步骤（2）中得到的数据，通过自编程序提取每一条记录中的被引频次，计算大学的 H 指数、g 指数。

（4）利用自编程序，提取每一所大学的全记录数据的被引频次，计算每所大学发表的论文数 P、所发表论文的 H 指数 h、所发表论文的总被引次数 C、所发表论文中零被引论文数 P_z、H 核中论文被引数 C_h，最后利用学术迹公式 $T = \dfrac{h^4 + (C_h - h^2)^2}{C} + \dfrac{(P - h - P_z)^2 - P_z^2}{P}$ 计算每所大学的学术迹值（academic trace）。

（5）在自然出版集团的官方网站上下载 2013 年各大学的自然指数相关指标（http://www.nature.com/nature/journal/v515/n7526_supp/fig_tab/515S98a_T2.html，2014 年 11 月公布），自然指数主要包括 68 种高水平期刊上刊载的文章数 (article count，AC) 以及计算的分数式加权统计 (weighted-fractional count，WFC) 指标。

通过以上各操作步骤的处理和计算，得到如表 4.5 所示国内外著名大学的排名比较表。

表 4.5 国内外 24 所著名大学的相关指标

大学名称	P	C	CPP	H 指数	g 指数	学术迹值	WFC	AC
Harvard Univ	14189.00	140689.00	0.99	104.00	164.00	12537.66	852.12	2555.00
MIT	5827.00	70518.00	1.21	92.00	142.00	6323.44	509.49	1442.00
Univ Oxford	7687.00	65826.00	0.86	78.00	125.00	6348.11	384.03	1190.00
Stanford Univ	7156.00	68731.00	0.96	78.00	119.00	6300.50	552.93	1253.00
Univ Calif Berkeley	6751.00	62655.00	0.93	77.00	111.00	5589.10	362.32	1155.00
Univ Cambridge	7054.00	59536.00	0.84	75.00	108.00	5463.53	400.78	1265.00
Univ Michigan	8610.00	62918.00	0.73	71.00	102.00	6458.10	345.20	905.00

续表

大学名称	P	C	CPP	H 指数	g 指数	学术迹值	WFC	AC
Univ Toronto	9143.00	63331.00	0.69	70.00	115.00	6850.48	242.41	736.00
Caltech	3147.00	36494.00	1.16	64.00	91.00	3214.65	281.90	1216.00
Univ Chicago	4437.00	39386.00	0.89	64.00	109.00	3988.91	190.55	632.00
Yale Univ	5497.00	45777.00	0.83	63.00	92.00	4401.86	290.60	789.00
Heidelberg Univ	3617.00	30758.00	0.85	58.00	87.00	3209.86	105.61	606.00
Peking Univ	6072.00	39929.00	0.66	58.00	89.00	4445.18	275.53	743.00
Tsinghua University	6290.00	35909.00	0.57	57.00	84.00	3855.17	194.87	474.00
Princeton Univ	3044.00	28189.00	0.93	53.00	89.00	2883.72	232.62	712.00
Univ Sydney	5709.00	34358.00	0.60	53.00	84.00	4163.07	95.07	474.00
Nanjing Univ	4658.00	26632.00	0.57	51.00	74.00	2702.22	194.57	391.00
USTC	3382.00	23041.00	0.68	50.00	73.00	2494.78	175.73	427.00
Fudan Univ	4885.00	29591.00	0.61	49.00	73.00	3365.32	129.23	255.00
Kyoto Univ	5630.00	30620.00	0.54	48.00	66.00	3680.34	313.71	742.00
Zhejiang Univ	7115.00	34539.00	0.49	47.00	68.00	4214.04	150.42	289.00
Shanghai Jiao Tong Univ	6717.00	32079.00	0.48	42.00	66.00	3976.07	95.99	247.00
Univ Hong Kong	3019.00	17176.00	0.57	41.00	64.00	2076.05	70.43	149.00
Taiwan Univ	5100.00	22974.00	0.45	38.00	58.00	3018.96	101.23	291.00

2. 结果与讨论

利用 SPSS 软件，对表 4.5 中各指标进行相关性分析，其全息相关矩阵如表 4.6。从表 4.6 可以看出，国内外 24 所著名大学的 H 指数与各大学发表的论文篇数(P)、论文的被引次数(C)、g 指数、学术迹值、分数式加权量(WFC)和文章数(AC)在置信度（双侧）为 0.01 时，Spearman 相关性是显著的。其中，g 指数与 H 指数相关系数高达 0.980。学术迹值与 g 指数的相关系数要高于与 H 指数的相关系数。自然指数指标——分数式加权量(WFC)和文章数(AC)与传统的指标 g 指数和 H 指数有较强相关性，与新指标学术迹值也有较强相关性。

当前，国内高校的各种排名经常引起一些争议。在学术领域的评价上，如能推广使用 H 指数、g 指数、学术迹值或自然指数指标，应该能更有效地激励各顶尖高校在高层次学术前沿领域更好地竞争。

表 4.6　国内外 24 所著名大学的相关指标的 Spearman 相关关系

	P	C	CPP	H 指数	g 指数	学术迹值	WFC	AC
P	1	0.762**	00.086	0.533**	0.517**	0.890**	0.553**	0.453*
C	0.762**	1	0.646**	0.912**	0.906**	0.944**	0.809**	0.829**
CPP	00.086	0.646**	1	0.848**	0.853**	0.427*	0.678**	0.801**
H 指数	0.533**	0.912**	0.848**	1	0.980**	0.778**	0.842**	0.905**
g 指数	0.517**	0.906**	0.853**	0.980**	1	0.783**	0.799**	0.857**
学术迹值	0.890**	0.944**	0.427*	0.778**	0.783**	1	0.702**	0.693**
WFC	0.553**	0.809**	0.678**	0.842**	0.799**	0.702**	1	0.931**
AC	0.453*	0.829**	0.801**	0.905**	0.857**	0.693**	0.931**	1

** 表示在置信度（双测）为 0.01 时，相关性是显著的；* 表示在置信度（双测）为 0.05 时，相关性是显著的。

再用这 24 所著名大学的数据检验以下数学模型对这一领域作者 H 指数的适用性。

（1）Hirsch 公式估计（Hirsch, 2005）

$$h_c \sim \sqrt{\frac{C}{5}} \tag{4.5}$$

在 Hirsch 原始论文中，常数 a 取值 3～5，故这里取 $a=5$ 进行实际检验。

（2）Egghe-Rousseau 公式估计（Egghe and Rousseau, 2006）：

$$h_p \sim \sqrt{P} \tag{4.6}$$

由于 Lotka 指数 α 常用取值为 2，故取 $\alpha=2$ 进行检验。

（3）Glänzel-Schubert 公式估计（Glänzel, 2006; Schubert and Glänzel, 2007）：

$$h_{pc} \sim P^{\frac{1}{3}} \left(\frac{C}{P}\right)^{\frac{2}{3}} \tag{4.7}$$

这里取 $c=1$ 进行检验。

将上述学者的有关数据分别代入式(4.5)、式(4.6)和式(4.7)，获得的结果中实际 H 指数的拟合情形如图 4.2 所示。

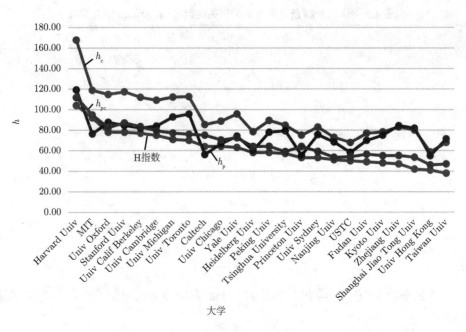

图 4.2　24 所著名大学的 H 指数拟合示意

计算数据表明各著名大学的 H 指数式(4.4)的估计值为

$$h < h_c \tag{4.8}$$

用 SPSS 求出其 Spearman 相关系数如表 4.7 所示。

表 4.7　24 所国内外著名大学的 H 指数全息相关矩阵

	H 指数	h_c	h_p	h_{pc}
H 指数	1	0.912**	0.533**	0.974**
h_c	0.912**	1	0.762**	0.935**
h_p	0.533**	0.762**	1	0.573**
h_{pc}	0.974**	0.935**	0.573**	1

** 表示在置信度（双测）为 0.01 时，相关性是显著的；* 表示在置信度（双测）为 0.05 时，相关性是显著的。

表 4.7 相关系数表明：式(4.5)、式(4.6)和式(4.7)估计值与实际 H 指数之间均有统计学意义上的显著相关性。其中，h_{pc} 值与 H 指数比较接近。

综上所述，国内外 24 所著名大学的数据显示，H 指数与各大学发表的论文篇数(P)、论文的被引次数(C)、g 指数、学术迹值、自然指数指标中的分数式加权量(WFC)和文章数(AC)都有一定相关性。H 指数实际值比较接近 h_{pc}。

4.3　专利权人 H 型指数测评

H 指数自 2005 年被提出后（Hirsch,2005），应用对象逐渐被扩展到专利权人。官建成等研究半导体领域专利权人 H 指数的情况（Guan and Gao,2008），次仁拉珍等(2009)研究了世界百强企业 H 指数的情况。本章将挖掘 4G 领域专利权人 H 指数与其他专利计量指标的关系，深化专利权人 H 指数与技术强度 TS 等专利计量指标的关系研究。

1. 方法与数据

采用的研究方法包括：

（1）专利影响因子（CII）。该指标综合反映过去五年专利权人所申请专利的影响力和专利数，其计算公式为：

$$\mathrm{CII}_{ij} = \frac{C_{ij} / P_{ij}}{\sum_i C_{ij} / \sum_i P_{ij}} \qquad , \qquad (4.9)$$

式中，C_{ij} 是当年专利权人 i 在行业 j 中所有专利的被引数；P_{ij} 是专利权人 i 在行业 j 中的所有专利数；$\sum$ 作用于前五年。

（2）技术强度（TS）。该指标由 CII 引申而来，用于测算专利技术实力，其计算公式为

$$\mathrm{TS}_{ij} = P_{ij}\mathrm{CII}_{ij} \qquad (4.10)$$

（3）专利权人 H 指数。类似于信息计量学中作者的 H 指数，专利权人 H 指数等于专利权人所有专利中至少被引用 h 次的 h 件专利数，有专利申请 H 指数和专利授权 H 指数之分，本书采用专利申请 H 指数。

（4）专利权人 g 指数。类似于信息计量学中作者的 g 指数，专利权人 g 指数等于专利权人所有专利中至少被累积引用 g^2 次的 g 件专利数，有专利申请 g 指数和专利授权 g 指数之分，本书采用专利申请 g 指数。

原始数据主要采集于德温特创新索引（Derwent innovations index，DII）数据库，具体操作步骤如下：

（1）参考相关文献，拟订检索式：

MAN=W02-C03C1H OR (TS=(mobile phone OR mobile communication) AND TS=(IMT-Advanced OR LTE-Advanced OR Wireless Man-Advanced OR Wimax OR IEEE 802.16m))。

（2）登录 DII 数据库，通过高级检索途径，输入（1）中检索式，限定时间范围为 2010～2014 年，共检索出 5706 条专利数据。

（3）在步骤（2）检索结果的基础上，利用专利权人代码进行精练，可以得到每个专利权人所申请的专利数据。本书只取排在前 50 的专利权人进行研究。因 DII 数据库不能导出各专利的施引专利数，需要设计一个简单的爬虫，爬取每个专利人所申请专利的施引专利数。

（4）利用步骤（3）提取每一个专利权人申请专利的被引频次，计算每个专利权人的专利数 P、所申请专利的 H 指数、所申请专利的 g 指数、所申请专利的总被引次数 C、单项专利平均施引专利数 CPP。

（5）利用步骤（4）的数据，计算专利影响因子（CII）、技术强度（TS）指标。

按照以上检索策略和数据处理方法，得到表 4.8 数据。

表 4.8　4G 通信领域专利权人相关指标

专利权属机构代码	P	C	CPP	H 指数	g 指数	CII	TS
GLDS-C	528.00	378.00	0.07	9.00	13.00	1.08	570.79
QCOM-C	405.00	370.00	0.09	8.00	11.00	1.38	558.71
TELF-C	409.00	206.00	0.05	6.00	8.00	0.76	311.06
SMSU-C	248.00	142.00	0.06	5.00	6.00	0.86	214.42
OYNO-C	205.00	137.00	0.07	6.00	9.00	1.01	206.87
ITLC-C	147.00	125.00	0.09	5.00	7.00	1.28	188.75
NIDE-C	149.00	114.00	0.08	6.00	7.00	1.16	172.14
NSNN-C	149.00	106.00	0.07	5.00	7.00	1.07	160.06
CISC-C	23.00	102.00	0.44	6.00	10.00	6.70	154.02
COGE-C	169.00	92.00	0.05	5.00	6.00	0.82	138.92
RIMR-C	109.00	92.00	0.08	4.00	5.00	1.27	138.92
NITE-C	243.00	85.00	0.03	4.00	5.00	0.53	128.35

续表

专利权属机构代码	P	C	CPP	H 指数	g 指数	CII	TS
MOTI-C	66.00	62.00	0.09	4.00	5.00	1.42	93.62
FUIT-C	106.00	51.00	0.05	3.00	4.00	0.73	77.01
AMTT-C	73.00	50.00	0.07	3.00	5.00	1.03	75.50
WANG-I	30.00	46.00	0.15	3.00	5.00	2.32	69.46
SHAF-C	114.00	46.00	0.04	3.00	4.00	0.61	69.46
SRIN-C	43.00	46.00	0.11	3.00	6.00	1.62	69.46
HITA-C	28.00	45.00	0.16	3.00	6.00	2.43	67.95
CLEA-N	25.00	45.00	0.18	3.00	6.00	2.72	67.95
ZTEC-C	67.00	44.00	0.07	4.00	5.00	0.99	66.44
MVLL-C	55.00	44.00	0.08	3.00	5.00	1.21	66.44
HTCC-C	52.00	43.00	0.08	3.00	5.00	1.25	64.93
APPY-C	74.00	37.00	0.05	4.00	4.00	0.76	55.87
HUAW-C	114.00	37.00	0.05	4.00	4.00	0.49	55.87
BDCO-C	138.00	36.00	0.03	3.00	3.00	0.39	54.36
PARK-I	41.00	36.00	0.09	3.00	5.00	1.33	54.36
MTEK-C	30.00	34.00	0.11	4.00	5.00	1.71	51.34
PCCO-C	63.00	34.00	0.05	3.00	5.00	0.81	51.34
MATU-C	45.00	32.00	0.07	4.00	4.00	1.07	48.32
CHEN-I	41.00	31.00	0.08	3.00	4.00	1.14	46.81
ETRI-C	50.00	29.00	0.06	3.00	4.00	0.88	43.79
SPRI-N	24.00	29.00	0.12	3.00	5.00	1.82	43.79
KYOC-C	101.00	28.00	0.03	3.00	3.00	0.42	42.28
VENK-I	20.00	26.00	0.13	3.00	4.00	1.96	39.26
TOKE-C	25.00	25.00	0.10	3.00	4.00	1.51	37.75
SONY-C	48.00	24.00	0.05	2.00	4.00	0.76	36.24
YANG-I	43.00	23.00	0.05	3.00	4.00	0.81	34.73
ZHAN-I	20.00	22.00	0.11	3.00	4.00	1.66	33.22
RENE-C	62.00	22.00	0.04	2.00	2.00	0.54	33.22
ITRI-C	29.00	19.00	0.07	2.00	2.00	0.99	28.69

续表

专利权属机构代码	P	C	CPP	H 指数	g 指数	CII	TS
IDIG-C	22.00	16.00	0.07	2.00	3.00	1.10	24.16
MITQ-C	20.00	16.00	0.08	3.00	3.00	1.21	24.16
VEZN-C	27.00	15.00	0.06	3.00	3.00	0.84	22.65
INNO-N	44.00	15.00	0.03	2.00	3.00	0.51	22.65
CHOI-I	24.00	13.00	0.05	2.00	2.00	0.82	19.63
DDEN-C	21.00	7.00	0.03	1.00	2.00	0.50	10.57
KTKT-C	47.00	7.00	0.01	2.00	2.00	0.22	10.57
HANS-I	20.00	6.00	0.03	2.00	2.00	0.45	9.06
INTE-N	36.00	4.00	0.01	2.00	2.00	0.17	6.04

2. 结果与讨论

将专利权人的专利数量 P、TS 值、H 指数和 g 指数在同一图中分别绘制成曲线，如图 4.3 所示。从图 4.3 中可以看出，处于 TS 前 3 名的专利权人分别为 GLDS-C、QCOM-C 和 TELF-C，其对应的 H 指数值也相应较高，说明其 4G 通信技术实力处于世界领先水平；并且可以发现由于专利数量 P 和 TS 之间本身具有的相关性表现出相似的变化趋势。

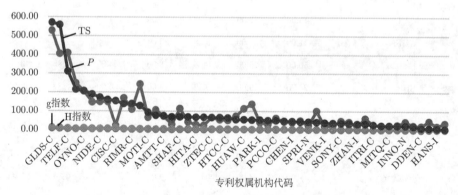

图 4.3 专利数量 P、TS、H 指数、g 指数三曲线比较图

为了进一步分析 TS 指标和 H 指数指标之间的相关性，以专利数量前 50 位专利权人的专利引文数据为基础，通过 SPSS 统计软件分别进行 Spearman 相关系数计算，得到 TS 和 H 指数的全息相关矩阵如表 4.9 所示，TS 和 H 指数之间表现

出显著相关性。

表 4.9 TS 和 H 指数全息相关矩阵

	H 指数	g 指数	CII	TS
H 指数	1	0.820**	0.322*	0.857**
g 指数	0.820**	1	0.563**	0.900**
CII	0.322*	0.563**	1	0.338*
TS	0.857**	0.900**	0.338*	1

** 表示在置信度（双测）为 0.01 时，相关性是显著的；* 表示在置信度（双测）为 0.05 时，相关性是显著的。

通过以上分析，可以获得以下结论：

技术强度 TS 作为一种重要的专利影响力指标，在评价 4G 通信技术的专利质量方面体现出有效性；而 H 指数表现出与 TS 之间的显著相关性，也反映 H 指数是一个简单且有效的评价专利重要性或影响力的指标。

通过全球 4G 通信技术专利比较，发现中国公司在数量和质量上均与国外先进水平存在差距，但这种差距相比过去 3G 技术时代有较大改观，这可以从 TS 和 H 指数两指标数据的排名中可以看出。

参 考 文 献

程丽, 方志伟, 韩松涛, 等. (2009). 国际大学 H 指数与综合指标排名的比较研究. 大学图书馆学报, 27(2), 71-75.

次仁拉珍, 乐思诗, 叶鹰. (2009). 世界百强企业 h 指数探析. 大学图书馆学报, 27(2): 76-79.

丁楠, 潘有能, 叶鹰. (2009). 基于 CSSCI 的文科学者 H 指数实证研究. 大学图书馆学报, 27(2), 55-60.

潘有能, 丁楠, 朱佳惠, 等. (2009). 基于 Web of Science 的理科学者 H 指数实证研究. 大学图书馆学报, (2), 6l-65.

唐健辉, 叶鹰. (2009). 3G 通信技术之专利计量分析. 图书与情报, 153(06), 70-73.

邱均平, 缪雯婷. (2007). H 指数在人才评价中的应用——以图书情报学领域中国学者为例. 科学观察, 2(3), 17-22.

谭健. (2012). 普赖斯奖得主的信息计量特征研究. 杭州：浙江大学.

薛霏, 叶鹰. (2014). 大学的学术矩阵和学术迹探讨. 大学图书馆学报, (1), 25-29.

叶鹰. (2007). H 指数和 H 型指数的机理分析与实证研究导引. 大学图书馆学报, 25(5): 2-8.

Bartolucci F. (2015). A comparison between the g-index and the h-index based on concentration. Journal of the Association for Information Science and Technology.

Egghe L, Rousseau R. (2006). An informetric model for the Hirsch-index. Scientometrics, 69(1):121-129.

Egghe L. (2006). Theory and practise of the g-index. Scientometrics, 69(1), 131-152.

Glänzel W. (2006) On the h-index, A mathematical approach to a new measure of publication activity and citation impact. Scientometrics, 67(2): 315-321.

Guan J C, Gao X. (2008). Exploring the h-index at patent level. Journal of American Society for Information Science and Technology, 59(13):1-6

Hirsch J E. (2005). An index to quantify an individual's scientific research output. Proceedings of the National Academy of Sciences of the United States of America, 102(46):16569-16572.

Schubert A, Glänzel W. (2007). A systematic analysis of Hirsch-type indices for journals. Journal of Informetrics, 1(2): 179-184.

Ye F Y, Leydesdorff L. (2014). The "academic trace" of the performance matrix: A mathematical synthesis of the h-index and the integrated impact indicator (I3). Journal of the Association for Information Science and Technology, 65(4), 742-750.

第5章
学术客体（期刊、论著、专利）H型指数测评

5.1 期刊H型指数测评

期刊是H指数应用最多的测评对象之一。Braun等最早将H指数推广应用于期刊评价（Braun, et al., 2006），关于期刊H指数的研究绵延不绝（Schubert and Glänzel, 2007; Bar-Ilan, 2008; Iglesias and Percharroman, 2007; 姜春林等, 2006; 姜春林, 2007; 王一华, 2011; 王新, 2014; 俞立平, 2015）。其中与经典期刊评价指标影响因子（impact factor）以及五年影响因子（5-year impact factor）进行比较尤为重要。本章选取"INFORMATION SCIENCE & LIBRARY SCIENCE"领域国际学术期刊，对期刊H指数与影响因子及衍生指标的关系进行实证研究。

1. 方法与数据

根据影响因子的计算公式可知，影响因子的发文窗口是统计当年 k 的前两年，五年影响因子的发文窗口是统计当年 k 的前五年。因此对期刊H指数与影响因子进行比较，应将期刊H指数的发文窗口与之对应。以2014年为例，2014年期刊影响因子对应的期刊H指数计算发文窗口为2012～2013年；2014年五年累积影响因子对应的期刊H指数计算发文窗口为2009～2013年。

原始数据主要采集于JCR和Web of Science(WoS)数据库，具体操作如下：

（1）进入JCR数据库，选择2014年JCR Social Sciences Edition选项，在"subject categories"中选择"INFORMATION SCIENCE & LIBRARY SCIENCE"获得79种期刊的影响因子、五年影响因子数据。

（2）进入WoS数据库，选择"Publication Name"检索途径进行检索，时间范围设置为 2012～2013 年和 2009～2013 年，分别进行检索。将检索结果按照期刊分别进行全记录导出。

（3）利用步骤（2）中下载到的每一种期刊全记录数据，利用自己编程的程序，提取每一条记录中的被引频次，计算期刊刊载的论文篇数 P、被引次数 C、篇均被引次数 CPP 和 H 指数、g 指数。

（4）利用自编程序，提取每种期刊中论文全记录数据的被引频次，计算每种期刊发表的论文数 P、所发表论文的 H 指数 h、所发表论文的总被引次数 C、所发表论文中零被引论文数 P_z、H 核中论文被引数 C_h，最后利用学术迹公式

$$T = \frac{h^4 + \left(C_h - h^2\right)^2}{C} + \frac{\left(P - h - P_z\right)^2 - P_z^2}{P}$$ 计算每种期刊的学术迹值。

按照以上数据检索策略和处理方法分别得到 2012～2013 年时间段的相关数据（表 5.1）和 2009～2013 年时间段的相关数据（表 5.2）。

表 5.1　79 种期刊的相关数据（2009～2013 年）

期刊名缩写	影响因子	P	C	CPP	H 指数	g 指数	学术迹值
J AM MED INFORM ASSN	3.504	436.00	3133.00	0.72	25.00	31.00	448.82
MIS QUART	5.311	134.00	1346.00	1.00	18.00	29.00	263.44
J AM SOC INF SCI TEC	1.846	435.00	1657.00	0.38	17.00	24.00	258.84
SCIENTOMETRICS	2.183	529.00	2408.00	0.46	16.00	24.00	409.22
J INFORMETR	2.412	181.00	990.00	0.55	14.00	19.00	174.29
GOV INFORM Q	2.321	166.00	651.00	0.39	12.00	18.00	101.85
INFORM SYST RES	2.436	140.00	692.00	0.49	12.00	16.00	124.82
INT J GEOGR INF SCI	1.655	256.00	778.00	0.30	12.00	15.00	153.77
J HEALTH COMMUN	1.617	272.00	958.00	0.35	12.00	16.00	163.10
INT J INFORM MANAGE	1.55	181.00	512.00	0.28	10.00	12.00	75.77
J COMPUT–MEDIAT COMM	3.117	62.00	371.00	0.60	10.00	15.00	81.15
EUR J INFORM SYST	2.213	88.00	328.00	0.37	9.00	12.00	67.17
J KNOWL MANAG	1.586	113.00	454.00	0.40	9.00	11.00	93.88
TELECOMMUN POLICY	1.411	187.00	404.00	0.22	9.00	12.00	65.89
INFORM MANAGE–AMSTER	1.865	97.00	366.00	0.38	8.00	11.00	70.05

续表

期刊名缩写	影响因子	P	C	CPP	H 指数	g 指数	学术迹值
INFORM PROCESS MANAG	1.265	174.00	470.00	0.27	8.00	10.00	96.76
INT J COMP–SUPP COLL	1.841	49.00	185.00	0.38	8.00	8.00	46.84
J MANAGE INFORM SYST	2.062	91.00	330.00	0.36	8.00	11.00	58.61
J STRATEGIC INF SYST	2.692	50.00	212.00	0.42	8.00	12.00	50.91
ONLINE INFORM REV	0.918	202.00	198.00	0.10	7.00	7.00	−54.30
SOC SCI COMPUT REV	1.364	89.00	241.00	0.27	7.00	9.00	50.07
INFORM ORGAN–UK	1.727	33.00	133.00	0.40	6.00	9.00	30.21
INFORM SYST J	1.766	59.00	173.00	0.29	6.00	8.00	34.54
J ASSOC INF SYST	1.774	67.00	191.00	0.29	6.00	8.00	34.64
J DOC	0.833	110.00	175.00	0.16	6.00	8.00	11.58
J INF TECHNOL	4.525	61.00	176.00	0.29	6.00	10.00	34.52
J MED LIBR ASSOC	0.628	177.00	154.00	0.09	6.00	7.00	−42.47
LIBR INFORM SCI RES	1.153	86.00	204.00	0.24	6.00	8.00	34.36
RES EVALUAT	1.123	69.00	153.00	0.22	6.00	7.00	31.14
ASLIB PROC	0.676	78.00	96.00	0.12	5.00	5.00	9.48
COLL RES LIBR	1.206	144.00	136.00	0.09	5.00	7.00	−46.87
ELECTRON LIBR	0.535	168.00	122.00	0.07	5.00	5.00	−48.04
HEALTH INFO LIBR J	0.632	77.00	139.00	0.18	5.00	7.00	25.28
J INF SCI	1.158	105.00	218.00	0.21	5.00	10.00	52.88
LEARN PUBL	0.919	108.00	111.00	0.10	5.00	6.00	−15.57
LIBR HI TECH	0.598	96.00	100.00	0.10	5.00	6.00	−5.58
MIS Q EXEC	1.152	41.00	72.00	0.18	5.00	6.00	12.44
PROF INFORM	0.356	159.00	125.00	0.08	5.00	7.00	−39.18
PROGRAM–ELECTRON LIB	0.651	58.00	59.00	0.10	5.00	6.00	−9.34
ETHICS INF TECHNOL	1.021	56.00	96.00	0.17	4.00	7.00	11.57
INFORM DEV	0.491	72.00	51.00	0.07	4.00	5.00	−22.83
INFORM SOC	1.048	85.00	122.00	0.14	4.00	8.00	−6.69

续表

期刊名缩写	影响因子	P	C	CPP	H 指数	g 指数	学术迹值
INFORM TECHNOL DEV	0.553	47.00	57.00	0.12	4.00	4.00	12.88
INFORM TECHNOL PEOPL	0.784	39.00	58.00	0.15	4.00	5.00	14.72
J ACAD LIBR	0.448	226.00	126.00	0.06	4.00	4.00	−88.27
J LIBR INF SCI	0.844	89.00	49.00	0.06	4.00	4.00	−37.73
KNOWL MAN RES PRACT	0.554	74.00	86.00	0.12	4.00	5.00	3.92
LIBR QUART	0.5	87.00	46.00	0.05	4.00	4.00	−41.09
LIBR TRENDS	0.386	91.00	62.00	0.07	4.00	5.00	−24.93
PORTAL−LIBR ACAD	0.639	70.00	57.00	0.08	4.00	5.00	−20.15
REV ESP DOC CIENT	0.636	86.00	76.00	0.09	4.00	5.00	−8.93
SERIALS REV	0.557	119.00	61.00	0.05	4.00	5.00	−59.50
SOC SCI INFORM	0.407	63.00	90.00	0.14	4.00	5.00	14.26
AUST ACAD RES LIBR	0.424	91.00	30.00	0.03	3.00	4.00	−58.66
INFORM CULT	0.35	43.00	34.00	0.08	3.00	4.00	−13.28
INFORM TECHNOL LIBR	0.075	58.00	46.00	0.08	3.00	4.00	−11.40
KNOWL ORGAN	0.585	81.00	54.00	0.07	3.00	3.00	−25.30
LAW LIBR J	0.475	123.00	40.00	0.03	3.00	3.00	−73.85
LIBR RESOUR TECH SER	0.452	83.00	38.00	0.05	3.00	4.00	−43.48
LIBRI	0.175	58.00	36.00	0.06	3.00	3.00	−17.41
MALAYS J LIBR INF SC	0.238	42.00	21.00	0.05	3.00	3.00	−15.60
REF USER SERV Q	0.233	293.00	32.00	0.01	3.00	4.00	−254.03
RESTAURATOR	0.212	37.00	19.00	0.05	3.00	3.00	−13.90
AUST LIBR J	0.14	244.00	21.00	0.01	2.00	3.00	−218.23
DATA BASE ADV INF SY	0.586	35.00	24.00	0.07	2.00	3.00	−1.12
INFORM RES	0.37	217.00	17.00	0.01	2.00	2.00	−186.32
INFORM SOC−ESTUD	0.082	97.00	10.00	0.01	2.00	2.00	−84.66
J GLOB INF MANAG	0.424	33.00	30.00	0.09	2.00	3.00	−1.45
J SCHOLARLY PUBL	0.267	67.00	23.00	0.03	2.00	2.00	−35.03

续表

期刊名缩写	影响因子	P	C	CPP	H 指数	g 指数	学术迹值
LIBR COLLECT ACQUIS	0.231	36.00	12.00	0.03	2.00	2.00	−20.58
SCIENTIST	0.505	489.00	22.00	0.00	2.00	3.00	−457.25
TRANSINFORMACAO	0.095	42.00	8.00	0.02	2.00	2.00	−28.48
Z BIBL BIBL	0.023	106.00	9.00	0.01	2.00	2.00	−92.30
AFR J LIBR ARCH INFO	0.038	32.00	2.00	0.01	1.00	1.00	−29.03
CAN J INFORM LIB SCI	0.167	24.00	6.00	0.03	1.00	1.00	−14.04
ECONTENT	0.016	233.00	1.00	0.00	1.00	1.00	−230.00
INF TARSAD	0.045	57.00	1.00	0.00	1.00	1.00	−54.02
INVESTIG BIBLIOTECOL	0.104	70.00	9.00	0.01	1.00	2.00	−57.05
LIBR INFORM SC	0.278	18.00	1.00	0.01	1.00	1.00	−15.06

表 5.2　79 种期刊的相关数据（2009～2013 年）

期刊名缩写	五年影响因子	P	C	CPP	H 指数	g 指数	学术迹值
MIS QUART	8.49	279.00	6084.00	2.18	43.00	62.00	1038.26
J AM MED INFORM ASSN	3.866	871.00	10276.00	1.18	42.00	58.00	1035.74
J AM SOC INF SCI TEC	2.302	1134.00	8476.00	0.75	38.00	54.00	923.20
J INFORMETR	2.932	353.00	4064.00	1.15	30.00	45.00	589.72
SCIENTOMETRICS	2.316	1180.00	8943.00	0.76	29.00	44.00	1044.97
INFORM SYST RES	3.756	278.00	2986.00	1.07	27.00	38.00	440.34
INFORM MANAGE–AMSTER	3.105	240.00	2460.00	1.02	25.00	34.00	361.87
J HEALTH COMMUN	2.382	595.00	3925.00	0.66	25.00	34.00	468.90
INT J INFORM MANAGE	2.432	426.00	2556.00	0.60	24.00	33.00	291.68
GOV INFORM Q	2.453	402.00	2376.00	0.59	23.00	32.00	290.97
INT J GEOGR INF SCI	2.212	553.00	3284.00	0.59	23.00	32.00	428.25
J COMPUT–MEDIAT COMM	3.799	176.00	2238.00	1.27	23.00	37.00	409.50
J MANAGE INFORM SYST	3.071	226.00	1816.00	0.80	22.00	30.00	282.27
EUR J INFORM SYST	2.445	240.00	1581.00	0.66	19.00	26.00	268.05
J ASSOC INF SYST	2.684	167.00	1210.00	0.72	19.00	24.00	220.24

续表

期刊名缩写	五年影响因子	P	C	CPP	H指数	g指数	学术迹值
J KNOWL MANAG	1.899	303.00	2257.00	0.74	19.00	27.00	318.44
TELECOMMUN POLICY	1.685	404.00	1906.00	0.47	19.00	25.00	266.64
J INF SCI	1.514	254.00	1319.00	0.52	17.00	24.00	227.08
J STRATEGIC INF SYST	3.388	127.00	1004.00	0.79	17.00	24.00	175.40
INFORM PROCESS MANAG	1.469	363.00	1718.00	0.47	16.00	24.00	279.09
INFORM SYST J	2.566	142.00	1005.00	0.71	16.00	23.00	166.96
INT J COMP–SUPP COLL	2.606	125.00	1010.00	0.81	16.00	23.00	173.94
LIBR INFORM SCI RES	1.545	217.00	983.00	0.45	16.00	21.00	145.23
ONLINE INFORM REV	1.223	488.00	1236.00	0.25	16.00	21.00	1.27
SOC SCI COMPUT REV	1.889	198.00	1035.00	0.52	16.00	23.00	191.59
J INF TECHNOL	5.348	163.00	986.00	0.60	15.00	24.00	183.87
J MED LIBR ASSOC	0.959	422.00	898.00	0.21	14.00	18.00	12.34
RES EVALUAT	1.266	188.00	816.00	0.43	14.00	17.00	141.76
J DOC	1.019	311.00	945.00	0.30	13.00	17.00	73.68
ELECTRON LIBR	0.626	477.00	720.00	0.15	11.00	14.00	−56.73
HEALTH INFO LIBR J	1.118	220.00	792.00	0.36	11.00	20.00	168.75
INFORM ORGAN–UK	1.985	60.00	421.00	0.70	11.00	16.00	94.79
INFORM SOC	1.455	213.00	644.00	0.30	11.00	17.00	44.64
LIBR HI TECH	0.7	298.00	540.00	0.18	11.00	13.00	29.26
MIS Q EXEC	1.952	101.00	460.00	0.46	11.00	16.00	81.30
ASLIB PROC	0.807	196.00	541.00	0.28	10.00	16.00	96.19
COLL RES LIBR	1.173	374.00	568.00	0.15	10.00	15.00	−91.81
J ACAD LIBR	0.796	601.00	766.00	0.13	10.00	14.00	−129.92
KNOWL MAN RES PRACT	0.902	183.00	550.00	0.30	10.00	14.00	81.41
LEARN PUBL	1.007	294.00	568.00	0.19	10.00	16.00	9.98
ETHICS INF TECHNOL	1.118	150.00	469.00	0.31	9.00	14.00	76.78
PROF INFORM	0.31	426.00	449.00	0.11	9.00	10.00	−48.12
REV ESP DOC CIENT	0.629	181.00	271.00	0.15	9.00	10.00	23.03
INFORM TECHNOL PEOPL	1.209	102.00	359.00	0.35	8.00	11.00	65.75

期刊名缩写	五年影响因子	P	C	CPP	H 指数	g 指数	学术迹值
PORTAL–LIBR ACAD	0.795	204.00	291.00	0.14	8.00	11.00	−23.75
DATA BASE ADV INF SY	0.764	103.00	218.00	0.21	7.00	10.00	38.86
INFORM TECHNOL DEV	0.777	118.00	300.00	0.25	7.00	11.00	59.27
J GLOB INF MANAG	0.59	79.00	187.00	0.24	7.00	9.00	31.38
J LIBR INF SCI	0.696	214.00	221.00	0.10	7.00	10.00	−65.49
LAW LIBR J	0.546	305.00	234.00	0.08	7.00	8.00	−123.85
LIBR QUART	0.642	194.00	228.00	0.12	7.00	9.00	−53.01
LIBR TRENDS	0.398	223.00	279.00	0.13	7.00	9.00	12.12
PROGRAM–ELECTRON LIB	0.715	198.00	274.00	0.14	7.00	9.00	−24.46
SOC SCI INFORM	0.473	157.00	314.00	0.20	7.00	9.00	37.46
AUST ACAD RES LIBR	0.452	242.00	172.00	0.07	6.00	7.00	−116.45
INFORM TECHNOL LIBR	0.216	153.00	190.00	0.12	6.00	8.00	−7.99
LIBR RESOUR TECH SER	0.523	183.00	199.00	0.11	6.00	8.00	−39.42
MALAYS J LIBR INF SC	0.455	112.00	162.00	0.14	6.00	7.00	3.07
REF USER SERV Q	0.375	760.00	199.00	0.03	6.00	7.00	−578.51
SERIALS REV	0.544	262.00	242.00	0.09	6.00	9.00	−90.59
INFORM DEV	0.405	113.00	112.00	0.10	5.00	7.00	−22.42
J SCHOLARLY PUBL	0.33	172.00	142.00	0.08	5.00	8.00	−53.19
KNOWL ORGAN	0.49	192.00	187.00	0.10	5.00	6.00	−24.64
LIBR COLLECT ACQUIS	0.552	120.00	129.00	0.11	5.00	9.00	−27.78
LIBRI	0.23	143.00	156.00	0.11	5.00	5.00	4.11
RESTAURATOR	0.247	89.00	91.00	0.10	5.00	5.00	−0.51
AUST LIBR J	0.149	589.00	87.00	0.01	4.00	6.00	−496.97
CAN J INFORM LIB SCI	0.371	90.00	66.00	0.07	4.00	5.00	−27.64
SCIENTIST	0.325	1414.00	184.00	0.01	4.00	7.00	−1198.62
AFR J LIBR ARCH INFO	0.059	74.00	36.00	0.05	3.00	4.00	−36.64
INFORM CULT	0.35	43.00	34.00	0.08	3.00	4.00	−13.28
INFORM RES	0.633	468.00	89.00	0.02	3.00	6.00	−355.28
INVESTIG BIBLIOTECOL	0.225	169.00	47.00	0.03	3.00	4.00	−111.69

期刊名缩写	五年影响因子	P	C	CPP	H 指数	g 指数	学术迹值
ECONTENT	0.041	671.00	22.00	0.00	2.00	2.00	−634.33
INFORM SOC–ESTUD	0.109	193.00	30.00	0.02	2.00	3.00	−154.31
LIBR INFORM SC	0.173	52.00	12.00	0.02	2.00	2.00	−35.12
TRANSINFORMACAO	0.094	100.00	25.00	0.03	2.00	2.00	−65.84
Z BIBL BIBL	0.038	290.00	24.00	0.01	2.00	2.00	−257.37
INF TARSAD	0.03	136.00	5.00	0.00	1.00	1.00	−125.87

2. 结果与讨论

利用 Excel 分别对表 5.1 和表 5.2 中 79 种期刊的影响因子与期刊 H 指数（2012～2013 年）、五年影响因子与期刊 H 指数（2009～2013 年）的相关性进行分析，如图 5.1 和图 5.2 所示，两对期刊评价指标在散点图中表现出一定的相关关系。

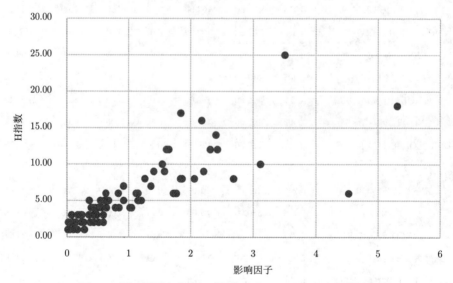

图 5.1　影响因子与期刊 H 指数（2012～2013 年）的散点图

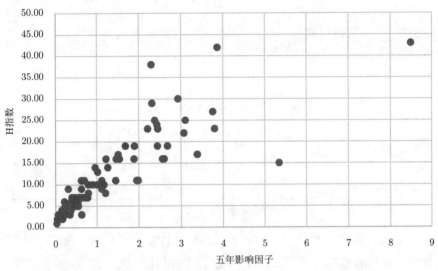

图 5.2　五年影响因子与期刊 H 指数（2009～2013 年）的散点图

为了更精确地分析期刊 H 指数与其他期刊评价指标之间的相关关系，用 SPSS 计算表 5.1 和表 5.2 中相关指标的 Spearman 相关系数，结果分别如表 5.3 和表 5.4 所示。在矩阵中，影响因子与相应 H 指数、五年影响因子与相应 H 指数均表现出强相关性。由此可见，期刊 H 指数与影响因子之间存在统计学相关，用于期刊评价具有一定有效性。另外，g 指数、学术迹值也与 H 指数有很强的相关性，这说明这些指标在期刊评价中有类似的效用。

表 5.3　期刊 H 指数与其他指标全息相关矩阵（2012～2013 年）

	影响因子	P	C	CPP	H 指数	g 指数	学术迹值
影响因子	1	0.258[*]	0.906[**]	0.924[**]	0.911[**]	0.925[**]	0.810[**]
P	0.258[*]	1	0.460[**]	0.145	0.419[**]	0.399[**]	0.015
C	0.906[**]	0.460[**]	1	0.923[**]	0.978[**]	0.976[**]	0.805[**]
CPP	0.924[**]	0.145	0.923[**]	1	0.924[**]	0.939[**]	0.921[**]
H 指数	0.911[**]	0.419[**]	0.978[**]	0.924[**]	1	0.973[**]	0.802[**]
g 指数	0.925[**]	0.399[**]	0.976[**]	0.939[**]	0.973[**]	1	0.824[**]
学术迹值	0.810[**]	0.015	0.805[**]	0.921[**]	0.802[**]	0.824[**]	1

** 表示在 0.01 水平上显著相关；* 表示在 0.05 水平上显著相关。

表 5.4　期刊 H 指数与其他指标全息相关矩阵（2009～2013 年）

	五年影响因子	P	C	CPP	H 指数	g 指数	学术迹值
五年影响因子	1	0.227[*]	0.917[**]	0.951[**]	0.935[**]	0.950[**]	0.858[**]
P	0.227[*]	1	0.466[**]	0.132	0.401[**]	0.392[**]	0.08
C	0.917[**]	0.466[**]	1	0.920[**]	0.989[**]	0.985[**]	0.860[**]
CPP	0.951[**]	0.132	0.920[**]	1	0.944[**]	0.947[**]	0.944[**]
H 指数	0.935[**]	.401[**]	0.989[**]	0.944[**]	1	0.989[**]	0.883[**]
g 指数	0.950[**]	0.392[**]	0.985[**]	0.947[**]	0.989[**]	1	0.886[**]
学术迹值	0.858[**]	0.08	0.860[**]	0.944[**]	0.883[**]	0.886[**]	1

** 表示在 0.01 水平上显著相关；* 表示在 0.05 水平上显著相关。

综上所述，期刊 H 指数与影响因子及其衍生计量指标存在较强的相关关系，用于期刊评价的有效性得到相互验证，因此，期刊 H 指数为期刊评价提供又一简单而有效的测度方法。在利用期刊 H 指数进行评价时，应注意发文窗口的范围，以保证计量指标之间测度范围的一致性。在利用 H 指数进行评价时，也应参考其他计量指标，有利于对期刊进行综合评价。

5.2　论著 H 型指数测评

论著可看成一篇论文或一部图书等，科研工作者的科研成果大多体现在具体的论著里，因此，针对单篇论著的学术评价具有重要意义。徐宾（2014）在传统 H 指数基础之上提出图书馆图书的改进 H 指数。王术和叶鹰（2014）通过影响矩指标测度单篇论著的影响力。唐继瑞和叶鹰（2015）将学术迹和影响矩指标应用于单篇论著的评价并进行比较分析。本书将以期刊论文为例，探讨单篇论文的 H 指数、g 指数、学术迹值(Ye and Leydesdorff, 2014)等指标，并进行对比分析。

1. 方法与数据

将 H 指数概念推广到论著，可以定义单篇论著的 H 指数是该论著的施引文献中至多 h 篇且至少被引用 h 次。g 指数、学术迹值(Ye and Leydesdorff, 2014)等指标也可以类似地推广到评价单篇论著，定义单篇论著的 g 指数是该论著的施引文献中至多 g 篇被累积引用了至少 g^2 次，唐继瑞和叶鹰（2015）对单篇论著的学术迹进行定义和测度。

原始数据主要采集于 WoS 数据库，具体操作如下：

（1）进入 WoS 数据库，选择"Publication Name"检索途径，输入"MIS QUART"检索得到 2005～2014 年所收录的 488 篇论文，从中挑选出被引频次最高的前 25 篇为研究对象，如表 5.5 所示。

表 5.5　MIS QUART 期刊高被引论文列表（2005～2014 年）

序号	论文标题	发表时间	收录号
1	Why should I share? Examining social capital and knowledge contribution in electronic networks of practice	2005	WOS:000227199900003
2	Behavioral intention formation in knowledge sharing: Examining the roles of extrinsic motivators, social-psychological forces, and organizational climate	2005	WOS:000227199900005
3	Contributing knowledge to electronic knowledge repositories: An empirical investigation	2005	WOS:000227199900006
4	Specifying formative constructs in information systems research	2007	WOS:000251201700002
5	Assimilation of enterprise systems: The effect of institutional pressures and the mediating role of top management	2007	WOS:000244601400005
6	The nature of theory in information systems	2006	WOS:000240289900004
7	Understanding and predicting electronic commerce adoption: An extension of the theory of planned behavior	2006	WOS:000235602600007
8	Firm performance impacts of digitally enabled supply chain integration capabilities	2006	WOS:000237883600003
9	Understanding and mitigating uncertainty in online exchange relationships: A principal-agent perspective	2007	WOS:000244601400007
10	A comprehensive conceptualization of post-adoptive behaviors associated with information technology enabled work systems	2005	WOS:000231790400007
11	Using pls path modeling for assessing hierarchical construct models: guidelines and empirical illustration	2009	WOS:000263650300012
12	Antecedents of knowledge transfer from consultants to clients in enterprise system implementations	2005	WOS:000227199900004
13	Review: A review of culture in information systems research: Toward a theory of information technology culture conflict	2006	WOS:000237883600009
14	A multilevel model of resistance to information technology implementation	2005	WOS:000231790400005

序号	论文标题	发表时间	收录号
15	Information technology and the performance of the customer service process: A resource-based analysis	2005	WOS:000233733800004
16	Absorptive capacity configurations in supply chains: Gearing for partner-enabled market knowledge creation	2005	WOS:000227199900007
17	The emergence of boundary spanning competence in practice implications for implementation and use of information systems	2005	WOS:000229363000008
18	How habit limits the predictive power of intention: The case of information systems continuance	2007	WOS:000251201700005
19	Information technology relatedness, knowledge management capability, and performance of multibusiness firms	2005	WOS:000229363000007
20	The transformation of open source software	2006	WOS:000240289900002
21	Consumer acceptance and use of information technology: extending the unified theory of acceptance and use of technology	2012	WOS:000300480200011
22	Media, tasks, and communication processes: A theory of media synchronicity	2008	WOS:000258859700007
23	The role of espoused national cultural values in technology acceptance	2006	WOS:000240289900007
24	What happens after ERP implementation: Understanding the impact of interdependence and differentiation on plant-level outcomes	2005	WOS:000231790400008
25	The effects of personalization and familiarity on trust and adoption of recommendation agents	2006	WOS:000242512400008

（2）在初次检索的基础上，通过链接获得以上 25 篇论文的被引数据，选择生成引文报告，获得每篇论文的施引论文篇数 P、施引论文的被引次数 C、施引论文的篇均被引次数 CPP 和 H 指数。

（3）利用步骤（2）中得到的数据，通过自编程序提取每一条记录中的被引频次，计算每篇论文的 g 指数。

（4）利用自编程序，提取每条全记录数据的被引频次，计算每篇论文的被引论文数 P、被引论文的 H 指数 h、被引论文的总被引次数 C、被引论文中零被引论文数 P_z、H 核中论文被引数 C_h，最后利用学术迹公式 $T = \dfrac{h^4 + (C_h - h^2)^2}{C} +$

$$\frac{(P-h-P_z)^2 - P_z^2}{P}$$ 计算单篇论著的学术迹值。

通过以上各步的处理和计算，构成如表 5.6 所示单篇论著的相关指标排名比较表。

表 5.6　25 篇高被引论文相关指标列表

序号	P	C	CPP	H 指数	g 指数	学术迹值
1	781	7735	0.99	41	69	1196.69
2	675	6580	0.97	34	66	1154.48
3	509	5001	0.98	29	58	978.41
4	440	4184	0.95	32	52	713.23
5	422	3025	0.72	26	43	458.85
6	341	2014	0.59	22	37	375.91
7	335	3706	1.11	29	53	833.18
8	308	3757	1.22	30	54	899.96
9	282	1820	0.65	22	32	267.66
10	273	3888	1.42	32	57	1091.55
11	258	1029	0.4	14	25	152.60
12	253	2752	1.09	24	47	711.06
13	215	1497	0.7	20	33	298.77
14	212	2468	1.16	25	44	612.42
15	203	2629	1.3	25	45	618.65
16	195	2920	1.5	23	49	879.29
17	197	1514	0.77	21	33	299.15
18	199	1652	0.83	22	35	347.81
19	167	1400	0.84	21	32	302.84
20	168	939	0.56	15	24	170.82
21	162	200	0.12	6	8	−27.23
22	154	574	0.37	12	18	109.00
23	154	1134	0.74	18	30	267.75
24	151	2065	1.37	20	43	777.52
25	148	1282	0.87	18	29	236.67

2. 结果与讨论

对表 5.6 的相关指标进行相关分析，得到表 5.7。

表 5.7　25 篇高被引论文的相关指标值之间的 Spearman 相关关系

	P	C	CPP	H 指数	g 指数	学术迹值
P	1	0.780**	0.155	0.799**	0.717**	0.616**
C	0.780**	1	0.696**	0.970**	0.979**	0.949**
CPP	0.155	0.696**	1	0.651**	0.766**	0.816**
H 指数	0.799**	0.970**	0.651**	1	0.948**	0.901**
g 指数	0.717**	0.979**	0.766**	0.948**	1	0.981**
学术迹值	0.616**	0.949**	0.816**	0.901**	0.981**	1

** 表示在置信度（双测）为 0.01 时，相关性是显著的；* 表示在置信度（双测）为 0.05 时，相关性是显著的。

从表 5.7 可以看出，25 项高被引论文的 H 指数与施引论文数 P、施引论文的被引次数 C、g 指数和学术迹值在置信度（双侧）为 0.01 时，Spearman 相关性是显著的。

在测量单篇论著的学术影响力时，学术迹值综合考察单篇论著的施引文献数量与质量。作为新近发展的学术评价指标，与纯粹被引数和 H 指数等相比，学术迹值体现出作为独立指标存在的必要性，也表现与已有指标的相关性，可望为后续研究提供参考。

5.3　专利 H 型指数测评

官建成等（2008）提出专利 H 指数的概念，该定义主要侧重于某领域的专利权人测度。将 H 指数概念推广到专利，可以定义专利的 H 指数是该专利的施引专利中至多 h 项至少被引用 h 次。g 指数、学术迹值(Ye and Leydesdorff, 2014)等指标也可以类似地推广到评价专利，定义专利的 g 指数是该专利的施引专利中至多 g 项被累积引用至少 g^2 次，专利的学术迹值可参考单篇论著的学术迹（唐继瑞和叶鹰，2015）。本书将针对每一项专利，测度单项专利的 H 指数、g 指数、学术迹值(Ye and Leydesdorff, 2014)等指标，并进行对比分析。

1. 方法与数据

原始数据主要采集于 DII 数据库，具体操作如下：

（1）参考相关文献，拟订检索式

MAN=W02-C03C1H OR (TS=(mobile phone OR mobile communication) AND TS=(IMT-Advanced OR LTE-Advanced OR Wireless Man-Advanced OR Wimax OR IEEE 802.16m))。

（2）登录 DII 数据库，通过高级检索途径，输入步骤（1）中的检索式，不限定时间范围，共检索出 7963 条专利数据。从中挑选出施引专利频次排前 25 的专利，如表 5.8 所列。

表 5.8　4G 通信领域施引专利频次排前 25 的专利

序号	专利名
1	System for optimizing e.g. network resource in e.g. intranet, has local proxy provided on mobile phone device, where normalized version of identifier is associated with cached elements stored in local cache for future identification
2	Wireless end-user device e.g. smart phone used e.g. long term evolution network, has traffic flow associated with service activity is determined, so that policy instructions are applied to wireless access network service usage
3	System for optimizing resources in mobile network, has local proxy and proxy server that communicate client-side and server-side parameters to formulate policy for traffic control, where policy is dynamically adjustable in real-time
4	Gateway e.g. offload gateway, for use in third generation Universal Mobile Telecommunications System network, has call localization module changing information of packets received in one of call sessions to localize session at gateway
5	Aggregated radio environment measurements reporting method for wireless communication system e.g. long-term evolution system, involves aggregating stored radio environment measurements, and reporting environment measurements to network
6	Method for delivering cached information in wireless radio access network (RAN), involves determining whether requested content is stored in storage element and transmitting content to primary component using interface module
7	Wireless service usage and service node migration managing method for wireless communication system in e.g. wireless communication network, involves transferring information associated with charging session to new wireless service node
8	Gateway for e.g. satellite communications system, has digital signal processor for providing transcoding to media streams, where inline service monitors feedback received from mobile node, and manages transcoding

续表

序号	专利名
9	Method for partitioning communication signals in broadband wireless access network involves transmitting one sub-frame during pre-designated downlink transmission and transmitting another sub-frame during pre-designated uplink transmission
10	Client application and remote network service communications managing method for use in e.g. personal desktop assistant, involves forwarding each of multiple incoming reply communications to executing client application
11	Relay synchronization amble sequence constructing and broadcasting method for use in worldwide interoperability for microwave access wireless cellular network, involves transmitting relay resynchronization amble sequence
12	Quality of service providing method, involves receiving control signaling messages for service from subscriber station at network device, where device is in signaling path for station that communicates via wireless network
13	Bluetooth transceiver and worldwide interoperability for microwave access transceiver coexistence achieving method for use in e.g. cellular telephone, involves receiving synchronization signal by Bluetooth transceiver
14	Computer mouse apparatus, has displacement sensors, electronics and software associated with function of sensors, and wired or wireless connection provided to host device, and button to select icons or graphical user interface
15	Seamless roaming method for dual mode WiMax/Wi-Fi stations involves utilizing single mobile identifier corresponding to mobile station in first and second link layer connections
16	Communication infrastructure for e.g. internet, has multi-path management software and device subdriver controlling switching of pathway at instance of time from high interference pathway to lowest interference pathway
17	Radio access network operating method for wireless telecommunication system e.g. advance mobile phone service system, involves utilizing neighbor data structure having information of neighboring cells to build neighbor list
18	Sponsored content delivery method for mobile communication devices e.g. mobile phone, involves matching bid with mobile communication facility for selecting sponsored content item to transmit to mobile communication facility
19	Data packet structure for e.g. global system for mobile communication, has data packet header with indicator indicating whether or not data packet payload begins and ends with protocol data unit being fragment of service data unit
20	Gaming system for e.g. gambling, has processor in communication with gaming communication device, to generate alert comprising information associated with gaming activity, in response to recognition of event
21	Call setup triggered push content provision method for e.g. personal computer, involves applying application logic based on call parameter for determining receiving party and corresponding push content details of receiving party

序号	专利名
22	Handoff controller operating method, involves establishing communication session between mobile user of mobile handset and network, and reconnecting mobile user of mobile handset and fixed user
23	Radio frequency identification system in supply chain and payment system, has read range control circuit, to modify read range of antenna based on radio frequency signal received from antennas
24	Base station position determining method for use in e.g. Bluetooth, involves transmitting position information to calibration server that compares information with base station almanac information
25	Telecommunications system e.g. unlicensed mobile access-based system for voice transmission, encodes communication into voice over internet protocol before transmission, when communication path comprises wireless local area network

（3）在步骤（2）中检索结果的基础上，追踪每项专利的施引专利，可以得到每项专利对应的施引专利的被引数据。因 DII 数据库不能导出各专利的施引专利数，需要设计一个简单的爬虫，爬取每项专利的施引专利数。

（4）利用步骤（3）中提取每项专利所对应施引专利的被引频次，计算每项专利的施引专利数 P、施引专利的总被引次数 C、单项施引专利的被引频次 CPP、施引专利中零被引专利数 P_z、施引专利的 H 指数、H 核中专利被引数 C_h，最后利用学术迹值公式 $T = \dfrac{h^4 + (C_h - h^2)^2}{C} + \dfrac{(P - h - P_z)^2 - P_z^2}{P}$ 计算每项专利的学术迹值。

经过以上各步的处理和计算，得到表 5.9。

表 5.9　4G 通信领域 25 项高被引专利相关指标

序号	P	C	CPP	H 指数	g 指数	学术迹值
1	38	733	1.93	17	26	263.69
2	50	122	0.24	6	9	39.46
3	46	902	1.96	19	29	323.64
4	40	26	0.07	3	4	−16.77
5	38	56	0.15	5	5	14.21
6	34	76	0.22	6	7	17.98
7	38	83	0.22	4	7	26.29
8	61	144	0.24	8	10	29.94
9	50	138	0.28	7	8	30.00

序号	P	C	CPP	H 指数	g 指数	学术迹值
10	44	790	1.80	18	27	282.03
11	42	147	0.35	6	9	33.39
12	37	111	0.30	6	7	38.89
13	37	77	0.21	6	6	21.35
14	43	47	0.11	4	5	0.46
15	47	133	0.28	6	7	26.05
16	37	179	0.48	5	12	69.87
17	76	458	0.60	12	18	114.89
18	58	184	0.32	8	10	30.28
19	47	152	0.32	7	9	30.61
20	60	548	0.91	13	21	149.89
21	51	132	0.26	7	9	21.20
22	42	274	0.65	10	15	88.17
23	35	115	0.33	7	9	23.11
24	76	415	0.55	10	18	116.10
25	91	239	0.26	7	11	34.28

2. 结果与讨论

对表 5.9 中的相关指标进行 Spearman 相关关系得到表 5.10。

从表 5.10 可以看出，4G 通信领域 25 项高被引专利的 H 指数与施引专利的被引次数(C)、施引专利的单项被引次数 CPP、g 指数和学术迹值在置信度（双侧）为 0.01 时，Spearman 相关性是显著的。

表 5.10　4G 通信领域 25 项高被引专利相关指标的 Spearman 相关关系

	P	C	CPP	H 指数	g 指数	学术迹值
P	1	0.489[*]	0.191	0.476[*]	0.430[*]	0.317
C	0.489[*]	1	0.909[**]	0.878[**]	0.964[**]	0.906[**]
CPP	0.191	0.909[**]	1	0.809[**]	0.892[**]	0.886[**]
H 指数	0.476[*]	0.878[**]	0.809[**]	1	0.877[**]	0.750[**]
g 指数	0.430[*]	0.964[**]	0.892[**]	0.877[**]	1	0.898[**]
学术迹值	0.317	0.906[**]	0.886[**]	0.750[**]	0.898[**]	1

[**] 表示在置信度（双测）为 0.01 时，相关性是显著的；[*] 表示在置信度（双测）为 0.05 时，相关性是显著的。

综上所述，专利的 H 指数与施引专利的被引次数 C、施引专利的单项被引次数 CPP、g 指数和学术迹值在 4G 通信领域高被引专利的评价上具有类似的效果。

参 考 文 献

官建成, 高霞, 徐念龙. (2008). 运用 h-指数评价专利质量与国际比较. 科学学研究, 26(5), 932-937.

姜春林.(2007). 期刊 H 指数与影响因子之间关系的案例研究. 科技进步与对策, 24(9): 78-80.

姜春林, 刘则渊, 梁永霞.(2006). H 指数和 G 指数——期刊学术影响力评价的新指标. 图书情报工作, 50(12): 63-65,104.

唐继瑞, 叶鹰. (2015). 单篇论著学术迹与影响矩比较研究. 中国图书馆学报, 41(2), 4-16.

王术, 叶鹰. (2014). 影响矩作为测度单篇论著影响力的评价指标探讨. 大学图书馆学报, (5), 12-18.

王新.(2014). 学科期刊 h-index, IF_5 和 h_{Tci}-median 实证评析. 图书情报工作, (06):105-112.

王一华.(2011). 基于 IF(JCR)、IF(Scopus)、H 指数、SJR 值、SNIP 值的期刊评价研究. 图书情报工作, (16):144-148.

徐宾. (2014). 图书馆图书 H 指数的研究. 情报学报, 33(8), 892-896.

俞立平.(2015). 学术期刊 H 指数的时间演变规律研究. 情报杂志, (1):96-99.

Bar-Ilan J. (2008). Which h-index? A comparison of WoS, Scopus and Google Scholar. Scientometrics, 74(2): 257-271.

Braun T, Glänzel W, Schubert A. (2006). A Hirsch-type index for journals. Scientometrics, 69(1): 169-173.

Iglesias J E, Percharroman C. (2007). Scaling the h-index for different scientific ISI fields. Scientometrics, 73(3): 303-320.

Schubert A, Glänzel W. (2007). A systematic analysis of Hirsch-type indices for journals. Journal of Informetrics, 1(2): 179-184.

Ye F Y, Leydesdorff L. (2014). The "academic trace" of the performance matrix: A mathematical synthesis of the h‐index and the integrated impact indicator (I3). Journal of the Association for Information Science and Technology, 65(4), 742-750.

第6章
特殊对象 H 型指数测评

6.1 科学基金 H 型指数测评

科学基金是促进国家科技创新的重要资源，因而对科学基金的绩效进行科学评价具有重要意义（国家自然科学基金委员会，2006）。目前对科学基金绩效评价的主要指标有科学基金论文成果的数量和质量（影响力）等，论文成果的质量（影响力）可用被引次数衡量（Adam, 2002; Moed, 2007; 2008; Goldfarb, 2008），将 H 指数用于科学基金论文成果的数量和影响力的综合评价。以下首先介绍科学基金 H 指数的计算方法，然后通过对 4 种国家级科学基金(包括国家科技计划等，下文统称为国家科学基金)以及 25 个省（自治区、直辖市）自然科学基金进行实证分析，探讨科学基金 H 指数的特点。

6.1.1 科学基金 H 指数

类似于学者个人 H 指数(Hirsch, 2005)，可将科学基金 H 指数定义为：获得某科学基金资助的总计 N 篇论文中，有 h 篇论文的被引次数至少为 h 次，而其余（$N-h$）篇论文的被引次数均小于或等于 h。如某科学基金 H 指数为 50，表示该基金的资助产生 50 篇被引次数不少于 50 次的论文。

科学基金 H 指数计算方法为：从引文数据库获取某一时段某科学基金资助的论文及其被引数据，按论文被引次数降序排列所有论文，按表 6.1 所示方法判定该科学基金的 h 值。

由科学基金 H 指数的计算过程可知，科学基金论文成果数量和表征这些论文影响力的引用次数共同决定 H 指数数值，该数值不仅反映该科学基金资助的论文集合中高被引论文的被引强度，同时也反映达到这一被引强度的高被引论文的数量。

表 6.1　科学基金 H 指数计算过程

序号 i	被引次数	约束条件
1	C_1	$C_1 > C_2$
2	C_2	$C_2 > C_3$
…	…	…
$h-1$	C_{h-1}	$C_{h-1} > C_h$
H	C_h	$C_h \geqslant h$
$h+1$	C_{h+1}	$C_{h+1} < h$
…	…	…
N	C_N	$C_N \leqslant C_{N-1}$

注：论文排列所得序号为 i，N 为该科学基金资助的论文总数（表中为序号最大值），C_i 为对应序号 i 的论文被引次数，对于所有 i，有 $C_i \geqslant C_{i+1}$。

6.1.2　数据处理

选择中国引文数据库(http://ref.cnki.net/ref)作为数据源，该数据库是中国知识基础设施工程（CNKI）的子库，是以基金名作为检索项，并能直接查询出每篇论文的被引频次，适用于科学基金 H 指数的计算（2009 年起，Web of Science 平台增加基金数据，适用于英文论文的科学基金 H 指数研究）。检索期刊范围包含 CNKI 所有收录期刊，引文类型选择来自期刊论文的引用，论文和引文截止时间均为 2008 年 6 月 20 日。具体的检索方法为：检索项选择"被引文献基金名称"，时段选择 2000～2008 年，匹配模式为"精确"，排序按"被引频次"，并以需考察的基金名为检索词进行检索。使用表 6.1 所示方法计算检索结果数据，可得出 4 种国家科学基金 2000～2008 年的 H 指数(表 6.2)。

由表 6.2 可见，用 2000～2008 年的数据计算出的国家自然科学基金 H 指数在 4 种国家科学基金中数值最大。国家自然科学基金资助的研究工作在此时段中产生 140 篇被引频次不少于 140 次的高影响力的中文论文成果，资助成效显著。

按前述方法，统计 25 个省（自治区、直辖市）的省级自然科学基金 2000～2008 年论文成果的数量及这些论文在 2000～2008 年间的被引频次，并计算出 H 指数，如表 6.3 所示为排名前 10 的省份的 H 指数情况。

表 6.2 2000～2008 年部分国家科学基金 H 指数

基金或项目名	科学基金 H 指数
国家自然科学基金	140
863 计划	64
973 计划	55
国家社会科学基金	37

表 6.3 2000～2008 年省级自然科学基金 H 指数排名前 10 的省份

基金所属省市	论文数量 N	有被引论文数 N_C	被引率 R_C	总被引次数 C	篇均被引次数 A_C	有被引论文篇均被引次数 A_{NC}	单篇最高被引次数 M_C	科学基金 H 指数
广东	5949	4318	0.73	28663	4.82	6.64	300	48
浙江	2797	2036	0.73	13931	4.98	6.84	117	37
福建	1976	1432	0.73	9231	4.67	6.45	131	33
湖北	1634	1165	0.71	6981	4.27	5.99	76	31
北京	2159	1426	0.66	7815	3.62	5.48	90	30
江苏	2664	1729	0.65	9521	3.57	5.51	65	30
山东	2473	1592	0.64	9014	3.65	5.66	100	30
河北	1685	1096	0.65	6659	3.95	6.08	99	29
陕西	1783	1192	0.67	6923	3.88	5.81	99	28
安徽	1469	1022	0.67	5547	3.78	5.43	94	26

表 6.3 结果表明：广东省在自然科学基金论文成果的数量、总被引次数、单篇最高被引次数和 H 指数等指标数值均领先于其他省（自治区、直辖市）。

6.1.3 科学基金 H 指数与其他指标的相关关系

科学基金 H 指数的计算方法决定了其数值与基金论文成果数量和被引等指标有内在的联系。下面用 25 个省级自然科学基金的数据来实证探寻这种联系及其特点，表 6.4 是 25 个省级自然科学基金 H 指数 h 与基金论文成果数量和被引指标的均值、标准差和 Pearson 相关分析结果。

表 6.4　省级自然科学基金 H 指数 h 与基金论文成果数量和被引指标的均值、标准差和 Pearson 相关系数矩阵

变量	$\overline{X} \pm S$	1	2	3	4	5	6	7
论文数量 N	1475.12±1205.09							
有被引论文数 N_C	994.64±873.18	0.99**						
被引率 R_C	0.65±0.10	0.28	0.31					
总被引次数 C	5822.32±5838.33	0.99**	0.99**	0.32				
篇均被引次数 A_C	3.61±0.92	0.46*	0.51**	0.91**	0.54**			
有被引论文篇均被引次数 A_{NC}	5.43±0.87	0.54**	0.57**	0.73**	0.60**	0.93**		
单篇最高被引次数 M_C	95.48±63.36	0.68**	0.71**	0.36	0.68**	0.50**	0.54**	
科学基金 H 指数	23.96±9.15	0.91**	0.92**	0.46*	0.90**	0.68**	0.76**	0.68**

** $P<0.01$；* $P<0.05$

　　Vinkler（2007）的研究表明学者个人 H 指数与论文数量相关性不显著，而与论文总被引次数显著相关（$R=0.90$）。van Raan（2006）的研究显示，研究小组 H 指数与论文数量的回归拟合 $R^2=0.49$，而与论文总被引次数的回归拟合 $R^2=0.88$。因此，研究表明：科学基金 H 指数与论文总被引次数的相关性和学者个人以及研究小组的 H 指数与论文总被引次数的相关性类似，但科学基金 H 指数与论文数量的相关性（$R=0.91$，$P<0.01$）远强于前人研究的两种 H 指数与论文数量的相关性。

　　科学基金论文的总被引次数 C 也是反映科学基金绩效的指标之一，总被引次数 C 与论文数量 N 的关系为

$$C = A_C \times N \tag{6.1}$$

式中，A_C 为论文篇均被引次数。

　　由表 6.4 中 A_C 的标准差可知，25 个省级自然科学基金论文的被引率和篇均被引次数差异相对较小，表明各省（自治区、直辖市）的论文成果在平均影响力上差别不大。当各省级自然科学基金论文的 A_C 差异较小时，可近似的将 A_C 视为常数，即有

$$C \propto N \tag{6.2}$$

Hirsch 指出论文总被引次数 C 与学者个人 H 指数有以下关系(Hirsch, 2005)：

$$C = Ah^2 \qquad (6.3)$$

式中，A 为常数。使用本节数据进行拟合可以得到科学基金论文成果总被引次数与科学基金 H 指数的关系式：

$$C = 9.92h^2 \qquad (R^2 = 0.96, F = 525.79, P < 0.01) \qquad (6.4)$$

另外，科学基金论文成果数量 N 与 h^2 之间也存在拟合很好的关系：

$$N = 2.30h^2 \qquad (R^2 = 0.93, F = 297.64, P < 0.01) \qquad (6.5)$$

通过多种不同模型的探索性分析还发现，科学基金 H 指数分别与基金论文成果数量 N 和总被引次数 C 之间存在幂律关系。

$$h = 1.01N^{0.44} \qquad (R^2 = 0.90, F = 213.98, P < 0.01) \qquad (6.6)$$

$$h = 1.00C^{0.37} \qquad (R^2 = 0.98, F = 1292.05, P < 0.01) \qquad (6.7)$$

值得注意的是，式（6.6）和式（6.7）的系数均近似等于 1，即科学基金 H 指数与论文数量 N 以及与总被引次数 C 之间的数量关系实际上是由幂指数决定的。

6.1.4 科学基金 H 指数对论文数量和影响力的代表性分析

由表 6.4 可知：被引率 R_C、篇均被引次数 A_C 以及单篇最高被引次数 M 等指标与科学基金 H 指数的相关性与论文数量 N 和总被引次数 C 相比较弱，且各指标相互之间有一定相关性。为了避免多重共线性，下面采用探索性因子分析寻求与科学基金 H 指数关系相对密切的指标。因子分析有效性采用 KMO 和 Bartlett 球形检验，KMO=0.63>0.6，Bartlett 球形检验达到显著性水平(P <0.01)，两个检验均表明此数据适合因子分析；公共因子采用主成分分析法提取，并对原始因子载荷进行最大方差垂直旋转变换，分析结果如表 6.5 所示。

从表 6.5 可以看出：总的累积方差贡献率 90.79%>80%，因子分析效果良好。综合表 6.4 和表 6.5 的结果，被引率 R_C 和篇均被引次数 A_C 指标同科学基金 H 指数的相关性与其他指标相比有一定差距，而单篇最高被引次数 M 则与科学基金 H 指数有较强关联。这表明获得单篇最高被引次数的论文作为基金论文中的优秀成果，较好地代表高影响力基金论文成果的总体水平。

表 6.5　科学基金 H 指数与其他指标的因子分析

表项	因子 1	因子 2
科学基金 H 指数	0.86	
论文数量 N	0.98	
有被引论文数 N_C	0.97	
总被引次数 C	0.96	
单篇最高被引次数 M	0.73	
被引率 R_C		0.95
篇均被引次数 A_C		0.94
有被引论文篇均被引次数 A_{NC}		0.84
特征根	5.69	1.57
累积方差贡献率	71.11%	90.79%

将表 6.5 中科学基金 H 指数项剔除，使用剩余的指标再进行因子分析，各指标的归属分类不变。将新的两个公共因子命名为因子 1 和因子 2，因子 1 中的论文数量 N 和总被引次数 C 等可作为衡量科学基金论文成果总体数量和影响力的指标；因子 2 中的指标可作为衡量科学基金论文成果平均影响力的指标。计算出这两个新公共因子值并将其作为自变量，利用多元回归可得出因子 1 和因子 2 与科学基金 H 指数的回归系数，如表 6.6 所示。

表 6.6　公共因子值的多元回归结果

表项	科学基金 H 指数	
	标准回归系数	Sig.
因子 1：总体数量和影响力（含 N、N_C、C 和 M）	0.83	0.00
因子 2：平均影响力（含 R、A_C 和 A_{NC}）	0.45	0.00
解释力 R^2	0.889	
F 值	88.25	
显著性水平	$P<0.01$	

由表 6.6 可知，科学基金 H 指数既能表征论文总体的数量和影响力，也能体现论文平均影响力，并且科学基金 H 指数与论文总体数量和影响力的相关性大于

其与平均影响力的相关性。

6.1.5　科学基金 H 指数的不足

应指出的是：在将科学基金 H 指数用于科学基金评价时，还需综合考虑其他因素。如计算出的 2000～2008 年时段内国家社会科学基金 H 指数只有 37，远低于国家自然科学基金 H 指数的 140，甚至比广东省自然科学基金 H 指数的 48 还低。国家社会科学基金论文数量也仅为 1139 篇，远低于国家自然科学基金的 113488 篇和广东省自然科学基金的 5949 篇。我们认为这可能是因为国家社会科学基金有较多成果以专著或研究报告形式的体现，而并不一定发表期刊论文，基金 H 指数不能反映其非期刊论文成果的数量和影响力。

另外，包括 H 指数在内的科学定量评价指标尚有诸多局限性，科学评价还应以同行评议为主，定量评价的结果只能用于参考、辅助或一些同行评议暂时无法进行的领域。不加分析地滥用量化方法，可能会导致很多的问题。

国家级和省级科学基金论文的数据表明：科学基金 H 指数能综合衡量基金论文成果的数量与影响力，H 指数的高低体现了各种基金资助论文成果数量和影响力的差异。科学基金 H 指数还分别与基金论文成果数量和总被引呈幂律关系。

科学基金 H 指数未能反映其非期刊论文成果（如著作、研究报告和专利等），而这类成果的引用各具特点，能否纳入期刊论文一同进行引文分析还需深入研究。而使用 H 指数的评价过程中也应充分注意到定量方法的局限性。

H 指数用于科学基金评价有一定的可行性。今后的研究和应用工作可将科学基金 H 指数用于不同时段、不同类型的科学基金的实证和评价，还可研究各基金的投入资金总额、立项数和平均资助强度等因素对科学基金 H 指数的影响等。使用文献计量学和信息计量学方法研究科学基金已成为领域的一个重要议题（Zhao et al., 2018a；Zhao et al., 2018b）。

6.2　图书馆 H 型指数测评

公共图书馆是图书馆学术研究的重要力量，中国图书馆学会第七届学术研究委员会中有近一半的委员都来自公共图书馆系统(李国新，2006)。出于时代变革的要求，学术研究也成为公共图书馆事业发展的重要推动力(邹琦，2008；钟海珍，2006)。目前对于我国公共图书馆科研工作的研究，以定性探讨为主，定量实证较少。论文是图书馆科研成果的重要表现形式，宋萍曾用 1998～2002 年在图书馆学中文核心期刊发表论文数为指标，研究省级公共图书馆的科研实力，颇具参考价值(宋萍，2003)。但以论文数量作为科研评价指标的合理性近年来备受争议，公共图书馆科研产出的测度应寻求更有效方法。有研究显示，图书馆 H 指数可更好地测评图书馆的科研能力(黄娟等，2009)。此方法在一定程度上弥补了论文数量和被引频次等指标的不足，能综合衡量论文的数量和影响力，并有着激励图书馆进行创新性研究的良好导向。

6.2.1　图书馆 H 指数的含义与计算

本质上，机构的 H 指数都是机构人员贡献的被引构成。图书馆 H 指数实际上是图书馆馆员论文的 H 指数。根据 H 指数的定义(Hirsch,2005)，图书馆馆员论文 H 指数可描述为：某一时段内，某图书馆所属馆员发表的论文集合中，至少有 h 篇论文的被引次数不少于 h 次。以重庆图书馆为例的 H 指数计算方法如表 6.7 所示。

表 6.7　公共图书馆馆员论文 H 指数计算方法——以重庆图书馆为例

序号	论文名（作者）	论文被引频次	判定
1	数字图书馆与人才问题（邵康庆）	18	1<18
2	发展数字化公共图书馆的著作权问题研究（张颖,张力）	8	2<8
3	从学科交叉看情报学发展（曾妍）	8	3<8
4	对网络环境下图书采访工作的思考（严国秀）	6	4<6
5	图书馆未来发展及功能的变迁（林滨）	5	5=5, H 指数为 5
6	论图书馆学与信息学教育的职业取向（高英兰,熊忠华）	4	6>4
7	公共图书特色服务的可持续发展（邵康庆,王祝康）	4	7>4
…	…	…	…

注：此表中数据的收集和计算过程为：进入 CNKI 引文数据库，检索项选择"被引文献作者机构"，关键词为图书馆名（此处应用逻辑"或"包含"重庆图书馆"和"重庆市图书馆"两个检索关键词），范围勾选全部学科，时段选择 1999～2008 年，匹配模式为"模糊"，排序按"被引频次"，检索得出此时段重庆图书馆的作者发表的有被引用过的论文及其被引频次，从而可找出序号 h 值，使得前 h 篇论文被引频次都大于或等于 h，而序号为($h+1$)的论文被引频次小于($h+1$)。使用其他引文数据库进行计算也可按此方法灵活运用。

由表 6.7 可知，对重庆图书馆馆员论文 H 指数有直接贡献的是被引频次最高的 5 篇论文，图书馆馆员论文的 H 指数实际上是由各馆作者发表论文中影响力最大的一批作品所决定。可见，要提高图书馆馆员论文的 H 指数，单是论文数量的累积作用不大。以 1999 年之后重庆图书馆为例,2008 年后该馆新发表论文的被引频次若等于或少于 5,无论数量有多少,都无法改变该馆 1999 年后的 H 指数,而只有在产出被引频次高于 5 的论文时,才有可能提升该馆 H 指数[①]。利用 CNKI 引文数据库和表 1 方法,分别计算 1999～2003 年、2004～2008 年和 1999～2008 年 3 个时段我国 31 个省级公共图书馆(不含港澳台地区)馆员论文的 H 指数,并统计各馆馆员论文的总被引频次。再利用 CNKI 全文数据库获取在此时段内各馆馆员发表论文数量,并用总被引频次除以论文数量得到篇均被引。

6.2.2 省级公共图书馆馆员论文 H 指数的总体情况

将 1999～2008 年各馆馆员的论文数量、总被引频次、篇均被引和 H 指数分别以 P、C、A_C 和 h 表示,1999～2003 年(以下简称为时段 1)的各指标分别用 P_1、C_1、A_{C1} 和 h_1 表示,2004～2008 年(以下简称为时段 2)的各指标为 P_2、C_2、A_{C2} 和 h_2 表示,3 个时段省级公共图书馆馆员论文各指标的代表性结果可列为表 6.8。

表 6.8　1999～2008 年 H 指数前 20 的省级公共图书馆馆员论文相关数据

(按 1999～2008 年 H 指数降序排列)

图书馆名	1999～2008 年				1999～2003 年(时段 1)				2004～2008 年(时段 2)			
	P	C	A_C	h	P_1	C_1	A_{C1}	h_1	P_2	C_2	A_{C2}	h_2
上海图书馆	631	3582	5.68	30	327	2742	8.39	28	304	840	2.76	13
广东省立中山图书馆	372	2174	5.84	23	136	1505	11.07	22	236	669	2.83	12
湖南省图书馆	278	1263	4.54	18	144	928	6.44	14	134	335	2.50	9
天津图书馆	329	986	3.00	15	195	715	3.67	14	134	271	2.02	9
浙江省图书馆	299	730	2.44	14	149	576	3.87	13	150	154	1.03	6
辽宁省图书馆	360	1002	2.78	14	183	752	4.11	13	177	250	1.41	8
黑龙江省图书馆	358	804	2.25	13	178	672	3.78	12	180	132	0.73	6
河南省图书馆	342	649	1.90	12	158	399	2.53	10	184	250	1.36	9
南京图书馆	434	946	2.18	11	203	704	3.47	11	231	242	1.05	7
福建省图书馆	153	502	3.28	11	63	362	5.75	10	90	140	1.56	6

---

① 仅是"有可能"是因为 1999～2008 年期间该馆员发表论文的被引频次也可能随时间推移而增长,并使原来的 H 指数提升,若新发表论文的被引频次不能超过提升后的 H 指数,也不能对该馆的 H 指数增加产生直接贡献。

图书馆名	1999～2008 年				1999～2003 年(时段 1)				2004～2008 年(时段 2)			
	P	C	A_C	h	P_1	C_1	A_{C1}	h_1	P_2	C_2	A_{C2}	h_2
吉林省图书馆	246	461	1.87	10	111	328	2.95	10	135	133	0.99	5
陕西省图书馆	129	279	2.16	9	50	228	4.56	9	79	51	0.65	4
首都图书馆	81	207	2.56	9	52	175	3.37	9	29	32	1.10	3
山西省图书馆	216	430	1.99	9	132	363	2.75	9	84	67	0.80	4
甘肃省图书馆	175	397	2.27	9	95	314	3.31	9	80	83	1.04	5
山东省图书馆	167	252	1.51	8	101	203	2.01	8	66	49	0.74	3
江西省图书馆	181	356	1.97	8	107	257	2.40	8	74	99	1.34	5
安徽省图书馆	147	281	1.91	8	68	177	2.60	7	79	104	1.32	5
湖北省图书馆	76	267	3.51	7	38	211	5.55	7	38	56	1.47	4
贵州省图书馆	114	193	1.69	7	30	132	4.40	5	84	61	0.73	3

注：表中 P、C、A_C 和 h 分别表示论文数量、总被引频次、篇均被引和 H 指数。

1999～2008 年 10 年间，我国省级公共图书馆平均每个图书馆发表被 CNKI 收录的论文 185.68 篇，平均被引频次为 536.26 次，平均篇均被引次数为 2.21 次，平均 H 指数为 9.16，大部分省级公共图书馆的科研参与度较高。由表 6.8 可见，上海图书馆和广东省立中山图书馆等馆具有较高的馆员论文 H 指数。其中上海图书馆 1999～2008 年馆员论文 H 指数为 30，表示该图书馆在此期间共有 30 篇论文被引次数不少于 30 次。另外，该图书馆的论文数量和被引频次也优势明显，显示出较强的科研规模和实力。从数值分布上分析，Kolmogorov-Smirnov 检验表明省级公共图书馆的馆员论文 H 指数总体上服从正态分布（双尾显著性概率为 0.44＞0.05），分布直方图如图 6.1 所示。由该图可见，各图书馆馆员论文的 H 指数较集中的分布于 0～19 之间，馆员论文 H 指数为 8 和 9 的图书馆较多，高值较少。

图 6.2 的地域分析显示，从东部到西部，H 指数均值呈下降趋势，东部和中部差距较小，西部与其他两个区域差距较大。就区域内部而言，东部和西部各图书馆馆员论文的 H 指数差别较大，而中部各图书馆差异相对较小。尽管东部馆员论文 H 指数高的图书馆较多，但中部和西部也有一些图书馆在馆员论文 H 指数上表现良好，如中部的湖南省图书馆馆员论文 H 指数位列所有省级公共图书馆第三，而西部的陕西省图书馆和甘肃省图书馆馆员论文 H 指数也位列所有省级公共图书馆的前半区。

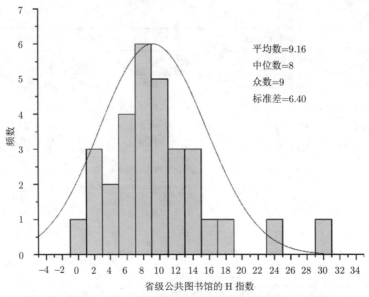

图 6.1　1999～2008 年省级公共图书馆馆员论文 H 指数描述统计

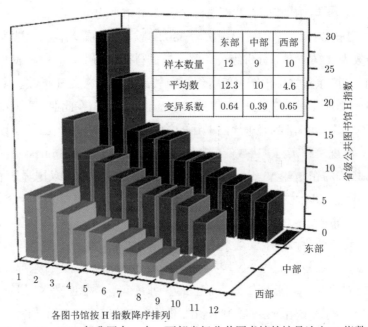

图 6.2　1999～2008 年我国东、中、西部省级公共图书馆的馆员论文 H 指数差异

6.2.3　省级公共图书馆馆员论文 H 指数与其他指标的联系

论文数量 P、被引频次 C 和篇均被引 A_C 都是常用的文献计量指标，分别代表论文集合的规模、影响力和篇均影响力，而 H 指数则由论文集合中高影响力论文所决定。图 6.3 表明，H 指数与其他指标的正相关关系较明显，代表各指标的能力相对较强。这揭示了一个现象：高被引论文多（即馆员论文 H 指数高）的省级公共图书馆，通常也发表更多的论文，这些论文的总体和平均影响力都更强。

1: 论文数量 P	2: 被引频次 C	3: H 篇均被引 A_C	4:H 指数
论文数量 P 相关分析结果：与 c 和 h 较强正相关，与 A_C 较弱正相关。	Adj R^2=0.75	Adj R^2=0.42	Adj R^2=0.80
Adj R^2=0.75	被引频次 C 相关性分析结果：与 P 和 h 较强正相关，与 A_C 也有一定正相关关系。	Adj R^2=0.68	Adj R^2=0.88
Adj R^2=0.42	Adj R^2=0.68	篇均被引 A_C 相关性分析结果：与 P 弱相关，与 C 有一定相关，与 h 相关性较强。	Adj R^2=0.77
Adj R^2=0.80	Adj R^2=0.88	Adj R^2=0.77	H 指数 相关性分析结果：与 P、C 和 A_C 都有较强相关性。

图 6.3　1999～2008 年省级公共图书馆各指标相关程度分析

注：Adj R^2 为修正相关系数；图中椭圆表示置信范围；处于各子图最右上端的两个数据点为上海图书馆和广东省立中山图书馆

经过不同模型的测试和比较，省级公共图书馆馆员论文 H 指数与各指标的拟合关系式为：

$$h = 0.16 P^{0.78} \ (R^2 = 0.80, P < 0.01) \tag{6.8}$$

$$h = 0.42 C^{0.52} \ (R^2 = 0.97, P < 0.01) \tag{6.9}$$

$$h = 4.18 A_C \ (R^2 = 0.77, P < 0.01) \tag{6.10}$$

式（6.8）～式（6.10）说明省级公共图书馆馆员论文 H 指数与各指标间存在拟合优度较高的经验关系，其与论文数量和被引频次为幂律关系，而与篇均被引近似直线关系。图 6.3 和式（6.9）都显示 H 指数与被引频次关系密切，省级公共图书馆的总体影响力与高影响力论文的数量有较强的相关性。这一方面是因为高影响力论文的被引频次是各馆馆员论文总被引频次的重要组成部分，如上海图书馆和广东省立中山图书馆馆员发表的对于 H 指数有直接贡献的 30 篇和 23 篇论文中，数量分别占该图书馆论文的 5% 和 6%，但被引频次所占比例分别高达 49% 和 48%。另一方面，科研实力强的省级公共图书馆影响力与该馆馆员的影响力之间存在相互促进的机制，使得该图书馆馆员的研究受到更多关注并获得更大影响力，进而产生更多的高被引论文。

图 6.3 中还有一个有趣现象，尽管上海图书馆和广东省立中山图书馆的数据点并未过于偏离拟合曲线，但上海图书馆的数据点却常在置信椭圆之外，广东省立中山图书馆的数据点也常在置信椭圆边界附近。这说明以上两个图书馆的指标虽然基本符合整体规律，但数值上与数据集合主体有较大差别，再次体现这两个图书馆在科研产出规模和影响力上的突出优势。

依据各图书馆馆员论文的 P、C、A_C 和 h 等 4 种指标数据采用类平均法进行聚类分析，结果 31 个省级公共图书馆按指标表现被分为三类，其中上海图书馆和广东省立中山图书馆为第一类，湖南省图书馆和天津图书馆等 7 个图书馆为第二类，其余 22 个图书馆为第三类。将聚类分析结果与 H 指数的排序进行比较（图6.4），发现 4 种指标聚类分析结果完全符合 H 指数的排序，即 H 指数前两位的图书馆恰好是第一类，第 3~9 位的图书馆恰好是第二类，其余为第三类。而 3 种其

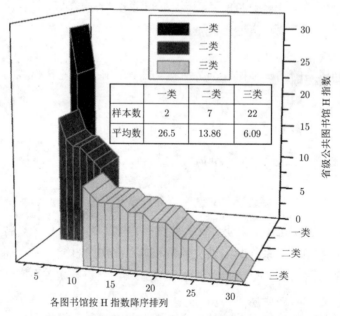

图 6.4　指标类平均法聚类与 H 指数排序结果比较

他指标的排序与聚类分析结果却有一定差异。此结果说明，H 指数的测评颇具代表性，能较好地反映四种指标的综合结果。为比较各图书馆 1999～2003 年和 2004～2008 年两个时段的指标综合变化，采用类平均法对 31 个省级公共图书馆的两个时段数据分别进行聚类分析。结果发现各图书馆在两个时段也都被分为三类，省级公共图书馆的总体科研能力分级态势较稳定。其中，上海图书馆和广东省立中山图书馆在两个时段都共同构成第一类。时段 1 的第二类包含 6 个图书馆，而时段 2 包含 5 个图书馆，湖南省图书馆、南京图书馆、天津图书馆和辽宁省图书馆在两个时段都属于第二类，学术论文成果丰富且影响力较大。河南省图书馆则在 10 年间取得较大的进步，从时段 1 的第三类跃居时段 2 的第二类。

6.2.4　省级公共图书馆与高校图书馆的馆员论文 H 指数比较

高校图书馆也是图书馆学研究的重要力量，前期研究曾探讨高校图书馆馆员论文 H 指数的部分特点(黄娟等，2009)，此处将结合两个研究的数据比较省级公共图书馆馆员论文 H 指数与高校图书馆的差异。

由于数据只包含 31 个省级公共图书馆，而高校图书馆较多，故选取的是前期研究中馆员论文 H 指数最高的 31 个高校图书馆作为样本，并按本节方法和统计时段重新计算各图书馆馆员论文的 H 指数。图 6.5 是 1999～2008 年省

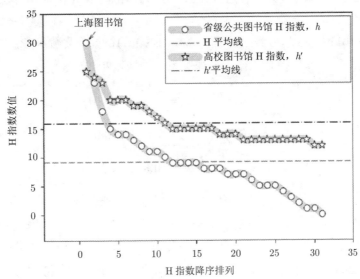

图 6.5　1999～2008 年省级公共图书馆与部分高 H 指数高校图书馆的馆员论文 H 指数比较

级公共图书馆与前述样本高校图书馆的馆员论文 H 指数比较。可见，作为公共图书馆代表的 31 个省级公共图书馆馆员论文 H 指数平均水平要低于 31 个高校图书馆，有 3 个省级公共图书馆的馆员论文 H 指数超过样本高校图书馆的平均线。若将 2 组图书馆馆员论文 H 指数合并再降序排列，前 10 中只有 2 个图书馆属于公共图书馆系统。这可能是因为高校图书馆，特别是部分名校的图书馆在研究上得到所在学校各方面的支撑或合作，而公共图书馆这方面的资源则相对不足。另外，部分经济欠发展地区由于经费和人力资源稀缺等原因，科研投入较少或激励机制缺失，导致 H 指数较低，因此，整体平均数不如样本高校图书馆。当然，在 H 指数峰值上，上海图书馆作为馆员论文 H 指数最高的省级公共图书馆，H 指数也同时明显高于各高校图书馆，表现出出众的高水平学术论文产出能力和创新能力。

之前的研究曾表明，高校图书馆馆员论文 H 指数较高的原因主要有两种：科研队伍整体水平高和少数学术带头人的贡献突出(黄娟等，2009)，但分析了馆员论文 H 指数排名前 10 的公共图书馆馆员后发现，与高校图书馆不同，馆员论文 H 指数较高的省级公共图书馆的学术研究更为"百花齐放"，如上海图书馆和广东省立中山图书馆有多位学者产出多篇高影响力论文，进而对本图书馆的 H 指数做出贡献，显示出活跃的群体科研风气。而其他排名靠前的图书馆也与之相似，对本图书馆的 H 指数做出贡献的论文分别属于多位作者的产出，而并不集中于少数两三人。

如式（6.11）~式（6.13）所示，高校图书馆的馆员论文数量 P、被引频次 C 和篇均被引 A_C 与 h 的拟合规律为幂律关系(黄娟等，2009)。

$$h = 0.61P^{0.55} \ (R^2 = 0.69, P < 0.01) \tag{6.11}$$

$$h = 0.60C^{0.47} \ (R^2 = 0.96, P < 0.01) \tag{6.12}$$

$$h = 4.86aA_C^{1.15} \ (R^2 = 0.35, P < 0.01) \tag{6.13}$$

可见，省级公共图书馆馆员论文的 P、C 与 h 的拟合规律与高校图书馆相似，但式（6.10）显示，省级公共图书馆馆员论文的 A_C 与 h 的经验关系更接近直线而非式（6.13）的幂律关系，这说明省级公共图书馆馆员论文篇均被引的增量与 H 指数增量关系较稳定，粗略而言，篇均被引增加 1 的同时 H 指数也会增加 5。与高校图书馆的数据拟合规律(黄娟等，2009)相似，式（6.8）和式（6.9）的幂指数都在 0～1 之间，表明省级公共图书馆馆员论文数量和总被引频次的增长对于 H 指数增长的贡献也存在"规模效应递减"现象。这说明至少在图书馆馆员论文 H 指数上，"规模效应递减"现象有一定的普适性。前面已论证，单是论文数量的累积对各馆馆员论文 H 指数的提升作用不大。结合此现象则可说明，即使被引频次大量增加，但若增量主要来自新发表的低被引论文的累积，对 H 指数的提升也意义不大。因此，要提升图书馆馆员论文的 H 指数，更重要的是从事超越本馆现有水平的更有影响力的研究。使用 H 指数为评价方法，可激励图书馆加大原创性的研究投入力度，而不是刻意追求论文的数量。

6.2.5　小结

以我国 31 个省级公共图书馆为例的 H 指数表明：上海图书馆和广东省立中山图书馆具有较突出的高水平论文产出能力和学术影响力，湖南省图书馆等馆也具有较高的馆员论文 H 指数，河南省图书馆则在过去 10 年间取得较大进步。省级公共图书馆馆员论文的 H 指数总体呈正态分布，东、西部各图书馆差距较大，而东、中部各图书馆差别较小，1999～2003 年和 2004～2008 年两个时段内各图书馆科研能力分级态势变动不大。省级公共图书馆论文产出分级态势较为稳定。高被引论文多的省级公共图书馆通常发表论文更多，论文的总体数量和平均影响力都更强。与科研实力较强的 31 个高校图书馆相比，省级公共图书馆虽然馆员论文 H 指数平均值相对低，但峰值高。馆员论文 H 指数较高的省级公共图书馆的重要学术成果通常属于多位作者，其研究模式更显"百花齐放"。另外，省级公共图书馆馆员论文 H 指数与篇均被引的同步增长关系也较为明确。图书馆馆员论文 H 指数的测评颇具代表性和综合性，论文数量和总被引频次增长对于 H 指数增长的"规模效应递减"现象也得到验证。使用 H 指数为评价方法，可激励图书馆加大原创性研究的投入力度，而非刻意追求论文数量的增加。

当然，H 指数仅是科研绩效中论文方面的评价参数，论文主要体现基础研究和基础应用研究成果，更全面的科研能力测度还需考虑著作、专利、基金课题和社会影响等因素的影响，实践中应注意将 H 指数与其他方法结合使用。今后的研究可扩展到其他级别公共图书馆或专业图书馆。世界范围内各国公共图书馆科研态势的分布情况，也可通过类似 H 型指数方法和 Web of Science 或 Scopus 等数据库得出。

参 考 文 献

国家自然科学基金委员会.(2006).国家自然科学基金"十一五"发展规划.中国科学基金, (5): 310-320.

黄娟, 赵星, 彭晓东. (2009). 高校图书馆科研能力的 H 指数测度. 图书馆杂志, (12): 46-49.

李国新. (2006). 中国图书馆学会第七届学术研究委员会的组建与工作思路.中国图书馆学报, 32(163): 17-19.

宋萍. (2003). 省级公共图书馆专业研究实力分析. 图书与情报, (4): 58-61.

钟海珍. (2006). 公共图书馆学术研究现状之忧与思. 图书馆论坛, 26(5): 68-70.

邹琦. (2008).公共图书馆学术研究应与实际工作互动. 图书馆, (3): 90-91.

Adam D. (2002). The counting house. Nature, 415(6873): 726-729.

Goldfarb B. (2008). The effect of government contracting on academic research: Does the source of funding affect scientific output? Research Policy, 37(1): 41-58.

Hirsch J E. (2005). An index to quantify an individual's scientific research output. Proceedings of the National Academy of Sciences of the United States of America, 102(46): 16569-16572.

Moed H F. (2007). The future of research evaluation rests with an intelligent combination of advanced metrics and transparent peer review. Science and Public Policy, 34(8): 575-583.

Moed H F. (2008).UK research assessment exercises: Informed judgments on research quality or quantity? Scientometrics, 74(1): 153-161.

van Raan A. (2006). Comparison of the Hirsch-index with standard bibliometric indicators and with peer judgment for 147 chemistry research groups. Scientometrics, 67(3): 491–502.

Vinkler P. (2007). Eminence of scientists in the light of the h-index and other scientometric indicators. Journal of Information Science, 33(4): 481–491.

Zhao S X, Lou W, Tan A M, et al.（2018a）.Do funded papers attract more usage? Scientometrics, 115(1): 153-168.

Zhao S X, Tan A M, et al. (2018b).Analyzing the Research Funding in Physics: the Perspective of Production and Collaboration at institution level. Physica A: Statistical Mechanics and its Applications, 508: 662-674.

第7章
国家 H 测度及其与 GDP 和 R&D 投入 关系研究

Csajbók 等（2007）利用 ESI 的 Highly Cited Papers 数据测算欧洲国家的 H 指数，由于主要国家的论文量 $P>10000$，则不能从 WoS 中直接查取 H 指数（Hirsch, 2005），于是 ESI 的高被引论文（highly cited papers）就成为实查国家 H 指数重要数据源（Csajbók et al., 2007），由此对国家 H 指数及其与 GDP 和 R&D 投入关系展开研究。

7.1 数据与方法

1. 数据

研究数据来源为 ISI 平台的 ESI 数据库、世界银行（The World Bank Group）统计数据等，由于获得的国家 H 指数的计算时间是 2005~2015 年，我们选取位于其中间的 2010 年国家 GDP 值（PPP）和 GERD%（Gross Expenditure on R and D as % of GDP，研发总投入占 GDP 比率）数据作为经济参照。排在前列且数据较完整的 50 个国家或地区具体数据见表 7.1。

表 7.1　按总引文量排序的前 50 个国家的相关数据

国家或地区	P	C	CPP	HCP	h	GERD%	GDP
USA	3512728	58312715	16.6	63523	954	2.74	14582400
GERMANY	918151	13673161	14.89	14728	576	2.8	3071282
ENGLAND	825213	13534295	16.4	16446	614	1.77	2231150
CHINA	1535154	12280749	8	14450	419	1.76	10084764

国家或地区	P	C	CPP	HCP	h	GERD%	GDP
FRANCE	649124	9135282	14.07	9779	516	2.24	2194118
JAPAN	793659	8883408	11.19	6239	452	3.25	4332537
CANADA	561112	8245474	14.69	9475	514	1.86	1327345
ITALY	538332	7210949	13.39	7322	471	1.26	1908569
NETHERLANDS	320172	5607353	17.51	7192	440	1.86	705601
AUSTRALIA	421423	5588456	13.26	7134	437	2.39	865043
SPAIN	459217	5571765	12.13	6010	414	1.4	1477840
SOUTH KOREA	413804	3524230	8.52	3254	313	3.74	1417549
SWEDEN	212682	3384374	15.91	3816	395	3.39	365286
INDIA	429440	3090714	7.2	2253	252	0.8	4198609
BELGIUM	175959	2777862	15.79	3449	373	2.1	407403
BRAZIL	317918	2259944	7.11	1590	259	1.16	2169180
DENMARK	127658	2177734	17.06	2978	344	3	219314
AUSTRIA	119496	1752933	14.67	2218	297	2.8	332861
ISRAEL	123370	1725840	13.99	1764	295	3.97	217653
RUSSIA	284150	1571650	5.53	1286	255	1.13	2812383
FINLAND	105279	1540725	14.63	1784	277	3.9	196629
POLAND	202699	1527885	7.54	1454	261	0.74	754097
NORWAY	97943	1373030	14.02	1740	271	1.68	277941
TURKEY	218634	1363282	6.24	1124	169	0.84	1115994
SINGAPORE	93769	1272747	13.57	1969	260	2.05	291937
GREECE	103673	1173881	11.32	1240	220	0.67	318675
PORTUGAL	97833	1069043	10.93	1128	216	1.59	272166
NEW ZEALAND	74101	934430	12.61	1145	230	1.27	130662
IRELAND	64236	921591	14.35	1197	246	1.69	178036
CZECH REPUBLIC	92241	896002	9.71	963	213	1.4	266278
MEXICO	99579	807673	8.11	781	191	0.46	1652168
SOUTH AFRICA	80992	787449	9.72	1048	205	0.76	524198
ARGENTINA	73525	705257	9.59	627	186	0.62	642255

续表

国家或地区	P	C	CPP	HCP	h	GERD%	GDP
HUNGARY	59301	663712	11.19	724	195	1.17	203251
THAILAND	52158	481708	9.24	439	138	0.25	586824
CHILE	50657	479130	9.46	496	153	0.42	257461
EGYPT	57953	358670	6.19	275	91	0.4	509503
ROMANIA	60151	325401	5.41	465	118	0.46	306348
MALAYSIA	59372	319318	5.38	486	107	1.07	414395
SLOVENIA	32833	290763	8.86	300	117	2.11	56568
SAUDI ARABIA	49840	280696	5.63	713	114	0.07	593372
UKRAINE	48309	248178	5.14	234	106	0.83	305408
PAKISTAN	43672	243616	5.58	350	106	0.33	464203
CROATIA	30709	225229	7.33	258	116	0.75	86342
COLOMBIA	24881	197154	7.92	277	114	0.18	434788
SERBIA	35422	183257	5.17	292	91	0.79	83776
BULGARIA	22156	180524	8.15	167	94	0.6	103946
ESTONIA	13160	159865	12.15	272	107	1.62	26837
KENYA	10956	135085	12.33	171	86	0.98	66225
LITHUANIA	18156	115673	6.37	158	76	0.8	60383

注：P, C, CPP, h 数据均来自 ESI；GERD%数据来自世界银行统计（http://data.worldbank.org/indicator/GB.XPD.RSDV.GD.ZS）；GDP 数据来自世界银行统计（http://siteresources.worldbank.org/DATASTATISTICS/Resources/GDP_PPP.pdf），GDP 单位为百万美元。

2. 方法

分别采用 4.2 节中的 Hirsch 公式、Egghe-Rousseau 公式和 Glänzel-Schubert 公式三个数学模型及同样的参数取值对国家 H 指数的适用性进行检验，并用 f 指数定义计算 f 指数和对数 f 指数（叶鹰，2009a；2009b）。

7.2　国家 H 测度的实证拟合

为检验国家 H 指数与 H 指数三类数学模型的吻合程度,用从 ESI 数据库中采集的 P、C、h 作为真实值，通过模型计算出的 h 为计算值，50 个国家或地区按三类模型分别计算出 h，并与同时计算出的 f 指数和对数 f 指数相参照，所得 50 个国家的有关数据见表 7.2。

表 7.2　50 个国家或地区的 H 指数实查值和有关计算数据

国家或地区	h	h_c	h_p	h_{pc}	f	f_1
USA	954	3,415.05	1,874.23	989.22	55.63	862.38
GERMANY	576	1,653.67	958.20	588.31	11.57	705.36
ENGLAND	614	1,645.25	908.41	605.48	14.23	726.04
CHINA	419	1,567.21	1,239.01	461.42	6.10	641.31
FRANCE	516	1,351.69	805.68	504.71	7.26	658.75
JAPAN	452	1,332.92	890.88	463.28	3.68	590.91
CANADA	514	1,284.17	749.07	494.84	7.34	659.92
ITALY	471	1,200.91	733.71	458.82	5.17	624.88
NETHERLANDS	440	1,059.00	565.84	461.36	6.64	649.89
AUSTRALIA	437	1,057.21	649.17	420.04	4.99	621.27
SPAIN	414	1,055.63	677.66	407.37	3.85	595.24
SOUTH KOREA	313	839.55	643.28	310.77	1.46	498.49
SWEDEN	395	822.72	461.17	377.64	3.20	576.93
INDIA	252	786.22	655.32	281.24	0.86	444.89
BELGIUM	373	745.37	419.47	352.64	2.87	566.03
BRAZIL	259	672.30	563.84	252.32	0.60	408.80
DENMARK	344	659.96	357.29	333.67	2.68	559.09
AUSTRIA	297	592.10	345.68	295.16	1.72	514.54
ISRAEL	295	587.51	351.24	289.02	1.30	486.89
RUSSIA	255	560.65	533.06	205.61	0.38	362.49
FINLAND	277	555.11	324.47	282.51	1.38	492.53
POLAND	261	552.79	450.22	225.83	0.58	405.72
NORWAY	271	524.03	312.96	268.00	1.29	485.73
TURKEY	169	522.17	467.58	204.09	0.37	361.01
SINGAPORE	260	504.53	306.22	258.51	1.41	494.86

续表

国家或地区	h	h_c	h_p	h_{pc}	f	f_1
GREECE	220	484.54	321.98	236.88	0.74	430.49
PORTUGAL	216	462.39	312.78	226.90	0.65	417.47
NEW ZEALAND	230	432.30	272.21	227.56	0.76	433.29
IRELAND	246	429.32	253.45	236.46	0.91	450.64
CZECH REPUBLIC	213	423.32	303.71	205.70	0.49	389.88
MEXICO	191	401.91	315.56	187.11	0.33	350.90
SOUTH AFRICA	205	396.85	284.59	197.09	0.54	398.43
ARGENTINA	186	375.57	271.15	189.13	0.32	345.71
HUNGARY	195	364.34	243.52	195.12	0.43	375.53
THAILAND	138	310.39	228.38	164.47	0.21	306.28
CHILE	153	309.56	225.07	165.48	0.25	320.87
EGYPT	91	267.83	240.73	130.45	0.09	219.48
ROMANIA	118	255.11	245.26	120.74	0.13	258.55
MALAYSIA	107	252.71	243.66	119.75	0.14	262.38
SLOVENIA	117	241.15	181.20	137.06	0.14	264.01
SAUDI ARABIA	114	236.94	223.25	116.49	0.21	305.32
UKRAINE	106	222.79	219.79	108.43	0.06	184.71
PAKISTAN	106	220.73	208.98	110.77	0.10	233.21
CROATIA	116	212.24	175.24	118.21	0.10	230.08
COLOMBIA	114	198.57	157.74	116.03	0.12	244.91
SERBIA	91	191.45	188.21	98.24	0.08	207.56
BULGARIA	94	190.01	148.85	113.73	0.07	197.10
ESTONIA	107	178.81	114.72	124.76	0.17	285.82
KENYA	86	164.37	104.67	118.54	0.11	240.89
LITHUANIA	76	152.10	134.74	90.33	0.05	166.96

将表 7.2 中数据按 C 降序排列拟合图见图 7.1。

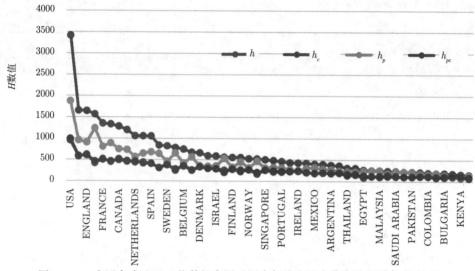

图 7.1　50 个国家或地区 H 指数拟合图（图中仅给出具有代表性的国家或地区）

显然，Glänzel-Schubert 模型获得最佳拟合效果。三种估计的全息相关矩阵如表 7.3 所示。

表 7.3　50 个国家 H 指数实检值与计算值的全息相关矩阵

	h	h_c	h_p	h_{pc}	f	f_1
h	1	0.970**	0.923**	0.980**	0.981**	0.981**
h_c	0.970**	1	0.981**	0.973**	0.952**	0.952**
h_p	0.923**	0.981**	1	0.922**	0.896**	0.896**
h_{pc}	0.980**	0.973**	0.922**	1	0.987**	0.987**
f	0.981**	0.952**	0.896**	0.987**	1	10.000**
f_1	0.981**	0.952**	0.896**	0.987**	10.000**	1

**.在置信度（双测）为 0.01 时，相关性是显著的。

从表 7.3 中相关系数可见三类模型的估计值均与实际值显著正相关，尤其以 Glänzel-Schubert 模型相关性最好。

表 7.2 数据按 h 降序排列并与对数 f 指数的对照图见图 7.2。

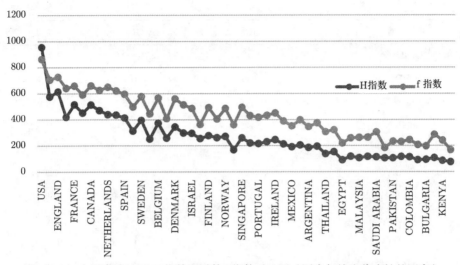

图 7.2　50 个国家或地区 H 指数和对数 f 指数对比图（图中仅给出代表性的国家）

由此可见 H 指数和对数 f 指数存在差异，可以作为相互独立指数使用，但总体走势基本一致。

7.3　国家 H 测度与 GDP 的相关性

首先对表 7.1 中 H 指数与 GDP 的相关性用 SPSS 进行分析，两列数据输入后在 0.01 水平获得的 Spearman 相关系数为 0.604(Sig.(2-tailed)=0.000)，表明国家 H 指数与国家 GDP 之间存在显著相关性。

把表 7.1 中的国家 GDP、HCP、CPP 等数据与 H 指数对应比较，经试验发现可以引进参数 J 作为关联参数。

$$J = \text{HCP} \times \text{CPP} \times h \,/\, 50 \tag{7.1}$$

计算结果如表 7.4 所示。

表 7.4　50 个国家或地区的 H 指数、HCP、CPP 和 GDP 构成的计算数据序列

国家或地区	CPP	HCP	h	GDP	J
USA	16.6	63523	954	14582400.00	20119512.74
GERMANY	14.9	14728	576	3071282.00	2526335.08

续表

国家或地区	CPP	HCP	h	GDP	J
ENGLAND	16.4	16446	614	2231150.00	3312092.83
CHINA	8	14450	419	10084764.00	968728.00
FRANCE	14.1	9779	516	2194118.00	1419934.27
JAPAN	11.2	6239	452	4332537.00	631122.27
CANADA	14.7	9475	514	1327345.00	1430850.07
ITALY	13.4	7322	471	1908569.00	923551.68
NETHERLANDS	17.5	7192	440	705601.00	1108200.90
AUSTRALIA	13.3	7134	437	865043.00	826776.38
SPAIN	12.1	6010	414	1477840.00	603622.76
SOUTH KOREA	8.52	3254	313	1417549.00	173552.74
SWEDEN	15.9	3816	395	365286.00	479629.22
INDIA	7.2	2253	252	4198609.00	81756.86
BELGIUM	15.8	3449	373	407403.00	406269.44
BRAZIL	7.11	1590	259	2169180.00	58559.38
DENMARK	17.1	2978	344	219314.00	349536.20
AUSTRIA	14.7	2218	297	332861.00	193276.08
ISRAEL	14	1764	295	217653.00	145602.32
RUSSIA	5.53	1286	255	2812383.00	36269.06
FINLAND	14.6	1784	277	196629.00	144593.56
POLAND	7.54	1454	261	754097.00	57227.70
NORWAY	14	1740	271	277941.00	132219.82
TURKEY	6.24	1124	169	1115994.00	23706.51
SINGAPORE	13.6	1969	260	291937.00	138940.52
GREECE	11.3	1240	220	318675.00	61761.92
PORTUGAL	10.9	1128	216	272166.00	53261.45
NEW ZEALAND	12.6	1145	230	130662.00	66416.87
IRELAND	14.4	1197	246	178036.00	84510.59
CZECH REPUBLIC	9.71	963	213	266278.00	39834.11

续表

国家或地区	CPP	HCP	h	GDP	J
MEXICO	8.11	781	191	1652168.00	24195.54
SOUTH AFRICA	9.72	1048	205	524198.00	41764.90
ARGENTINA	9.59	627	186	642255.00	22368.10
HUNGARY	11.2	724	195	203251.00	31596.08
THAILAND	9.24	439	138	586824.00	11195.55
CHILE	9.46	496	153	257461.00	14358.01
EGYPT	6.19	275	91	509503.00	3098.10
ROMANIA	5.41	465	118	306348.00	5936.93
MALAYSIA	5.38	486	107	414395.00	5595.42
SLOVENIA	8.86	300	117	56568.00	6219.72
SAUDI ARABIA	5.63	713	114	593372.00	9152.35
UKRAINE	5.14	234	106	305408.00	2549.85
PAKISTAN	5.58	350	106	464203.00	4140.36
CROATIA	7.33	258	116	86342.00	4387.44
COLOMBIA	7.92	277	114	434788.00	5001.96
SERBIA	5.17	292	91	83776.00	2747.54
BULGARIA	8.15	167	94	103946.00	2558.77
ESTONIA	12.2	272	107	26837.00	7072.27
KENYA	12.3	171	86	66225.00	3626.50
LITHUANIA	6.37	158	76	60383.00	1529.82

在表 7.4 计算序列中，GDP 与 J 参数之间表现出类似协整关系（Engle and Granger, 1987）的关联，如图 7.3 所示。

GDP 与 J 参数之间的协整关系是与时间序列数据协整关系不同，但类似的空间序列数据协整关系，此类关系应有重要经济学意义和科学计量学价值。但对此研究已超出本书主题范畴，仅作为一个猜测，留待以后研究。

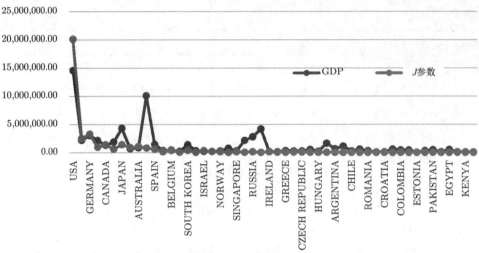

图 7.3　50 个国家或地区 GDP 和 J 参数的协整关联猜测（图中仅给代表性的国家或地区）

7.4　国家 H 测度与 R&D 投入的关系

根据已有发现（Ye, 2007），对大多数国家而言，设人均 GDP 为 G，GERD% 为 F，专利申请量为 P，每万人中互联网用户为 N，则存在如下关联：

$$G = kF(\lg P)N \tag{7.2}$$

式中，k 是一个介于 0.4 到 1.2 之间的常数，$k<0.4$ 意味着专利质量不佳，而 $k>1.2$ 表明创新活动较弱。

把表 7.1 中的国家 GERD% 数据与 H 指数和表 7.2 对数 f 指数 f_1 对应比较，经过试算发现可以引进一个参数 Q 作为关联参数：

$$Q = \text{GERD}\% \times f_1 \times \frac{1}{2.5} \tag{7.3}$$

计算结果如表 7.5 所示。

表 7.5　由 50 个国家或地区的 H 指数、对数 f 指数和 GERD% 构成的计算数据序列

国家或地区	ESI-h	GERD%	f_1	Q
USA	954	2.74	862.38	945.17
GERMANY	576	2.8	705.36	514.04
ENGLAND	614	1.77	726.04	790.00
CHINA	419	1.76	641.31	590.24

续表

国家或地区	ESI-h	GERD%	f_1	Q
FRANCE	516	2.24	658.75	490.98
JAPAN	452	3.25	590.91	314.94
CANADA	514	1.86	659.92	768.18
ITALY	471	1.26	624.88	483.52
NETHERLANDS	440	1.86	649.89	593.93
AUSTRALIA	437	2.39	621.27	451.48
SPAIN	414	1.4	595.24	333.33
SOUTH KOREA	313	3.74	498.49	782.32
SWEDEN	395	3.39	576.93	475.46
INDIA	252	0.8	444.89	670.91
BELGIUM	373	2.1	566.03	745.74
BRAZIL	259	1.16	408.80	576.28
DENMARK	344	3	559.09	773.18
AUSTRIA	297	2.8	514.54	768.34
ISRAEL	295	3.97	486.89	326.41
RUSSIA	255	1.13	362.49	120.09
FINLAND	277	3.9	492.53	405.79
POLAND	261	0.74	405.72	189.68
NORWAY	271	1.68	485.73	163.85
TURKEY	169	0.84	361.01	142.37
SINGAPORE	260	2.05	494.86	304.63
GREECE	220	0.67	430.49	220.11
PORTUGAL	216	1.59	417.47	115.37
NEW ZEALAND	230	1.27	433.29	265.51
IRELAND	246	1.69	450.64	218.33
CZECH REPUBLIC	213	1.4	389.88	121.12
MEXICO	191	0.46	350.90	175.75
SOUTH AFRICA	205	0.76	398.43	64.57
ARGENTINA	186	0.62	345.71	85.74
HUNGARY	195	1.17	375.53	121.30
THAILAND	138	0.25	306.28	53.91
CHILE	153	0.42	320.87	30.63
EGYPT	91	0.4	219.48	47.57
ROMANIA	118	0.46	258.55	222.82

续表

国家或地区	ESI-h	GERD%	f_1	Q
MALAYSIA	107	1.07	262.38	69.02
SLOVENIA	117	2.11	264.01	8.55
SAUDI ARABIA	114	0.07	305.32	17.63
UKRAINE	106	0.83	184.71	112.30
PAKISTAN	106	0.33	233.21	185.21
CROATIA	116	0.75	230.08	61.32
COLOMBIA	114	0.18	244.91	30.78
SERBIA	91	0.79	207.56	47.30
BULGARIA	94	0.6	197.10	35.12
ESTONIA	107	1.62	285.82	65.59
KENYA	86	0.98	240.89	94.43
LITHUANIA	76	0.8	166.96	53.43

在表 7.5 计算序列中，Q 与 h 之间也表现出类似协整关系的关联，如图 7.4 所示。

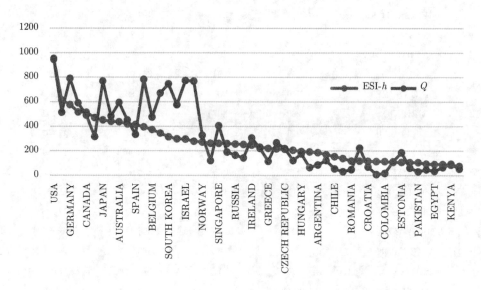

图 7.4　50 个国家或地区 H 指数和 Q 参数的协整关联猜测（图中仅给出代表性的国家或地区）

如果 Q 与 h 之间存在协整关系，则该关系像 GDP 和 J 之间关系一样值得深入研究。

7.5 小 结

综上所述，国家 H 指数的实证表明 Glänzel-Schubert 模型是在国家层面上与实际数据吻合较好的理论模型。由于国家经济活动必然通过 R&D 投入影响科技创造，所以可以研究国家 H 指数与 GDP 和 R&D 投入的关系，于是在引进参数 J 和 Q 的基础上，猜测在国家 GDP 与参数 J 之间、国家 H 指数与参数 Q 之间可能存在 Grange 协整关联，这为以后结合经济学和科学计量学的扩展研究提出问题，按照"提出问题也许比解决问题更重要"的思想，盼对进一步深入研究有启发意义。

参 考 文 献

叶鹰. (2009a). 一种学术排序新指数——f 指数探析. 情报学报, 28(1): 142-149.

叶鹰. (2009b). 对数 f 指数及其评价学意义. 情报科学, 27(7): 965-968.

Csajbók E, Berhidi A, Vasas L, et al. (2007). Hirsch-index for countries based on Essential Science Indicators data. Scientometrics, 73(1), 91-117.

Egghe L, Rousseau R. (2006). An informetric model for the Hirsch-index. Scientometrics, 69(1): 121-129.

Engle R F, Granger C W J. (1987). Co-integration and error correction: representation, estimation, and testing. Econometrica, 55(2): 251-276.

Glänzel W. (2006). On the h-index – A mathematical approach to a new measure of publicationactivity and citation impact. Scientometrics, 67(2): 315-321.

Hirsch J E. (2005). An index to quantify an individual's scientific research output. Proceedings of the National Academy of Sciences of the USA, 102(46): 16569-16572.

Schubert A, Glänzel W. (2007). A systematic analysis of Hirsch-type indices for journals. Journal of Informetrics, 1(2): 179-184.

Ye F Y (2007). A Quantitative Relationship between Per Capita GDP and Scientometric Criteria. Scientometrics, 71(3): 407-413.

Ye F Y. (2009). An investigation on mathematical models of the h-index. Scientometrics, 81(2): 493-498.

第四篇
H 型指数和 H 型测度的扩展研究

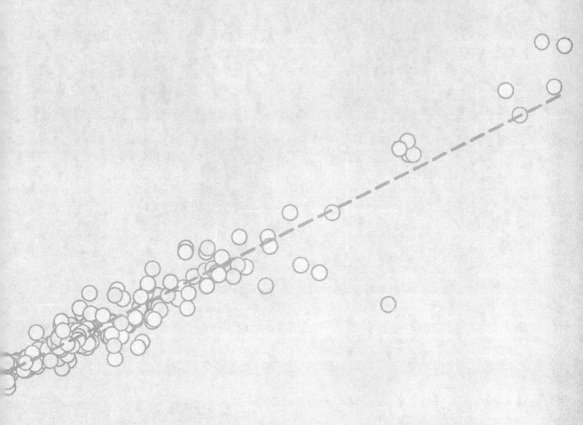

在 H 型指数和 H 型测度快速发展的十余年间，学界和业界也涌现出其他学术测度指标，本篇将对其中有代表性的指标和方法进行比较研究。H 型测度的应用也有大幅度拓宽创新的空间，甚至可用于热点主题的挖掘。本篇中还将 H 型测度在广义 H 指数的基础上，推广为多维 H 型测度。最后，以情报学擅长的信息可视化方法，对 H 型指数和 H 型测度的研究发展进行定量与定性结合的梳理。

第 8 章
H 指数与王冠指数和 MNCS 比较研究

在 H 指数提出以前的各类信息计量指标中，荷兰莱顿大学科学技术研究中心（CWTS）提出并使用的 CPP/FCSm（标准化影响系数）较有特色，并因其良好的适用性而被称为"王冠指数"。Moed 等据此合作构建一组标准文献计量指标，其中王冠指数主要用于测算机构在某一学科领域内相对于世界平均科研水平的相对影响力(Moed, et al.,1995；1998)。而后 CWTS 进行大量的实证研究与运用(van Raan, 2006；2008)，在学界和业界均有一定影响。

J. Lundberg，T. Opthof 和 L. Leydesdorff 认为王冠指数对高被引的学科领域赋予过高的权重，故提出 MNCS（ mean normalized citation score, 标准化被引均值 ）对王冠指数进行改进，MNCS 指标因而被认为是一个新型的王冠指数（ Lundberg, 2007; Opthof and Leydesdorff, 2010a; Opthof and Leydesdorff, 2010b ）。

因此，对 H 指数与王冠指数和 MNCS 进行比较分析与综合研究，检验其相关性和应用特性，具有一定的研究意义和参考价值。

8.1　H 指数与王冠指数相关分析

按照 Moed 等的原始定义，王冠指数由 CPP 和 FCSm 两个指标构成(Moed, et al,1995; 1998)。CPP 为某机构在某领域内的论文篇均被引次数；FCSm 则是在该领域内每一文献类型的 FCS 指标数值的综合均值。FCS 是指某领域内当年发表同类型文献的平均被引次数。显然，CPP 是王冠指数的核心（ CPP$=C/P$ ），与同样由 P 和 C 决定的 h 相比，两者应有关联。

采用 Web of Science（ WoS ）数据库作为数据来源，选择 Zhejiang Univ 为例，以 "AD=Zhejiang Univ；入库时间=2006-2007；数据库=SCIE" 为检索策略可得到 8545 条记录。

（1）通过"创建引文报告"得所有论文篇均被引次数；

（2）通过"学科类别"精炼，选择其中"化学 物理"，可得该领域内 Articles 为 458 篇，由"创建引文报告"可得文献类型为 Articles 的篇均被引次数为 7.33；同理可得文献类型为 Proceedings Papers（15 篇）和 Letters（1 篇）篇均被引次数分别为 4.80 和 7。

（3）假定 Zhejiang Univ 只在该领域发表论文，则

$$FCSm=[(458 \times 7.33)+(15 \times 4.80)+(1 \times 7)]/(458+15+1)=7.249$$

（4）若在其他领域发表论文则重复步骤（1）和步骤（2），计算其他领域不同文献类型的篇均被引次数，最后再求综合平均值。

可见，FCSm 计算过程比较复杂，同时在数据获取上还存在以下困难：

（1）在 Web of Science 中学科精炼只显示前 100 种；

（2）"创建引文报告"只在论文数小于 10000 前提下可以使用，造成数据计算困难。

为了能够使王冠指数在现有数据库功能下便于计算，我们考虑对其公式进行适当的调整：保留指标原有本质，放宽文献类型的限制和扩大学科范围。即

$$\frac{CPP}{FCSm} = \frac{该机构该领域论文被引次数 / 该机构该领域论文数}{全球该领域论文被引次数 / 全球该领域论文数} \tag{8.1}$$

由此可以利用 Web of Knowledge 平台下 ESI 数据库中 Baseline（基准线）和各大学在 22 个学科十年累积论文数据作为分母。

本研究选取中国、英国、美国、俄罗斯、德国和日本 6 个国家 20 所大学的六大基础学科为样本集。这 20 所大学分别是：中国大学 6 所，Peking University、Nanjing University、Zhejiang University、Fudan University、University of Hongkong、Taiwan University；英国大学 3 所，University of Cambridge、University of Edinburgh、University of Nottingham；美国大学 4 所，Harvard University、Stanford University、University of Michigan、University of Washington；俄罗斯大学 2 所，Moscow State University、St.Petersburg State University；德国大学 3 所，Technology University of Berlin、University of Heidelberg、University of Hamburg；日本大学 2 所，University of Tokyo、Kyoto University。六大基础学科：数学、物理、化学、空间科学、地理科学、生物学与生物化学。

选用 ESI 数据库作为数据源。在 ESI 主页选择"Institution"后，分别输入各大学名称得到各大学进入前 1% 的学科及其对应的 P、C、CPP 指标数值并从对应的"Top Papers"中计算 H 指数，获得符合要求的样本数据，如表 8.1 所示。

表 8.1　20 所大学 6 学科的基础数据

学科	P	C	CPP	王冠指数	H 指数
Harvard University（哈佛大学）					
数学	1243	10205	8.21	2.67	37
物理	4289	104227	24.30	2.97	126
化学	2897	101841	35.15	3.62	135
空间科学	461	10014	21.72	1.65	15
地理科学	1291	34580	26.79	3.07	62
生物学与生物化学	8890	317439	35.71	2.18	194
Stanford University（斯坦福大学）					
数学	1083	10612	9.80	3.19	38
物理	5658	134840	23.83	2.91	133
化学	2827	71301	25.22	2.59	90
空间科学	1076	16456	15.29	1.16	21
地理科学	1867	26887	14.40	1.65	31
生物学与生物化学	3271	103346	31.59	1.93	96
University of Michigan（密歇根大学）					
数学	1618	9837	6.08	1.98	27
物理	4464	68491	15.34	1.87	81
化学	2887	59936	20.76	2.14	71
空间科学	1585	44934	28.35	2.15	42
地理科学	1406	19698	14.01	1.61	20
生物学与生物化学	3634	90753	24.97	1.52	60
University of Washington（华盛顿大学）					
数学	1115	8546	7.66	2.50	31
物理	3273	75740	23.14	2.83	97
化学	2381	51700	21.71	2.23	71
空间科学	1202	39198	32.61	2.48	57
地理科学	3035	62641	20.64	2.37	79
生物学与生物化学	3762	108443	28.83	1.76	81

学科	P	C	CPP	王冠指数	H 指数
University of Cambridge（剑桥大学）					
数学	704	3731	5.30	1.73	12
物理	7426	118361	15.94	1.95	111
化学	4817	84435	17.53	1.80	80
空间科学	3066	87943	28.68	2.18	94
地理科学	2097	31991	15.26	1.75	38
生物学与生物化学	3703	94453	25.51	1.55	69
The University of Edinburgh（爱丁堡大学）					
数学	455	1806	3.97	1.29	2
物理	1969	34790	17.67	2.14	42
化学	1740	21697	12.47	1.28	29
空间科学	737	25647	34.80	2.64	52
地理科学	1224	17146	14.01	1.61	21
生物学与生物化学	1907	43386	22.75	1.39	24
University of Nottingham（诺丁汉大学）					
数学	475	1878	3.95	1.29	2
物理	1549	12603	8.14	0.99	17
化学	2446	31463	12.86	1.32	27
空间科学	450	11950	26.56	2.02	28
地理科学	*	*	*	*	*
生物学与生物化学	1100	15949	14.50	0.88	9
Beijing University（北京大学）					
数学	1138	2993	2.63	0.86	4
物理	4965	31769	6.40	0.78	40
化学	5559	44584	8.02	0.83	44
空间科学	*	*	*	*	*
地理科学	1398	8517	6.09	0.70	14
生物学与生物化学	1287	10258	7.97	0.49	9

续表

学科	P	C	CPP	王冠指数	H 指数
Nanjing University（南京大学）					
数学	*	*	*	*	*
物理	4506	21579	4.79	0.58	9
化学	5367	38269	7.13	0.73	24
空间科学	*	*	*	*	*
地理科学	1079	5696	5.28	0.61	8
生物学与生物化学	*	*	*	*	*
Zhejiang University（浙江大学）					
数学	*	*	*	*	*
物理	3502	17119	4.89	0.60	22
化学	7143	31461	4.40	0.45	11
空间科学	*	*	*	*	*
地理科学	*	*	*	*	*
生物学与生物化学	983	4659	4.74	0.29	2
Fudan University（复旦大学）					
数学	802	2278	2.84	0.93	2
物理	2588	13215	5.11	0.62	7
化学	4036	29935	7.42	0.76	28
空间科学	*	*	*	*	*
地理科学	*	*	*	*	*
生物学与生物化学	921	5231	5.68	0.35	4
University of Hong Kong（香港大学）					
数学	596	1844	3.09	1.01	4
物理	1381	10528	7.62	0.93	13
化学	1527	23432	15.35	1.58	22
空间科学	*	*	*	*	*
地理科学	604	5907	9.78	1.12	16
生物学与生物化学	842	10296	12.23	0.75	8

学科	P	C	CPP	王冠指数	H 指数
Taiwan University（台湾大学）					
数学	*	*	*	*	*
物理	3470	25459	7.34	0.90	27
化学	3825	32497	8.50	0.87	18
空间科学	*	*	*	*	*
地理科学	857	7663	8.94	1.03	13
生物学与生物化学	1205	10885	9.03	0.55	4
Moscow State University（莫斯科国立大学）					
数学	3340	4794	1.44	0.47	5
物理	7861	47153	6.00	0.73	37
化学	8356	39160	4.69	0.48	18
空间科学	*	*	*	*	*
地理科学	1554	5451	3.51	0.40	3
生物学与生物化学	2333	18002	7.72	0.47	9
St. Petersburg State University（圣彼得堡国立大学）					
数学	*	*	*	*	*
物理	2525	14095	5.58	0.68	10
化学	2947	12336	4.19	0.43	4
空间科学	*	*	*	*	*
地理科学	673	3321	4.93	0.57	4
生物学与生物化学	*	*	*	*	*
Technology University of Berlin（柏林工业大学）					
数学	541	2031	3.75	1.22	4
物理	1881	20907	11.11	1.36	22
化学	1897	23686	12.49	1.28	16
空间科学	*	*	*	*	*
地理科学	*	*	*	*	*
生物学与生物化学	345	7474	21.66	1.32	3

续表

学科	P	C	CPP	王冠指数	H 指数
University of Heidelberg（海德堡大学）					
数学	471	2540	5.39	1.76	12
物理	2549	41913	16.44	2.01	50
化学	2118	27922	13.18	1.36	20
空间科学	*	*	*	*	*
地理科学	676	9088	13.44	1.54	11
生物学与生物化学	1593	32188	20.21	1.23	16
University of Hamburg（汉堡大学）					
数学	*	*	*	*	*
物理	2723	37289	13.69	1.67	45
化学	1568	21429	13.67	1.41	28
空间科学	*	*	*	*	*
地理科学	755	7448	9.86	1.13	9
生物学与生物化学	1158	22325	19.28	1.17	13
University of Tokyo（东京大学）					
数学	937	2859	3.05	0.99	2
物理	15503	190987	12.32	1.50	137
化学	8551	124962	14.61	1.50	101
空间科学	2398	51089	21.30	1.62	65
地理科学	3052	30910	10.13	1.16	30
生物学与生物化学	6841	130010	19.00	1.16	65
Kyoto University（京都大学）					
数学	1026	3254	3.17	1.03	7
物理	8439	85969	10.19	1.24	82
化学	9534	128841	13.51	1.39	88
空间科学	1555	17523	11.27	0.86	14
地理科学	1697	11632	6.85	0.79	6
生物学与生物化学	4963	87035	17.54	1.07	48

*缺失数据

数据来源: ESI (http://esi.isiknowledge.com/home.cgi) 数据时段为: 1998～2008 年。

再从 Baselines 中取得六大基础学科 1998~2008 年间的平均被引率（average citation rates）数据作为 FCSm 数值，如表 8.2 所示。

表 8.2　六大基础学科世界平均被引水平(FCSm)

学科	平均被引率
数学	3.07
物理	8.19
化学	9.72
空间科学	13.17
地理科学	8.72
生物学与生物化学	16.41

数据来源: ESI (http://esi.isiknowledge.com/home.cgi) 数据时段为：1998~2008 年。

根据上述基础数据，分六大学科将各大学分别按 H 指数和王冠指数排序，结果见表 8.3。

表 8.3　六大学科的王冠指数和 H 指数排名

王冠指数排序	大学	H 指数排序
数学		
1	Stanford University	1
2	Harvard Univerity	2
3	University Washington	3
4	University Michigan	4
5	University Heidelberg	5~6
6	University Cambridge	5~6
7~8	University Edinburgh	12~15
7~8	University Nottingham	12~15
9	Technology University of Berlin	9~11
10	Kyoto University	7
11	University of Hongkong	9~11
12	University Tokyo	12~15
13	Fudan University	12~15
14	Beijing University	9~11
15	Moscow State University	8

续表

王冠指数排序	大学	H 指数排序
物理		
1	Harvard Univerity	3
2	Stanford University	2
3	University Washington	5
4	University Edinburgh	10
5	University Heidelberg	8
6	University Cambridge	4
7	University Michigan	7
8	University Hamburg	9
9	University Tokyo	1
10	Technology University of Berlin	14～15
11	Kyoto University	6
12	University Nottingham	16
13	University of Hongkong	17
14	Taiwan University	13
15	Beijing University	11
16	Moscow State University	12
17	St.Petersburg State University	18
18	Fudan University	20
19	Zhejiang University	14～15
20	Nanjing University	19
化学		
1	Harvard Univerity	1
2	Stanford University	3
3	University Washington	7
4	University Michigan	6
5	University Cambridge	5
6	University of Hongkong	14
7	University Tokyo	2
8	University Hamburg	11
9	Kyoto University	4
10	University Heidelberg	15
11	University Nottingham	12

续表

王冠指数排序	大学	H 指数排序
12～13	University Edinburgh	9
12～13	Technology University of Berlin	18
14	Taiwan University	16～17
15	Beijing University	8
16	Fudan University	10
17	Nanjing University	13
18	Moscow State University	16～17
19	Zhejiang University	19
20	St.Petersburg State University	20
空间科学		
1	University Edinburgh	4
2	University Washington	3
3	University Cambridge	1
4	University Michigan	5
5	University Nottingham	6
6	Harvard Univerity	8
7	University Tokyo	2
8	Stanford University	7
9	Kyoto University	9
地理科学		
1	Harvard Univerity	2
2	University Washington	1
3	University Cambridge	3
4	Stanford University	4
5～6	University Michigan	7
5～6	University Edinburgh	6
7	University Heidelberg	11
8	University Tokyo	5
9	University Hamburg	12
10	University of Hongkong	8
11	Taiwan University	10
12	Kyoto University	14
13	Beijing University	9

续表

王冠指数排序	大学	H 指数排序
14	Nanjing University	13
15	St.Petersburg State University	15
16	Moscow State University	16
	生物学与生物化学	
1	Harvard Univerity	1
2	Stanford University	2
3	University Washington	3
4	University Cambridge	4
5	University Michigan	6
6	University Edinburgh	8
7	Technology University of Berlin	17
8	University Heidelberg	9
9	University Hamburg	10
10	University Tokyo	5
11	Kyoto University	7
12	University Nottingham	11～13
13	University of Hongkong	14
14	Taiwan University	15～16
15	Beijing University	11～13
16	Moscow State University	11～13
17	Fudan University	15～16
18	Zhejiang University	18

为考察两指标按学科排名之间的差异性，令王冠指数排名数值为 N_1，H 指数排名数值为 N_2，引进排名数值差 M，即

$$M = N_2 - N_1 \tag{8.2}$$

式中，$M>0$ 表示王冠指数排名前于 H 指数排名；$M<0$ 表示王冠指数排名后于 H 指数排名；$M=0$ 表示王冠指数排名与 H 指数排名相同。

表 8.4 专门列出 H 指数和王冠指数排名数值差 $|M|>4$ 所对应的大学及其学科，由此可以清晰地发现，两组结果在排名数值上存在的差异程度。

表 8.4　H 指数和王冠指数排名数值差|*M*|>4 对应的大学与学科

大学	学科	王冠指标排名	H 指标排名	*M* 值
Tokyo Univ	物理	9	1	−8
	化学	7	2	−5
	空间科学	7	2	−5
	生物学与生物化学	10	5	−5
Kyoto Univ	物理	11	6	−5
	化学	9	4	−5
Beijing Univ	数学	14	9~11	−5
	化学	15	8	−7
Moscow State Univ	数学	15	8	−7
	生物学与生物化学	16	11~13	−5
Edinburgh Univ	数学	7~8	12~15	+5
	物理	4	10	+6
Tech Univ of Berlin	化学	12~13	18	+6
	生物学与生物化学	7	17	+10

　　上述王冠指数和 H 指数这两指标排名数值差异体现两指标不同的机理特征和表现差异性。

　　为进一步说明王冠指数和 H 指数之间的相关性，下面将选择王冠指数和 H 指数指标数值制作散点图并进行相关性分析。

　　根据基础数据中王冠指数和 H 指数指标项数值，利用 SPSS 统计软件制作出数学、物理、化学、地理科学、生物学与生物化学、空间科学等六大学科两指标散点图，如图 8.1 所示。

　　从图 8.1 所示的各散点图分布可见，H 指数和王冠指数的相关性存在学科差异，其中数学学科的图像显示两者趋势相对一致；而物理学科散点分布最为分散。

　　在散点图分析基础上，利用 SPSS 分别计算两指标的 Pearson 相关系数和 Spearman 相关系数，并构建各学科 H 指数和王冠指数全息相关矩阵，如表 8.5 所示。

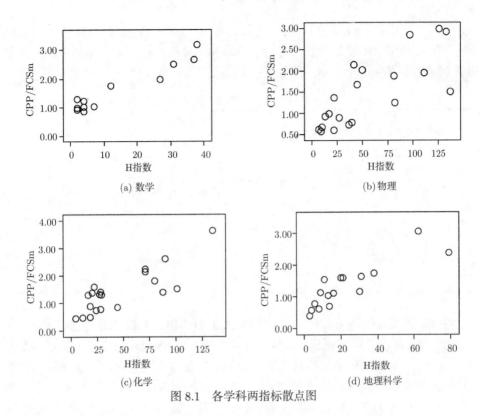

图 8.1　各学科两指标散点图

表 8.5　各学科 H 指数和王冠指数的 Pearson 相关系数

学科	相关关系		Spearman 双尾检验	
			H 指数	王冠指数
数学	Pearson 双尾检验	H 指数	1	0.727(0.002)
		王冠指数	0.931(0.000)	1
物理	Pearson 双尾检验	H 指数	1	0.806(0.000)
		王冠指数	0.778(0.000)	1
化学	Pearson 双尾检验	H 指数	1	0.765(0.000)
		王冠指数	0.820(0.000)	1
地理科学	Pearson 双尾检验	H 指数	1	0.905(0.000)
		王冠指数	0.867(0.000)	1
生物学与生物化学	Pearson 双尾检验	H 指数	1	0.815(0.000)
		王冠指数	0.811(0.000)	1
空间科学	Pearson 双尾检验	H 指数	1	0.617(0.077)
		王冠指数	0.589(0.095)	1

考虑王冠指数和 H 指数同时受文献总数（P）和引文总数（C）两个因素的影响，故再利用 SPSS 统计软件进行二阶偏相关分析，得到六个学科中王冠指数和 H 指数的偏相关系数，如表 8.6 所示。

表 8.6　各学科 H 指数和王冠指数的偏相关分析结果

控制变量发文量 P 和引文 C 的学科	偏相关系数（p 值，双侧检验）
	H 指数 vs 王冠指数
数学	0.765(0.002)
物理	0.593(0.009)
化学	0.746(0.000)
地理科学	0.246(0.396)
生物学与生物化学	0.431(0.095)
空间科学	0.078(0.703)

表 8.5 表明各学科王冠指数和 H 指数两指标的相关系数 p 值均近似为 0，且 Pearson 相关系数（除物理和空间科学）均大于 0.8，表现出高度相关关系。而表 8.6 表明数学、物理、化学三学科领域二阶偏相关系数分别为 0.765、0.593、0.746，且对偏相关系数检验双侧的 P 值均小于 0.01，因此可以认为王冠指数和 H 指数两者之间存在相关关系，但相关程度较弱；而另外地理科学、生物学与生物化学和空间科学三学科两指标二阶偏相关系数为 0.246、0.431、0.078，且对偏相关系数检验双侧的 P 值均大于 0.05，因此可以认为王冠指数和 H 指数在这些学科呈极弱相关关系。

综上分析，在控制文献总数（P）和引文总数（C）两个影响因素后，王冠指数和 H 指数两个指标相关关系与之前简单相关分析相比，相关关系程度大大减弱，两者关系并不十分密切，同时学科之间这两个指标相关程度存在较大差异。而产生这一结果的原因包括由学科性质差异（如实验型与理论型）而引起的发文和引文差异。具体地说，首先，学科性质不同会导致该领域内文献总数在数量上产生差异，如原创型文献占多数的学科文献总数相对较少，同时学科差异也会影响到该领域内科研人员的引文习惯，从而引起引文总数的差异。其次，王冠指数指标受文献总数和引文总数直接影响；而 H 指数并不直接受 P、C 两个因素的影响。第三，王冠指数侧重于反映质量的平均被引的相对水平；而 H 指数则更加侧重于在考虑数量的同时也考虑到质量因素，影响 H 指数的重要因素是 H 核中的引文数量（h_C），而 h_C 虽小于引文总数，但两者之间并无必然联系。第四，王冠指数反映的是相对水平，其数值可以精确至小数多位，而 H 指数的数值是排序后所得的整数；而这一差异也可能导致在排名顺序上的不同和相关关系程度的变化。

　　由于王冠指数能够反映出某一研究团体相对于世界平均水平的影响力；而单一 H 指数指标兼顾数量与影响，能用于比较同类机构之间学术影响力的高低。因此，在大学及其学科评价中可以考虑兼用王冠指数和 H 指数。

8.2　H 指数与 MNCS 相关分析

　　MNCS 是由 Lundberg、Opthof 以及 Leydesdorff 提出的，并与 CWTS 研究人员展开讨论和深入的研究（Ahthony, et al., 2010；Waltman, at al., 2011）。形成王冠指数和 MNCS 之间差异的根源在于两个指标计算中标准化处理的方式不同。

　　假定一个文献集合，王冠指数处理需要计算每一篇文献的被引次数以及同一领域内相同文献类型文献的篇均被引次数；最后以文献集合的总被引次数与不同领域内相同文献类型篇均被引次数总和之商作为指标计算结果。

　　而 MNCS 指标的计算方式为：首先计算每一篇文献实际被引次数和该篇文献类型相同且在同一领域内的篇均被引次数的比率；然后以比率之和与文献总数之商作为指标计算结果。

　　以数学公式可表示为

$$\frac{\text{CPP}}{\text{FCSm}} = \frac{\sum_{i=1}^{n} \dfrac{C_i}{n}}{\sum_{i=1}^{n} \dfrac{e_i}{n}} = \frac{\sum_{i=1}^{n} C_i}{\sum_{i=1}^{n} e_i} \tag{8.3}$$

$$\text{MNCS} = \frac{1}{n} \sum_{i=1}^{n} \frac{C_i}{e_i} \tag{8.4}$$

式中，C_i 表示文献 i 被引次数；e_i 表示文献 i 所在领域内文献篇均被引次数；n 则表示文献总数。

　　针对王冠指数和 MNCS 之间的关系，Waltman 等（2011）进行实证研究，认为在大集合情况下，如大型研究机构与国家，两指标之间差异极小；而对于小集合情况下，如研究团体与期刊，两指标差异则较大。由此，可以利用上述样本数据对 MNCS 和 H 指数进行比较研究。

　　根据 MNCS 的计算公式，若继续对单一学科进行研究，则 MNCS=CPP/FCSm。因此，以大学作为整体对 H 指数和 MNCS 进行相关分析。

　　以 Harvard Univ 为例（表 8.1 中数据），其 MNCS 指标计算过程为：

$$n=(P_1+P_2+P_3+P_4+P_5+P_6)=(1243+4289+2897+461+1291+8890)=19071$$

$$\sum_{i=1}^{6}\frac{C_i}{e_i}=(C_1/e_1+C_2/e_2+C_3/e_3+C_4/e_4+C_5/e_5+C_6/e_6)$$

$$=(10205/3.07+104227/8.19+101841/9.72+10014/13.17$$

$$+34580/8.72+317439/16.41)=2.653$$

注：3.07，8.19，9.72，13.17，8.72，16.41 分别为数学、物理、化学、空间科学、地理科学、生物学与生物化学六大学科内篇均被引数，如表 8.2 所示。

以此类推，可以计算得出其他 19 所大学 MNCS 指标。同时检索得到相应 1998～2008 年内的各样本大学 H 指数，如表 8.7 所示。

表 8.7　20 所大学 1998～2008 年的 MNCS 和 H 指数

大学	MNCS 指标	H 指数
Harvard Univ	2.653	420
Stanford Univ	2.401	332
Univ Michigan	1.855	272
Univ Washington	2.310	276
Univ Cambridge	1.855	267
Univ Edinburgh	1.696	198
Univ Nottingham	1.207	143
Beijing Univ	0.770	97
Nanjing Univ	0.660	83
Zhejiang Univ	0.483	72
Fudan Univ	0.689	81
Univ Hongkong	1.132	156
Taiwan Univ	0.854	108
Moscow State Univ	0.557	94
St.Petersburg State Univ	0.549	62
Tech Univ of Berlin	1.309	95
Univ Heidelberg	1.596	173
Univ Hamburg	1.446	159
Tokyo Univ	1.343	251
Kyoto Univ	1.205	222

利用 SPSS 统计软件分别计算 MNCS 和 H 指数之间的 Pearson 相关系数和 Spearman 相关系数，构建两指标全息相关矩阵如表 8.8 所示。

表 8.8　MNCS 和 H 指数全息相关矩阵

相关性		Spearman *P* 值，双尾检验	
		H 指数	MNCS
Pearson (Sig.(2-tailed))	H 指数	1	0.933(0.000)
	MNCS	0.928(0.000)	1

可见，H 指数和 MNCS 指标之间具有很强的相关性；相较于王冠指数而言表现出更紧密的统计意义关联度。

本章研究结论是 H 指数与王冠指数之间存在弱相关，而 H 指数与 MNCS 之间存在强相关性。总体上，王冠指数和 MNCS 与影响因子类似，属于均值类测评参数，它们与 H 指数的相关关系在一定程度上说明 H 指数在应用中的稳健性和综合性。

参 考 文 献

Anthony F J, van Raan, et al. (2010). Rivals for the crown: Reply to Opthof and Leydesdorff. https://arxiv.org/abs/1003.2113.

Lundverg J. (2007). Lifting the Crown-citation z-score. Journal of Informetrics, (1):145-154

Moed H F, Bruin R E D, Leeuwen T N V. (1995). New bibliometric tools for the assessment of national research performance: database description and first application. Scientometrics, 33(3): 381-422

Moed H F, Luwel M, Houben J A, Spruyt E, et al. (1998). The effects of changes in the funding structure of the Flemish universities on their research capacity, productivity and impact during 1980's and early 1990's. Scientometrics, 43(2): 231-255

Opthof T, Leydesdorff L. (2010a). Caveats for the journal and field normalizations in the CWTS ("Leiden") evaluations of research performance. Journal of Informetrics, 4(3):423-430.

Opthof T, Leydesdorff L. (2010b). Normalization, CWTS indicators, and the Leiden Rankings: Differences in citation behavior at the level of fields. Journal of Informetrics, https://www.leydesdorff.net/reply2cwts/reply2cwts.pdf.

van Raan A F J. (2006). Comparison of the Hirsch-index with standard bibliometrics indicators and with peer judgment for 147 chemistry research groups. Scientometrics, 67(3): 491-502

van Raan A F J. (2008). Evaluation of scientific research by advanced quantitative methods. http://www.ub.uio.no/umh/ecspbiomed/presentations/Raan.pdf

Waltman L, van Eck N J, van Leeuwen T N, et al. (2011). Towards a new crown indicator: An empirical analysis. Scientometrics, 87(3): 467–481.

第9章
H 指数与特色期刊计量参数比较研究

科技期刊的计量与测评一直是科学计量学研究的重点之一。H 指数提出后，Braun 等(2006)将其用于期刊的计量与测评，成为 H 指数较早的重要扩展应用，随后引起广泛关注（Olden, 2007；Schubert and Glanzel, 2007；Vanclay, 2008；Bornmann et al., 2009；周英博等，2009；Franceschet, 2010a）。另一方面，期刊的计量与测评方法在近十年也取得较大进展，一些测度参数相继被提出。其中，SJR（Butler, 2008；González-Pereira et al.,2010）和 Eigenfactor（Bergstrom, 2007；Bergstrom, 2008）不仅理论上具有新意和价值，实践和应用中也较受关注。这些指标与 H 指数共同构成近年来期刊计量参数的代表性的新成果。本章将实证讨论期刊 H 指数与这两种新型期刊计量参数的联系与差异。

9.1   H 指数与 SJR

SCImago 期刊排名（SCImago journal rank, SJR）是由西班牙的 SCImago 研究小组开发，其主要新意是可用于衡量期刊的声望(Butler, 2008)。SJR 将期刊引文分析的理论假设向前推进了一步，认为当一种期刊越多地被高声望期刊所引用，此期刊的声望就越高。SJR 使用类似于 Google 网页排名的 PageRank 算法（Brin, et al, 1998），计算时给予来自高声望期刊的引用更高的权重，并以此迭代计算直到收敛，能同时衡量期刊被引记录的数量和影响（赵星等，2009）。在实践方面，SJR 使用 Scopus 数据库作为数据源，在 WOS 之外应用新的期刊测评数据来源，具有免费、数据公开透明、刊源范围广等诸多特点。Butler 认为 SJR 将会挑战 Thomson Reuters 公司在期刊测评上的垄断地位(Butler，2008)。

为进行实证分析，从 SJR 网站（www.scimagojr.com）下载 Scopus 收录的 12642 种有可被引论文期刊 2006 年 SJR、期刊 H 指数以及计算 SJR 所使用的参数和数据。利用此数据集，可分析期刊 H 指数与 SJR 的相关与差异，结果如图9.1 所示。

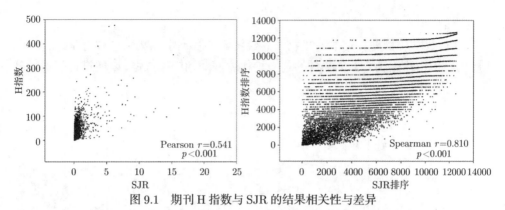

图 9.1　期刊 H 指数与 SJR 的结果相关性与差异

注：图中的"H 指数排序"和"SJR 排序"分别按 H 指数和 SJR 进行降序排列后期刊所得序号，即其在样本集中的排名。排序分析主要用于探析两种参数测评结果在排名上的差别

由图 9.1 可见，期刊 H 指数与 SJR 有正相关关系，即总体上，声望高的期刊，高影响力论文也多。但针对很多具体案例，两者测评结果有不小的差异，体现为点分布发散。SJR 的数值分布差异相对于 H 指数较大，大部分期刊 SJR 取值集中且较小。结果排序上，虽然两者 Spearman 等级相关显著且相关系数超过 0.8，存在同步增加的趋势，但对于大量取值较低的长尾样本点，期刊 H 指数与 SJR 的测评未必能达成一致。

SJR 以权重引文的计算为主要算法特点，特别是用较自然的方式实现每条引征记录的权值设定，巧妙而具有先进性。任一期刊的 SJR 计算都直接或间接的涉及所有纳入测评的期刊数据，故具有普遍联系的理论性质，在 SJR 的计算中除以期刊载文总量，这与期刊影响因子相似。SJR 与期刊 H 指数另一基本的差别在于对引文的处理方式不同，H 指数包含"所有引征记录等价"的假设，而 SJR 则以权重的形式体现不同施引源的差别。

9.2　H 指数与特征因子

Bergstrom 等（2007；2008）提出的特征因子（eigenfactor）在算法上与 SJR 有相似之处。特征因子是以汤森路透公司（现为科睿唯安公司）的期刊引用报告（Journal Citation Reports，JCR)为数据源，构建剔除自引的期刊五年期引文矩阵，用类似于 PageRank 的算法迭代计算出期刊的权重影响值，实现了引文数量与影响的综合测评（赵星，2009）。这一新参数采用期刊影响力为权，以更贴近实际的权重网络形式重构引文网络。特征因子的计算思想与社会网络分析中用于描述节点在关系网络中权力和地位的特征向量中心度相似，重要的不同之处是避免孤立点的影响。

获得数学、物理、化学、生物学、经济学、管理学、法学、教育学、哲学、历史学和图书情报学 11 个学科的 215 种代表性期刊样本数据，以便进行统计学分析，结果如图 9.2 所示。

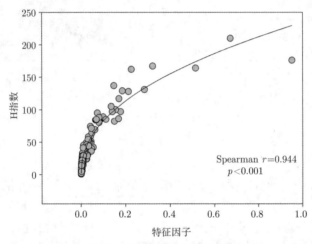

图 9.2　期刊 H 指数与特征因子的分布关系

由图 9.2 可见，期刊 H 指数与特征因子显著强相关，关系形态总体呈幂律关系，特征因子取值也比 H 指数更集中。此类权重引文算法可能导致"强者愈强，弱者愈弱"。

因理论算法相似，特征因子和 H 指数的异同与 SJR 和 H 指数的异同类似。主要的区别在于，特征因子使用的是 WoS 数据，其算法中没有除以期刊载文数量，故与 H 指数的相关性要强于 SJR 与 H 指数的相关性，在测评结果上相对接近于 H 指数。

9.3　总量型与平均型——期刊计量参数的两类因子

SJR 和特征因子（及其派生的均值参数 AI）等新型期刊计量参数以及五年期影响因子已成为国际期刊影响力测评研究的热点（Falagas and Kouranos,2008；Davis,2008；Leydesdorff,2009；Rousseau,2009；The STIMULATE Group,2009；Fersht,2009；任胜利,2009；赵星,2009；2010；Franceschet,2010b；马丽等,2010）。值得注意的是，尽管参数间相关关系复杂，但一系列的数据和研究（赵星,2009；2010）都显示，除了半衰期这一并没有明确测评导向含义的参数外，包括期刊 H 指数和其他新参数在内的现今主要期刊计量参数都恰好被因子分析分为两类：总量型参数与平均型参数。具体汇集为表 9.1 所示。

表 9.1　总量型与平均型——期刊计量参数的两类因子

样本描述	因子分析检验	因子分析结果		
		参数	因子 1	因子 2
Scopus 收录的 12642 种有可被引论文期刊	KMO=0.829>0.60, Bartlett 球形检验达到显著性水平($p<0.001$)	期刊 H 指数	0.664	
		2006 年论文总数	0.953	
		三年论文总数	0.971	
		参考文献总数	0.924	
		三年总被引	0.846	
		三年可被引论文数	0.967	
		SJR		0.767
		两年篇均被引		0.642
		篇均参考文献		0.643
		特征根	4.830	1.830
		方差贡献率	20.327%	53.666%
我国大陆地区被 SCI(E)收录的 64 种期刊	KMO=0.79>0.60, Bartlett 球形检验达到显著性水平($p<0.01$)	2001~2005 年论文数量	0.90	
		2001~2005 年论文在 2006 年的总被引	0.96	
		2001~2005 年论文总被引	0.96	
		2001~2005 年 H 指数	0.77	
		2006 年特征因子	0.85	
		2006 年影响因子		0.93
		2006 年即年指数		0.89
		特征根	4.02	2.16
		方差贡献率	50.21%	26.98%
2008 年 JCR 科学版中 6598 种被 SCI 收录期刊	KMO=0.69>0.60, Bartlett 球形检验达到显著性水平($p<0.001$)	两年期影响因子		0.97
		五年期影响因子		0.98
		即年指数		0.61
		论文影响分值		0.94
		当年总被引次数	0.97	
		当年论文总数	0.65	
		特征因子	0.90	
		特征根	2.26	3.35
		方差贡献率	28.28%	41.86%

续表

样本描述	因子分析检验	因子分析结果		
		参数	因子 1	因子 2
2008 年 JCR 收录数学、物理、化学、生物学和经济学 5 个学科的 100 种代表性期刊	KMO=0.762>0.60，Bartlett 球形检验达到显著性水平($p<0.001$)	2003～2007 年论文总数	0.930	
		2003～2007 年被引总数	0.896	
		H 指数	0.714	
		特征因子	0.794	
		影响因子		0.936
		五年期影响因子		0.951
		即年指数		0.857
		AI		0.919
		特征根	4.202	3.055
		方差贡献率	52.521%	38.184%

因子分析的重要优点是能解构指标集合复杂的相关关系，其分析结果亦常能找到自洽描述。表 9.1 中四组不同数据因子分析得到相似的结果：目前主流期刊计量参数的二分结构较明确，因子 1 为总量型参数，因子 2 为平均型参数。两种分类的理论和算法区别也较为清晰，即是否在计算中除以期刊载文总量。

新型期刊计量参数中，期刊 H 指数和特征因子同被归为总量型，SJR 和 AI 被归为平均型。之前的实证也显示 H 指数与特征因子的相关关系更强，相关性分析和因子分析的结论得到相互印证。值得注意的是，期刊 H 指数虽总体上归于总量型参数，但表 9.1 中涉及 H 指数的第 1、2 和 4 组数据都显示 H 指数在总量型因子中的因子载荷都相对较低，这说明期刊 H 指数相对于其他总量型参数，更接近于平均型参数，即期刊 H 指数具有相对而言的综合性。

最后，值得指出的是，新参数固然具有理论和实践优点，但也都有待讨论之处。例如，H 指数的计算仅涉及相对高被引的论文，但相对低被引论文是否全无价值？特征因子会受到期刊规模（即载文总量）的影响，是否应该进行基于载文量的平均化处理值得讨论。但平均化的处理方式也并非完美，经过平均化处理过的 SJR 和 AIS 与影响因子一样，可能夸大载文量较少的期刊（特别是综述类期刊）的影响力。因此，试图依靠某一量化指标解决期刊测评这一复杂问题目前难度较大，单一的新型期刊测评方法常是从某一方面更逼近实际但仍无法面面俱到，相对全面准确的期刊测评还需观测多种测评方法的结果。另外，尽管近年来期刊计量参数研究较多，但表 9.1 说明现今主要的应用仍未突破总量型和平均型两种类型的限制。因此，下一步可尝试探寻在这两个分类之外，是否还有第三种维度。

参 考 文 献

高小强, 赵星. (2010). H 指数与论文总被引 C 的幂律关系. 情报学报, 29(3):506-510.

马丽, 赵星, 彭晓东. (2010). 新型期刊引文评价方法比较研究. 情报理论与实践, 5(33):71-75.

任胜利.(2009). 特征因子(Eigenfactor): 基于引证网络分析期刊和论文的重要性.中国科技期刊研究, 20(3): 415-418.

赵星, 高小强, 唐宇. (2009). SJR 与影响因子、H 指数的比较及 SJR 的扩展设想.大学图书馆学报, (2): :80-84.

赵星. (2010). JCR5 年期影响因子探析. 中国图书馆学报, 36(187):116-123.

赵星. (2009). 期刊引文评价新指标 Eigenfactor 的特性研究——基于我国期刊的实证.情报理论与实践, 32(8): 53-56.

周英博, 马景娣, 叶鹰. (2009) 国际基础科学核心期刊 H 指数实证研究.大学图书馆学报, 27(2): 66-70.

Bergstrom C. (2007). Eigenfactor. College and Research Libraries News , 68(5): 314-316.

Bergstrom C T, West J D, et al. (2008). The Eigenfactor metrics. Journal of Neuroscience, 28(45): 11433-11434.

Bornmann L, Marx W, et al. (2009). Hirsch-Type Index Values for Organic chemistry Journals: A Comparison of New Metrics with the Journal Impact Factor. European Journal of Organic chemistry, (10): 1471-1476.

Braun T, Glanzel W, et al. (2006). A Hirsch-type index for journals. Scientometrics, 69(1): 169-173.

Brin S, Page L, et al.(1998). The PageRank Citation Ranking: Bringing Order to the Web. Stanford Digital Libraries Working Paper, (6):102-107.

Butler D. (2008). Free journal-ranking tool enters citation market.Nature, 451(7174): 6.

Davis P M. (2008). Eigenfactor: Does the principle of repeated improvement result in better estimates than raw citation counts? Journal of the American Society for Information Science and Technology, 59(13): 2186-2188.

Falagas M E, Kouranos V D, et al. (2008). Comparison of SCImago journal rank ndicator with journal impact factor. Faseb Journal, 22(8): 2623-2628.

Fersht A. (2009). The most influential journals: Impact Factor and Eigenfactor. Proceedings of the National Academy of Sciences of the United States of America, 106(17): 6883-6884.

Franceschet M. (2010a). A comparison of bibliometric indicators for computer science scholars and journals on Web of Science and Google Scholar. Scientometrics, 83(1): 243-258.

Franceschet M. (2010b). The difference between popularity and prestige in the sciences and in the social sciences: A bibliometric analysis. Journal of Informetrics, 4(1): 55-63.

González-Pereira, et al. (2010). A new approach to the metric of journals' scientific prestige: The SJR indicator. Journal of Informetrics, 4(3), 379-391.

Jacso P. (2009). Five-year impact factor data in the Journal Citation Reports. Online information review, 33(3):603-614.

Leydesdorff L. (2009). How are new citation-based journal indicators adding to the bibliometric toolbox? Journal of the American Society for Information Science and Technology, 60(7): 1327-1336.

Olden J D. (2007). How do ecological journals stack-up? Ranking of scientific quality according to the h index. Ecoscience, 14(3): 370-376.

Rousseau R. (2009). What does the Web of Science five-year synchronous impact factor have to offer?

Chinese Journal of Library and Information Science, 2(3): 1-7.

Schubert A, Glanzel W. (2007). A systematic analysis of Hirsch-type indices for journals. Journal of Informetrics , 1(3): 179-184.

The STIMULATE Group. (2009).The 5-year synchronous impact factor for large Journal Citation Reports (JCR) subject. International Journal of Scientometrics, Informetrics and Bibliometrics, 13(1):1-4.

Vanclay J K. (2008). Ranking forestry journals using the H-index. Journal of Informetrics , 2(4): 326-334.

第 10 章
构建于 g 指数的研究热点分析方法

信息计量学已被广泛用于各学科的发展状况研究，成为了情报学对整个学术界的重要贡献。词频分析作为信息计量方法的重要组成部分，常用于分析各学科领域的研究热点(梁立明和谢彩霞,2003；马费成和张勤,2006；Kademani et al., 2006；Chuang et al., 2007；Chiu et al., 2007；Huang and Zhao, 2008)。词频分析假设：某时段内，若一个有专业含义的主题词在某领域文献中反复出现，则认定该词所表征的主题为该领域在相应时段内的研究热点。但是，词频分析只统计了文献的数量，并未考虑这些文献的影响。部分低水平文献增加了主题词频，但常常只是重复的讨论，并不一定对该主题研究的进展起到实质性的促进作用。因此，若要更客观地反映主题词所表征的主题是否是研究热点，需在计算主题词频的同时计量该主题论文的影响。

故可将主题词频分析和 g 指数结合用于研究热点分析(Egghe,2006)，同时衡量主题词频和该主题论文的影响。

10.1　g 指数与主题词 g 指数的计算

g 指数的计算过程为：将源论文按被引次数降序排列，找出 g 值，使得前 g 篇论文被引次数的总和大于或等于 g^2，而前$(g+1)$篇论文的被引次数小于$(g+1)^2$。本节将该计算过程可归纳如表 10.1 所示。表 10.1 中，i 为源项论文集按被引次数降序后，每篇论文排列所得序号，序号 i 为 1 表明对应论文在源项论文集中被引次数最多；T 为源项论文总数；C_i 为对应序号 i 的论文被引次数，对于所有 i，有 $C_i \geqslant C_{i+1}$。

表 10.1　g 指数计算过程

排序 i	被引次数	约束条件
1	C_1	$C_1 > C_2$
2	C_2	$C_2 > C_3$
…	…	…
$g-1$	C_{g-1}	$C_{g-1} > C_g$
g	C_g	$\sum\limits_{i=1}^{g} C_i > g^2$
$g+1$	C_{g+1}	$\sum\limits_{i=1}^{g+1} C_i < (g+1)^2$
…	…	…
T	C_T	$C_T \leqslant C_{T-1}$

明确 g 指数计算方法后，将主题词 g 指数定义为：包含该主题词的论文集合中，单篇引用次数最多的 g 篇论文总共获得不少于 g^2 次引用。其计算步骤如下：

（1）确定待分析的学科领域；

（2）选择数据源，获取数据，统计主题词频；

（3）根据 g 指数计算方法，筛选出 g 个热点主题词；

（4）在数据源中重新检索主题词，获取该主题论文的被引次数；

（5）由主题词频和该主题论文的被引次数计算出每个主题词的 g 指数，并以此判断该学科领域的研究热点。

其中，步骤（1）和步骤（2）为传统的主题词频统计方法。步骤（3）是主题词频统计和 g 指数思想的主题词个数确定方法。相比于传统词频统计中由研究者主观确定词频下限而选出主题词的方法，利用 g 指数的思想确定的主题词更为自然和客观。g 指数确定出的主题词数量规模大小取决于学科领域的研究产出规模，它是由数据本身自然确定，而非人为设定。步骤（3）的具体做法是将所有的主题词按词频降序排列，用表 10.1 的 g 指数计算方法，确定出一个 g 值，使得词频最高的 g 个主题词总共有不少于 g^2 次的词频。步骤（4）和步骤（5）计算出主题词 g 指数，该指数同时衡量了包含该主题论文的数量和影响。根据计算结果，可按主题词 g 指数大小分析和确定该主题是否是研究前沿和热点。

10.2　数　　据

利用 Web of Science 数据库（含 SCI、SSCI 和 A&HCI），选取 INFORMATION SCIENCE & LIBRARY SCIENCE 分类和 ARTICLE、REVIEW 和 LETTER 三

种论文类型，在 Topic 项按以下关键词检索发表于 2003～2008 年的研究论文：

Informetric* OR bibliometric* OR webometric* OR "citation analy*" OR "citation index*" OR "citation map*" OR "citation visuali*" OR "co-citation analy*" OR "citation network*" OR "co-authorship network*" OR "link analy*" OR "self-citation*" OR "impact factor*" OR "H index " OR "Hirsch index" OR "S&T indicator*" OR "science policy" OR "research policy" OR Zipf OR Bradford OR Lotka

同时检索发表于 *Scientometrics*，*Journal of Informetrics* 和 *Research Evaluation* 三种期刊对应时段内的所有研究论文。检索结果共获得 1229 篇论文，统计了这些论文的引用情况。按基于主题词频和 g 指数的研究热点分析方法对检索数据进行计算，可得出信息计量学的 46 个热点主题词，其中 g 指数排名前 30 的主题词如表 10.2 所示。

表 10.2　信息计量学 2003～2008 年发表论文中的热点主题词及主题词 g 指数

排名	主题词	主题词 g 指数	排名	主题词	主题词 g 指数	排名	主题词	主题词 g 指数
1	引文	25	11	文献计量学	20	21	情报学	16
2	影响	24	12	论文	20	22	网络	15
3	科学	22	13	学术交流	19	23	H 型指数	15
4	指标	22	14	系统	18	24	绩效	15
5	期刊	21	15	模式	18	25	网络计量学	15
6	信息	21	16	引文分析	17	26	领域	15
7	影响因子	21	17	万维网与因特网	17	27	技术	14
8	出版	21	18	影响	17	28	图书馆	14
9	科学家	21	19	排名	17	29	搜索引擎	14
10	大学	20	20	站点	16	30	知识	13

由表 10.2 可见，此时段内，引文及其分析一直是研究热点。文献计量学和科学计量学的指标研究，以及对论文、期刊、科学家、大学等不同层面的分析和评价等主题也是领域研究的重点。网络计量学也有多个相关主题成为热点，正发展成为信息计量学的重要分支。

10.3　主题词 g 指数与词频的关系

采用基于主题词频和 g 指数的研究热点分析方法得到的信息计量学 46 个热点，主题词的 g 指数与词频 W 的关系如图 10.1 所示。

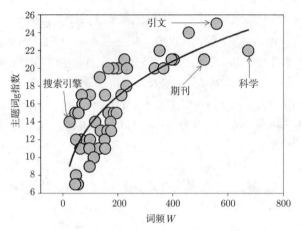

图 10.1　主题词 g 指数与词频 W 的关系

由图 10.1 可见，热点主题词 g 指数与词频 W 有一定的同步增长的趋势，回归拟合结果显示二者具有幂律形式的经验关系。

$$g = 3.45W^{0.30} \quad (R^2 = 0.60) \tag{10.1}$$

但式（10.1）的拟合优度并不高，可见主题词 g 指数和词频 W 之间仍存在一些差异。从图 10.1 中可以发现，词频最高的主题词"科学"的主题词 g 指数并非最高，而主题词 g 指数最高的"引文"虽然词频只稍多于"期刊"，但主题词 g 指数却高于"期刊"不少。这表明研究"引文"的论文获得更多的引用和关注。另外，如"搜索引擎"，虽然只有很小的词频，但却有相对较高的主题词 g 指数，表明该主题的论文虽然数量不多但影响较大，反映"搜索引擎"在信息计量学的重要分支网络计量学中的重要地位。但若使用词频统计，"搜索引擎"这一主题由于词频很低，将可能被遗漏。可见，本节的研究热点分析方法与传统词频分析方法既有一定的联系，也有所区别。本节的方法有望得到更多的有关研究热点的信息。

10.4　主题词 g 指数与该主题论文被引之间的关系

通过回归拟合可得到主题词 g 指数与该主题论文被引次数 C 具有如下幂律关系：

$$g = 1.95C^{0.34}(R^2 = 0.84) \tag{10.2}$$

相关性分析可发现，主题词 g 指数与该主题论文被引次数 C 的 Pearson 相关系数为 0.869（0.001 水平显著），而主题词 g 指数与该主题论文数量的 Pearson 相关系数为 0.766（0.001 水平显著）。被引次数是衡量论文影响的主要定量指标，即主题词 g 指数与包含该主题论文影响的相关性强于与论文数量的相关性。

类似于 H 核心的概念(Rousseau, 2008)，本节将包含某主题论文按被引次数降序排列后，序号 $i \leqslant g$ 的论文集合定义为主题词 g 核心。令主题词 g 核心内序号为 i 的论文被引次数为 C_i，根据 g 指数的计算规则，有

$$\sum_{i=1}^{g} C_i \geqslant g^2 \tag{10.3}$$

实际上，通常主题词 g 核心内的论文被引总数接近于 g^2，即

$$\sum_{i=1}^{g} C_i \approx g^2 \tag{10.4}$$

因此，有主题词 g 核心内的篇均被引次数 C_A 为

$$C_A = \frac{\sum_{i=1}^{g} C_i}{g} \approx \frac{g^2}{g} = g \tag{10.5}$$

由式（10.5）可知，主题词 g 指数近似等于主题词 g 核心内论文的篇均被引次数。本节的数据也验证以上结论，如图 10.2 所示。

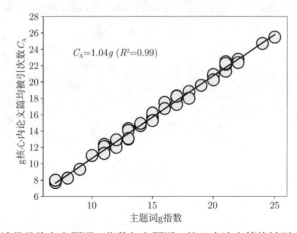

图 10.2　信息计量学热点主题词 g 指数与主题词 g 核心内论文篇均被引次数 C_A 的关系

10.5　小　　结

本章给出一种基于主题词频和 g 指数的研究热点分析新方法。该方法具有同时计量某主题论文的数量和影响，以及自然选取主题词个数等特点。实证分析了

主题词 g 指数与词频和该主题论文影响间的关系，结果发现：主题词 g 指数与词频分析的结果有一定区别和联系；主题词 g 指数与该主题论文数量和被引均呈幂律关系；主题词 g 指数与该主题论文影响的相关性强于与论文数量的相关性。理论推导和实证分析结果表明：主题词 g 指数近似等于主题词 g 核心内论文的平均被引，即主题词 g 指数表示 g 核心内论文的平均影响，这一结论也可推广到其他评价实体（如学者个人、期刊、研究小组、机构等）的 g 指数。

参 考 文 献

梁立明, 谢彩霞. (2003). 词频分析法用于我国纳米科技研究动向分析.科学学研究, 21(3): 138-142.

马费成, 张勤. (2006). 国内外知识管理研究热点-基于词频的统计分析.情报学报, 25(2): 163-171.

Chiu W T, Ho Y S. (2007). Bibliometric analysis of tsunami research. Scientometrics, 73(1): 3-17.

Chuang K Y, Huang Y L, Ho Y S. (2007). A bibliometric and citation analysis of stroke-related research in Taiwan. Scientometrics, 72(2): 201-212.

Egghe L. (2006). Theory and practise of the g-index. Scientometrics, 69(1): 131-152.

Hang Y, Zhao X. (2008). Trends of DDT research during the period of 1991 to 2005. Scientometrics, 75(1): 111-122.

Kademani B S, Kumar V, Sagar A, et al. (2006). World literature on thorium research: A scientometric study based on Science Citation Index. Scientometrics, 69(2): 347-364.

Rousseau R. (2008). New developments related to the Hirsch index. http://eprints.rclis.org/ 6376/.

第 11 章
多维 H 分布与多维 H 测度

信息分析和信息计量的发展在很大程度上取决于定量分析方法的发展，因此，定量分析方法创新也成为了信息分析和信息计量在理论方法方面的基础探索工作。21 世纪以来，在相关领域的方法进展中，最为著名和成功的创新之一就是 H 指数的提出。

然而，H 指数及相关的 H 型测度指数在具体应用中仍都是单一指数，而学术影响力实际上具有多个维度。具体而言，若一位学者的 H 指数为 20，可知该学者有 20 篇论文至少被引用 20 次，但仍无法判断其影响力的广度和在不同维度上的区别。例如其影响力范围涉及多少种期刊、传播到多少个学科、影响到多少不同机构的学者等，都不得而知。此外，H 指数的计算方法作为一种原创性算法，不仅仅可用于引文的排序计算，还可用于其他实体的属性数据测算。因此，本章尝试给出一种称之为多维 H 分布（multidimensional h-distribution，*h*-dis）的基础方法，该方法在两个方面对 H 型测度有所扩充：

（1）不再是单一数值，而是一个数值序列，可反映多维度的测度结果；

（2）不再局限于引文数据，而可使用任何自然数数据，适用更多的属性数据场景。在介绍多维 H 分布的理论方法与特点后，使用期刊和研究主题两个层面实例进行探索性分析。

11.1 多维 H 分布

H 指数具有计算简单、结果稳健、关注高引论文、平衡论文数量与引用次数等诸多优点(叶鹰, 唐健辉和赵星, 2011；戚尔鹏和叶鹰, 2017)，近年已被广泛应用。除了原始 H 指数提供计算方法基础外，还有三项工作启示多维 H 分布的构想，分别为：

（1）Schubert 提出的连续 H 指数（successive h-indices）(Schubert, 2007)。连续 H 指数首次将同一文献集的引用在多个被引层次上进行考察，例如形成研究者—所属机构—所属国家此类具有连续层级的多项 H 指数。该项工作启示 H 型测度的分析在被引上可有多个维度。

（2）叶鹰和赵星等发展出的分布式 H 指数（distributive h-indices）（Zhao, Tan and Ye, 2012）。分布式 H 指数则将 H 指数的关注点从被引转移到施引，并考察施引实体的分布广泛性。例如，某研究机构被引用 1000 次，其机构 H 指数为 10，而施引实体不仅仅是论文，还包括学者、机构、期刊、国家、领域等不同层面实体。根据 H 指数方法分别计算各层面实体的施引，可构成分布式的系列 H 指数，从而反映影响力在不同方面的广度。

（3）叶鹰，Rousseau 和赵星等给出的 H 度（h-degree）(Zhao, Rousseau and Ye, 2011)。无论是连续 H 指数还是分布 H 指数，其分析单元仍局限于引用关系。H 度框架则从网络分析的视角，将分析单元扩充为任意以自然数标注联系权重的权重网络。权重网络中某节点的 H 度值为 h 即表示该节点与 h 个相连节点保持强度不低于 h 的联系，近年来的一些工作已显示 H 度在网络分析中具有扩展空间和应用可能(Rousseau R，2012；楼雯，樊宇航和赵星，2017)。H 度启示纳入 H 型指数运算的属性数据不仅仅可以是引文，还可以是任意自然数形式（甚至正实数形式）的属性数据。

以上研究启示，在原始 H 指数的基本计算方法上，对分析单元和结果形式进行扩充，可构成多种分布式的测度结果，而其分析单元也可有多样性的变化。从而，我们尝试给出多维 H 分布这一能用于取值为正实数的变量集测度方法。

多维 H 分布由一系列根据特定分析情景确定的相互关联的广义 H 测度（generalized h-measure）构成。对于描述数据集中个体特征的正实数变量 V，其广义 H 测度（h_m）可定义为：将数据集中的所有数据按该测度值由高到低排序，并给每个数据标记序号，可得到最大的序号 h_m，使其对应的变量值大于或等于 h_m，而下一样本的序号（h_m+1）对应的测度值小于其序号（h_m+1）。现实应用中，同一分析对象通常都具有存在显性或隐性相互关联的多种测度指标，对每一测度进行广义 H 测度计算，可得到一组广义 H 测度数值，并构成该对象的多维 H 分布，如图 11.1 所示。

多维 H 分布主要有两个特点：第一，其应用对象和数据基础不再限于引文（如原始 H 指数及连续 H 指数和分布 H 指数等各种变体），不再依赖于实体之间的直接关系和网络构建（如 H 度及类似参量），而可面向取值为正实数的任意变量，此为"广义"。第二，其结果并非单一数值，而是一组相互直接或间接关联的变量测度结果组合，即为"多维"。

变量 V_1		变量 V_2		变量 V_3	
排序序号	变量值	排序序号	变量值	排序序号	变量值
1	20	1	16	1	9
2	17	2	15	2	7
3	15	3	12	3	6
4	10	4	8	4	5(4<5)
5	9	5	6(5<6)	5	4(5>4)
6	8	6	5(6>5)	6	3
7	7 (7=7)	7	4	7	2
8	6 (8>6)	8	3	8	1
9	5	9	2	9	0
10	0	10	1	10	0

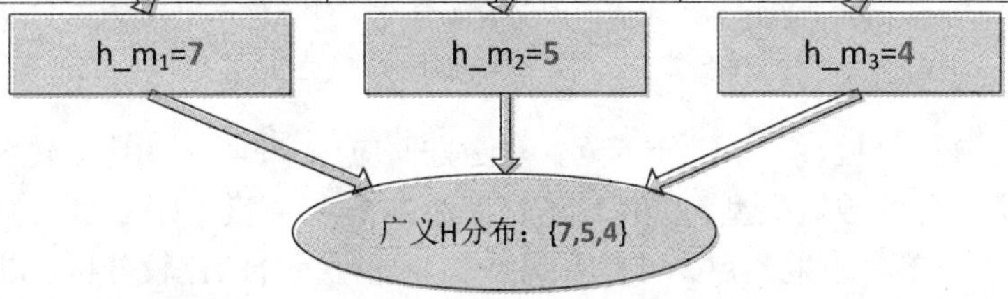

h_m₁=7　　　h_m₂=5　　　h_m₃=4

广义H分布：{7,5,4}

图 11.1　由三种变量的广义 H 测度值（h_m_1、h_m_2 和 h_m_3）构成的多维 H 分布计算过程示例

11.2　广义 H 核心集

H 指数的特定含义独立于已有统计学参量，其重要的创新特性之一是根据变量本身数值范围进行自然截断，从而截取顶端数据，这一特质与洛特卡、布拉德福、齐夫等图书情报学经典理论一脉相承。原始 H 指数中，被引用次数大于或等于 h 次的论文集合被称为 H 核心（Ye and Rousseau, 2010），此核心涉及的实体可认为是数据集中的核心或重要实体。同理，对于每一广义 H 测度皆有其对应广义 H 核心，并由此组合构成广义 H 核心集，图 11.1 中示例的广义 H 核心集如图 11.2 所示。

当然，仅在变量涉及的各排序对象本身存在可比性时，排序才有意义。因此多维 H 分布的测度中仍然隐含了各广义 H 测度对象存在某种关联性的假设。例如，某一研究主题通常涉及不同层面的科学对象（期刊、机构、国家或地区和研究领域等）。对于同一层面的科学对象而言，若出现于同一主题的研究，则构成一种隐性的"共现"（co-occurrence）关系(Vanrijsbergen, 1977; Leydesdorff and Vaughan, 2006)。研究主题内，一系列科学对象隐性共现关系的分布（广义 H 核心集），则

185

可描述出这一主题的研究参与现状。

变量 V_1		变量 V_2		变量 V_3	
排序序号	变量值	排序序号	变量值	排序序号	变量值
1	20	1	16	1	9
2	17	2	15	2	7
3	15	3	12	3	6
4	10	4	8	4	5
5	9	5	6		
6	8				
7	7				

图 11.2　由三种变量的广义 H 核心构成的广义 H 核心集（注：图中"排序序号"指代各参与排序实体，实体的集合即为 H 核心集）

　　由以上分析可见，多维 H 分布至少有两方面应用空间：①相比于传统 H 指数，能分析引文之外的数据类型；②相较于拓展后的 H 型测度（如 H 度，参见第五篇内容），能避免单一维度测评，可在不同维度上进行综合的比较分析。以下将使用期刊和研究主题两组数据进行应用探索。

11.3　数　据　处　理

　　基础数据获取自信息计量学领域最常用的数据平台之一——Web of Science，数据采集时间为 2017 年 11 月。在期刊层面，以 *Nature* 和 *Science* 两大综合类期刊作为比较。在研究主题层面，以"社会网络"和"复杂网络"两个研究议题对比分析。

　　首先，在 WoS 数据库中获取 *Nature* 和 *Science* 两大期刊 2009～2016 年的研究论文，分别为 21021 篇和 20856 篇，施引文献分别为 937369 篇和 860907 篇。分四个时间段测度期刊、机构（含大学）、国家或地区、学科领域四类科学对象在两种期刊内的广义 H 测度（分别标注为 h_m_J、h_m_I、h_m_C 和 h_m_S），并构成多维 H 分布。

　　其次，在该数据库（含 Science Citation Index Expanded 和 Social Sciences Citation Index）中，根据主题检索，得到 2009～2016 年 8 年间的 22821 篇社会网络和 13184 篇复杂网络研究论文，施引文献分别有 196006 篇和 145299 篇。计算出期刊、机构（含大学）、国家或地区和学科领域四类科学对象在两个研究主题中的广义 H 测度（分别标注为 h_m_J、h_m_I、h_m_C 和 h_m_S），并构成多维 H 分布。

11.4　*Nature* 与 *Science* 的多维 H 分布比较

Nature 和 *Science* 两种期刊在 4 个时段的多维 H 分布结果如表 11.1 所示，时间序列趋势如图 11.3 所示。

表 11.1　*Nature* 和 *Science* 研究的多维 H 分布

时段	多维 H 分布	
	Nature 期刊	*Science* 期刊
2009～2010 年	{258,491,84,118}	{252,482,90,122}
2011～2012 年	{232,462,85,116}	{210,427,84,112}
2013～2014 年	{174,370,79,106}	{165,353,79,104}
2015～2016 年	{106,250,69,91}	{100,230,61,86}

注：此处的多维 H 分布包含四种对象的广义 H 测度，依次为 h_m_J，h_m_I，h_m_C 和 h_m_S 对应于期刊、机构（含大学）、国家或地区和学科领域 4 类相关对象。

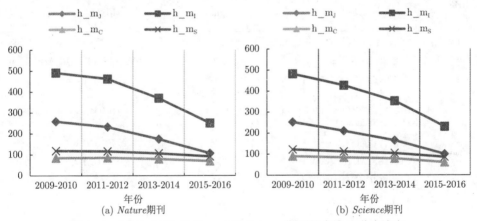

图 11.3　2009～2016 年 *Nature* 和 *Science* 期刊的多维 H 分布演变

注：h_m_J、h_m_I、h_m_C 和 h_m_S 分别表示期刊、机构（含大学）、国家或地区和学科领域 4 种广义 H 测度

其中，*Nature* 在 2009～2010 年的多维 H 分布数据 {258，491，84，118} 是指该刊在此两年中被 258 种不同期刊分别引用了不少于 258 次，被 491 个不同机构分别引用了不少于 491 次，被 84 个不同的国家或地区分别引用了不少于 84 次，被 118 个学科领域分别引用了不少于 118 次。可见，多维 H 分布的数值在考察影响力强度的同时，给出期刊在影响力范围的分布广泛性。虽然此处多维 H 分布依然是一个影响力测度指标序列，但其在最终计算 H 分布时，运算的实际上是文献数量而非引文。

超越单一数值是多维 H 分布的特点,可用于对比同一时段中 *Nature* 和 *Science* 的多维 H 分布数值。长期以来,*Nature* 和 *Science* 并称为当今世界最权威的两种综合类刊物,其内容风格、学科属性以及读者对象都有较强的相似性,关于两者谁更好也并无定论。但本节数据计算的多维 H 分布结果显示,在 4 个时段共计 16 个指标值中,*Nature* 在 13 个指标上都高于 *Science*,仅在 h_m_C(国家或地区)一项上 1 个时段等于 *Science*,1 个时段低于 *Science*;在 h_m_S(学科领域)一项上 1 个时段低于 *Science*。这说明,在影响力分布的广度上,*Nature* 总体略强于 *Science*。当然,两者的差距虽然在多数指标有所体现,但数值差异并不大。国家和地区的结果是个有趣现象,*Science* 作为美国这一全国科技领导者的综合类顶级刊物,其在地缘传播上是否有更多优势是今后科学交流研究值得探索的问题。

以多维 H 分布抽取出的广义 H 核心集为基础,可具体考察引用 *Nature* 和 *Science* 在不同维度的核心科学实体,也可比较两者在影响力分布上的差异,如表11.2 和表 11.3 所示。

表 11.2　2015～2016 年 *Nature* 广义 H 核心集

期刊序号	期刊	h_m_J	国家/地区序号	国家/地区	h_m_C
1	SCIENTIFIC REPORTS	2484	1	USA	35563
2	NATURE	1770	2	PEOPLES R CHINA	13250
3	NATURE COMMUNICATIONS	1508	3	ENGLAND	9848
4	PROCEEDINGS OF THE NATIONAL ACADEMY OF SCIENCES OF THE UNITED STATES OF AMERICA	1149	4	GERMANY	9801
5	PLOS ONE	1138	5	FRANCE	5727
6	PHYSICAL REVIEW B	873	6	CANADA	4600
7	ONCOTARGET	803	7	JAPAN	4590
8	MONTHLY NOTICES OF THE ROYAL ASTRONOMICAL SOCIETY	751	8	AUSTRALIA	4378
9	ASTROPHYSICAL JOURNAL	736	9	ITALY	3850
10	SCIENCE	667	10	SWITZERLAND	3677
…	…	…	…	…	…
106	CURRENT OPINION IN NEUROBIOLOGY	106	68	LITHUANIA	72

机构序号	机构	h_m_I	学科领域序号	学科领域	h_m_S
1	UNIVERSITY OF CALIFORNIA SYSTEM	5032	1	SCIENCE TECHNOLOGY OTHER TOPICS	12855
2	HARVARD UNIVERSITY	3671	2	BIOCHEMISTRY MOLECULAR BIOLOGY	9710

机构序号	机构	h_m_I	学科领域序号	学科领域	h_m_S
3	CENTRE NATIONAL DE LA RECHERCHE SCIENTIFIQUE CNRS	3390	3	CHEMISTRY	9502
4	CHINESE ACADEMY OF SCIENCES	3111	4	CELL BIOLOGY	7728
5	MAX PLANCK SOCIETY	2254	5	PHYSICS	7150
6	UNIVERSITY OF LONDON	2103	6	MATERIALS SCIENCE	4998
7	MASSACHUSETTS INSTITUTE OF TECHNOLOGY MIT	1774	7	ONCOLOGY	4471
8	UNITED STATES DEPARTMENT OF ENERGY DOE	1702	8	NEUROSCIENCES NEUROLOGY	4353
9	NATIONAL INSTITUTES OF HEALTH NIH USA	1694	9	GENETICS HEREDITY	4324
10	UNIVERSITY OF OXFORD	1592	10	ENVIRONMENTAL SCIENCES ECOLOGY	3497
…	…	…	…	…	…
250	UNIVERSITY OF GOTHENBURG	250	90	MINERALOGY	93

表 11.3　2015～2016 年 *Science* 广义 H 核心集

期刊序号	期刊	h_m_J	国家/地区序号	国家/地区	h_m_C
1	SCIENTIFIC REPORTS	1981	1	USA	31251
2	PHYSICAL REVIEW B	1423	2	PEOPLES R CHINA	14490
3	SCIENCE	1356	3	GERMANY	8225
4	NATURE COMMUNICATIONS	1268	4	ENGLAND	7330
5	PROCEEDINGS OF THE NATIONAL ACADEMY OF SCIENCES OF THE UNITED STATES OF AMERICA	1017	5	FRANCE	4767
6	PLOS ONE	933	6	JAPAN	3905
7	JOURNAL OF THE AMERICAN CHEMICAL SOCIETY	809	7	CANADA	3784
8	JOURNAL OF MATERIALS CHEMISTRY A	780	8	AUSTRALIA	3559
9	NATURE	697	9	SWITZERLAND	3042
10	ACS APPLIED MATERIALS INTERFACES	665	10	ITALY	3002
…	…	…	…	…	…
99	ENVIRONMENTAL RESEARCH LETTERS	100	61	SLOVAKIA	61

续表

机构序号	机构	h_m$_I$	学科领域序号	学科领域	h_m$_S$
1	UNIVERSITY OF CALIFORNIA SYSTEM	4437	1	CHEMISTRY	14036
2	CHINESE ACADEMY OF SCIENCES	3341	2	SCIENCE TECHNOLOGY OTHER TOPICS	13769
3	CENTRE NATIONAL DE LA RECHERCHE SCIENTIFIQUE CNRS	2902	3	PHYSICS	10406
4	HARVARD UNIVERSITY	2614	4	MATERIALS SCIENCE	9168
5	UNITED STATES DEPARTMENT OF ENERGY DOE	2046	5	BIO CHEMISTRY MOLECULAR BIOLOGY	6608
6	MAX PLANCK SOCIETY	1864	6	CELL BIOLOGY	4892
7	MASSACHUSETTS INSTITUTE OF TECHNOLOGY MIT	1469	7	ENVIRONMENTAL SCIENCES ECOLOGY	3969
8	UNIVERSITY OF LONDON	1409	8	ONCOLOGY	2687
9	STANFORD UNIVERSITY	1331	9	GENETICS HEREDITY	2608
10	NATIONAL INSTITUTES OF HEALTH NIH USA	1226	10	NEUROSCIENCES NEUROLOGY	2552
…	…	…	…	…	…
230	UNIVERSITY OF LAUSANNE	230	85	MYCOLOGY	86

表 11.2 和表 11.3 是以最近一个时段（2015～2016 年）为例，列出基于多维 H 分布方法抽取的 *Nature* 和 *Science* 的主要相关科学实体。

由上述图表可见，在期刊方面，*Nature* 与 *Science* 的核心中前十位构成具有相似性，作者付费的开放存取（OA）期刊 *Scientific Reports* 和 *Plos One* 均在其中排名靠前，与这两种 OA 期刊的发文量相对较大有一定关系。在机构方面，进入核心的多为体量较大或较有实力的机构。在国家或地区方面，进入核心的多为发达国家或论文产出较大的国家（如中国），核心也具有相当的排序一致性。在学科领域方面，*Nature* 和 *Science* 的核心都说明这两种刊物对于物理、化学、生命科学等基础理科的偏爱，以及在相关领域的广泛影响。但它们在学科领域方面的核心也体现一定差异，例如，*Science* 在化学和物理领域的影响强度较大，*Nature* 则在生命科学中的影响更为显著。

11.5 社会网络和复杂网络研究的多维 H 分布比较

将目光转移到研究主题上，社会网络和复杂网络两个主题在 4 个时段的多维 H 分布结果如表 11.4 所示，时间序列趋势如图 11.4 所示。

表 11.4　社会网络和复杂网络研究的多维 H 分布

时段	多维 H 分布	
	社会网络	复杂网络
2009～2010 年	{82,180,64,96}	{78,170,55,83}
2011～2012 年	{74,179,65,93}	{78,169,57,83}
2013～2014 年	{66,152,63,88}	{58,123,52,72}
2015～2016 年	{43,87,49,69}	{39,76,46,53}

注: 此处的多维 H 分布包含四种对象的广义 H 测度，依次为 h_m$_J$、h_m$_I$、h_m$_C$ 和 h_m$_S$, 分别对应于期刊、机构（含大学）、国家或地区和学科领域 4 类相关对象。

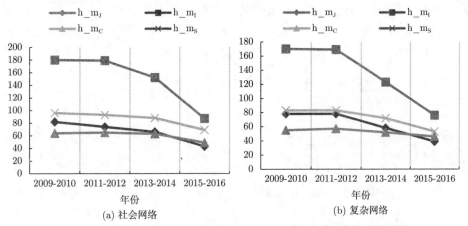

(a) 社会网络　　　　　　　　　　(b) 复杂网络

图 11.4　2009～2016 年社会网络和复杂网络研究的多维 H 分布演变

注: h_m$_J$、h_m$_I$、h_m$_C$ 和 h_m$_S$ 分别表示期刊、机构（含大学）、国家或地区和学科领域 4 种广义 H 测度

与前述期刊的数据不同，关于研究主题的多维 H 分布分析已与引文没有直接关系。表 11.4 中，多维 H 分布的数值主要在考察参与强度的同时，给出两个主题在各研究参与实体中的分布广泛性。例如，2015～2016 年社会网络主题的多维 H 分布为{43,87,49,69}，表示此两年中，有 43 种期刊刊载了不少于 43 篇该主题研究论文，有 87 所研究机构涉及了不少于 87 篇该主题研究工作，来自于 49 个不同国家或地区的研究者分别发表了不少于 49 篇该主题研究论文，而该主题的研究在 69 个不同学科领域出现不少于 69 次。这一分布显示此时段中社会网络研究的参与分布十分广泛。由该表可见，在经历 21 世纪初的十年快速发展后，2009～2016 年，社会网络和复杂网络研究都逐渐趋于平稳，也保持一定的学术活力，但是在近些年中，专门的相关研究已有下行趋势。当然，网络分析作为关系型数据研究的最佳范式，并非已走向没落。与此相反，结果说明，在研究已有一定基础后，各学科的网络分析和研究已不再总是依赖于复杂网络和社会网络，而是开始具有独立性。这与 Newman 在其著作《Networks: An Introduction》中将现实网络进行划分

并鼓励各领域学者进行细化研究的呼吁相得益彰(Newman，2010)。

图 11.4 显示了社会网络和复杂网络研究参与的时序变化。由图可见，两个主题的研究在期刊、机构、国家或地区以及学科领域各层面总体趋于平稳。两个主题的分布特点较为一致，机构的强度和广度（h_m_I）显著大于其他层面，学科领域次之。2015～2016 年，主题多维 H 分布中的国家或地区层面数值都超过机构层面，说明不同国家或地区的学者正更多地参与和加强相关研究，研究力量在地缘上有所拓展。由于社会科学与自然科学在体量上可比性不大，因此本节不刻意对社会网络与复杂网络研究的多维 H 分布进行总量数值比较和讨论。但图 11.4 也显示，国际上社会网络的多维 H 分布广度并不显著弱于复杂网络。

以多维 H 分布抽取出的广义 H 核心集为基础，可具体考察参与社会网络和复杂网络研究的重要科学实体，如表 11.5 和表 11.6 所示。

表 11.5　2015～2016 年社会网络研究广义 H 核心集

期刊序号	期刊	h_m_J	国家/地区序号	国家/地区	h_m_C
1	COMPUTERS IN HUMAN BEHAVIOR	531	1	USA	7277
2	PLOS ONE	491	2	PEOPLES R CHINA	3680
3	SCIENTIFIC REPORTS	308	3	ENGLAND	2394
4	IEEE ACCESS	187	4	AUSTRALIA	1389
5	PHYSICA A STATISTICAL MECHANICS AND ITS APPLICATIONS	185	5	GERMANY	1252
6	JOURNAL OF MEDICAL INTERNET RESEARCH	152	6	CANADA	1204
7	PHYSICAL REVIEW E	147	7	SPAIN	1098
8	INFORMATION SCIENCES	135	8	ITALY	862
9	FRONTIERS IN PSYCHOLOGY	132	9	NETHERLANDS	852
10	KNOWLEDGE BASED SYSTEMS	126	10	FRANCE	619
…	…	…	…	…	…
43	ROYAL SOCIETY OPEN SCIENCE	44	49	U ARAB EMIRATES	54

机构序号	机构	h_m_I	学科领域序号	学科领域	h_m_S
1	UNIVERSITY OF CALIFORNIA SYSTEM	726	1	COMPUTER SCIENCE	3398
2	UNIVERSITY OF LONDON	516	2	PSYCHOLOGY	2525
3	HARVARD UNIVERSITY	326	3	BUSINESS ECONOMICS	2144
4	STATE UNIVERSITY SYSTEM OF FLORIDA	319	4	ENGINEERING	1645

续表

机构序号	机构	h_m$_l$	学科领域序号	学科领域	h_m$_s$
5	PENNSYLVANIA COMMONWEALTH SYSTEM OF HIGHER EDUCATION PCSHE	296	5	SCIENCE TECHNOLOGY OTHER TOPICS	1475
6	UNIVERSITY OF NORTH CAROLINA	287	6	ENVIRONMENTAL SCIENCES ECOLOGY	1188
7	UNIVERSITY OF OXFORD	264	7	PUBLIC ENVIRONMENTAL OCCUPATIONAL HEALTH	1126
8	CHINESE ACADEMY OF SCIENCES	253	8	TELECOMMUNIC ATIONS	1034
9	UNIVERSITY COLLEGE LONDON	220	9	INFORMATION SCIENCE LIBRARY SCIENCE	884
10	UNIVERSITY OF MICHIGAN SYSTEM	202	10	EDUCATION EDUCATIONAL RESEARCH	778
…	…	…	…	…	…
87	DEAKIN UNIVERSITY	88	69	SURGERY	69

表 11.5 以 2015～2016 年时段为例，列出基于多维 H 分布方法抽取的社会网络研究的主要科学实体。期刊方面，前三名 *COMPUTERS IN HUMAN BEHAVIOR*，*PLOS ONE* 和 *SCIENTIFIC REPORTS* 刊载了大量相关研究论文，而社会网络专门研究期刊 *SOCIAL NETWORKS* 排至第 26 位。总体上，社会网络研究的主要刊载期刊的所属学科较分散。值得注意的是，即使是社会网络研究，核心中位于前列的仍以自然科学类期刊为主。社会网络主要研究机构大多为欧美名校，研究论文产出前 10 位中除第 8 位中国科学院外皆为英美著名大学，西方以英语为母语的国家在社会科学研究方面的绝对优势地位，在此主题上也有显著体现。来自中国的学者参与 3680 项工作，在国家或地区中，中国仅次于美国，排名第二，但中国的机构仅有中国科学院、清华大学等 12 所进入广义 H 核心的 87 个机构，说明目前国内社会网络研究的力量较为分散。学科领域方面，除社会学外，社会科学中的心理学、经济管理、图书情报学、教育学和传播学等也成为社会网络研究的重要阵地。而以计算机、工程、环境科学等为代表的理工和自然科学对社会网络表现出浓厚的研究兴趣，部分学科甚至超过传统的社会学科。

表 11.6 给出复杂网络于 2015～2016 年的研究参与广义 H 核心集。其中，中国学者的表现突出，论文产出超越美国，排名第一。排名靠前的机构中有约三分之一为中国机构。此外，复杂网络研究参与的广义 H 核心集还具有其他一些特点。进入广义 H 核心集的期刊中，领域相对集中，大部分皆为物理学期刊。类似地，

研究的学科领域方面，与社会网络研究广义 H 核心集内出现多个自然科学参与领域不同，各社会科学相对较少在本领域中讨论物理学范式的复杂网络研究，进入广义 H 核心集的社会科学领域仅有经济管理、心理学和信息学。对比社会网络和复杂网络的广义 H 核心集，可发现该结果与杨建梅（2010）的关于两个主题在研究传统和范式上存在显著差异的论点具有一致性。

表 11.6　2015～2016 年复杂网络研究广义 H 核心集

期刊序号	期刊	h_m_J	国家/地区序号	国家/地区	h_m_C
1	SCIENTIFIC REPORTS	640	1	PEOPLES R CHINA	4677
2	PLOS ONE	473	2	USA	3663
3	PHYSICA A STATISTICAL MECHANICS AND ITS APPLICATIONS	416	3	ENGLAND	1196
4	PHYSICAL REVIEW E	396	4	GERMANY	1086
5	NEUROCOMPUTING	259	5	ITALY	890
6	CHAOS	168	6	FRANCE	715
7	ONCOTARGET	124	7	SPAIN	658
8	NONLINEAR DYNAMICS	124	8	CANADA	629
9	APPLIED MATHEMATICS AND COMPUTATION	123	9	AUSTRALIA	629
10	JOURNAL OF THE FRANKLIN INSTITUTE ENGINEERING AND APPLIED MATHEMATICS	109	10	NETHERLANDS	455
…	…	…	…	…	…
39	ACTA PHYSICA SINICA	39	46	WALES	49

机构序号	机构	h_m_I	学科领域序号	学科领域	h_m_S
1	UNIVERSITY OF CALIFORNIA SYSTEM	397	1	PHYSICS	2161
2	CENTRE NATIONAL DE LA RECHERCHE SCIENTIFIQUE CNRS	377	2	SCIENCE TECHNOLOGY OTHER TOPICS	1807
3	CHINESE ACADEMY OF SCIENCES	332	3	COMPUTER SCIENCE	1595
4	UNIVERSITY OF LONDON	303	4	ENGINEERING	1453
5	HARVARD UNIVERSITY	291	5	MATHEMATICS	1100
6	KING ABDULAZIZ UNIVERSITY	204	6	BIOCHEMISTRY MOLECULAR BIOLOGY	1022
7	SOUTHEAST UNIVERSITY CHINA	191	7	NEUROSCIENCES NEUROLOGY	895
8	MASSACHUSETTS INSTITUTE OF TECHNOLOGY MIT	168	8	CELL BIOLOGY	683

续表

机构序号	机构	h_m$_I$	学科领域序号	学科领域	h_m$_S$
9	UNIVERSITY OF ELECTRONIC SCIENCE TECHNOLOGY OF CHINA	163	9	CHEMISTRY	588
10	MAX PLANCK SOCIETY	162	10	AUTOMATION CONTROL SYSTEMS	534
…	…	…	…	…	…
76	UNIVERSITY OF BRISTOL	76	53	VIROLOGY	53

11.6　小　结

H 指数的创新和成功启示，在图书情报学的信息分析和信息计量领域中，分析和测度方法创新是最值得关注的议题之一。信息计量学在基础层面有所推进，例如发展出 altmetrics（含社交媒体数据）和 usage（文献用量级数据）等新兴数据与视角(赵星，2017)，因此，呼唤在理论方法有更多创新。多维 H 分布方法具有避免单一测度、考察多维度、超越引文而适用于多数实体数据和能给出综合测评结果等特点，在一定程度上可认为是一种面向更广的测评方法，而原始 H 指数某种意义上可视为多维 H 分布在施引和被引都是论文这一维度上的特例。

对于 *Nature* 和 *Science* 的期刊数据以及"社会网络"和"复杂网络"两个主题数据的分析初步显示多维 H 分布可用于不同实体数据的挖掘和比较，也提供了更多的补充视角。在"*Nature* 和 *Science* 谁更好"这一问题上，多维 H 分布给出的答案是：*Nature* 的影响力分布更为广泛。在"社会网络"和"复杂网络"两个主题的近年发展中，多维 H 分布发现相比于一些自然科学（如物理学和计算机科学等）对社会网络表现出的强烈兴趣，社会科学相对较少涉及物理学范式的复杂网络研究。

当然，前述的多维 H 分布讨论也存在一些局限，可供后续研究改进：第一，数据受限于 WoS 数据库，从数据库中按主题词检索并不能穷尽相关研究论文，故数据获取方式仅可视为抽样比例较大的重点抽样。第二，图书情报学范式的文献数据讨论大多限于文献集的外部属性，深入和具体的内容分析困难。第三，多维 H 分布虽具有灵活、自然和多维的特点，但仅是一种视角，后续研究中可考虑方法的改进或多种方法的综合考察。特别是，多维 H 分布给出的是一个数值序列，考虑时间后可理解为一个数值平面。面对具体分析问题时，虽能给出更多视角，但也常会无法给出"斩钉截铁"的解答。如何平衡视角多样性和应用简洁性之间的矛盾，如何综合定性与定量方法(屈宝强和王凯，2017)，也一直是信息分析和计量方法创新的难点，值得今后研究中努力探索。

参 考 文 献

楼雯, 樊宇航, 赵星.(2017). 流动与融合——我国图书情报与档案管理学科点师资结构研究.中国图书馆学报, 43(6): 99-112.

戚尔鹏, 叶鹰. (2017). 发文-引文分布中 H 指数和 e 指数的比率模型及其理论分析. 图书馆杂志, 36(5): 62-71.

屈宝强, 王凯. (2017). 数据出版视角下的科学数据同行评议. 图书馆杂志, 36(10): 71-77.

杨建梅. (2010). 复杂网络与社会网络研究范式的比较. 系统工程理论与实践, 30(11): 2046-2055.

叶鹰, 唐健辉, 赵星. (2011). H 指数与 h 型指数研究. 北京: 科学出版社.

赵星. (2017). 学术文献用量级数据 usage 的测度特性研究. 中国图书馆学报, 43(3): 44-57.

Leydesdorff L, Vaughan L. (2006). Co-occurrence matrices and their applications in information science: Extending ACA to the Web environment. Journal of the American Society for Information Science and Technology, 57(12): 1616-1628.

Newman M E J. (2010). Networks: An Introduction. Oxford: Oxford University Press.

Rousseau R. (2012). Comments on "A Hirsch-type index of co-author partnership ability". Scientometrics, 91(1): 309-310.

Schubert A. (2007). Successive h-indices. Scientometrics, 70(1): 201-205.

Vanrijsbergen C J. (1977). A theoretical basis for the use of co-occurrence data in information retrieval. Journal of Documentation, 33(2): 106-119.

Ye F Y, Rousseau R. (2010). Probing the h-core: an investigation of the tail-core ratio for rank distributions. Scientometrics, 84(2): 431-439.

Zhao S X, Rousseau R, Ye F Y. (2011) .h-Degree as a basic measure in weighted networks. Journal of Informetrics, 5(4): 668-677.

Zhao S X, Tan A M, Ye F Y. (2012) .Distributive h-indices for measuring multilevel impact. Journal of the American Society for Information Science & Technology, 63(10): 2074–2086.

第 12 章
H 指数研究的知识图谱

自 2005 年 Hirsch 在 PNAS 上发表 "An index to quantify an individual's scientific research output" 一文以来，H 指数受到学术界的广泛关注，迅速成为科学计量学和科学评价学最主要的研究热点之一。Hirsch 的原始论文在十余年时间内已被引用 3467 次（Web of Science 平台检索，检索时间：2018 年 7 月 6 日），成为科学计量学领域迄今为止被引最高的论文之一，相对短的时间内积累如此高的被引量，这在相关研究领域中十分罕见。

近十余年来，科学计量学的另一重要进展则出现在知识图谱研究领域，陈超美（Chen，2004；2006）开发的 CiteSpace 软件使得图书情报学范式下知识图谱理论和实践迈出重要一步。该软件是一款适合进行多元、分时、动态复杂网络分析的可视化知识分析工具，引起国内外学界广泛关注并开始应用，也使得科学计量学的应用从评价领域延伸到知识发现领域。

H 指数起初是为了衡量单一学者的学术成就，后来被扩展应用到科研团队评价、学术期刊评价，乃至地区或国家等群体成就的评价中，各个领域的 H 指数研究文献层出不穷。借助 CiteSpace 软件，可以从科学计量学的视角对 H 指数近十年的研究进行简要梳理，从中解读出 H 指数研究领域的丰富信息。

12.1 数 据 输 入

H 指数是由 Hirsch 于 2005 年提出的，现有 H 指数相关研究论文一般都会引用 Hirsch 提出 H 指数的原始论文，故 H 指数研究论文集合可由 "An index to quantify an individual's scientific research output" 一文的被引记录确定，能够较全面、准确地获得 H 指数相关研究论文。具体操作步骤如下：

（1）在 Web of Science（WoS）中检索 Hirsch 的原始论文 "An index to quantify an individual's scientific research output"，检索式为

"标题=（An index to quantify an individual's scientific research output）
入库时间=所有年份；数据库=SCI-EXPANDED，SSCI，A&HCI."

（2）点击 "An index to quantify an individual's scientific research output"
的被引次数数字链接，可得到引用此文的论文集合（截至到 2015 年 12 月 14 日，
共计 2045 被引频次，1839 施引文献）。

（3）将此论文集合以及 Hirsch 的原始论文在 WoS 中的记录保存为纯文本格
式，在 CiteSpace 中新建项目将此文本集导入。

12.2　图　谱　示　意

12.2.1　总体态势

使用前述输入数据，在 CiteSpace 中进行数据演算和图谱绘制，可得到基
于合作网络的作者、机构和国家、基于共现分析的关键词和研究领域以及基于
共引分析的重要文献、作者和期刊三组图谱，如图 12.1～图 12.21 所示（其中，
图 12.1～图 12.7 是由合作网络分析而成，描述了现今 H 指数研究的合作态势）。
此外，还在世界地图上对 H 指数研究情况进行可视化，如图 12.22～图 12.23
所示。

图 12.1 展示的是 H 指数研究的主要合作作者群体。从该图谱中可以看到 H
指数研究领域主要合作者的网络结构，至少已经有两个比较具有规模的合作群体
形成，即以 Egghe—Rousseau—Bornmann—Marx 为中心的合作网络和以
Svider—Eloy—Baredes 为中心的合作网络。这两组合作网络的核心都是 H 指数
研究领域中的重要人物，已产出具有相当影响力的成果，且他们相互之间具有比
较紧密的合作关系。当然，这两个合作网络也成其他暂时处于 "边缘" 的学者
靠拢的方向和寻求合作的对象。除此之外，还有一些比较稳定的小规模的合作
团体，如 Maisano—Franceschini，Ye F Y（叶鹰）—Zhao S X（赵星）等。同
时，也还有一些发表较多相关论文的学者与他人之间的合作关系不是特别紧密，
如 Prathap G，Ho Y S 等，这些学者多是从自己特定的视角出发对 H 指数进
行研究，也为 H 指数的发展做出各自的贡献。

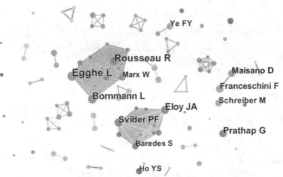

图 12.1　H 指数研究的作者合作图谱（2015 年）

此外，将此图谱（图 12.1）与 2010 年的作者合作网络（图 12.2）相比较，可以看到，有一些学者是在 2010 年后才在 H 指数研究领域加强与其他学者之间的合作并有高产出，如学者 Svider 和 Eloy。一直比较突出的是 Egghe 和亲密合作伙伴 Rousseau，他们一直是合作网络中的重要关键点。从 2010 年之前至今，这两位信息计量学亲密战友之间都保持着紧密且高效的合作关系，并不断加强与其他学者的共同合作，扩大合作范围，以他们为中心的合作网络不断丰富和扩大。其中，Bornmann 在 2010 年之前主要是与 Daniel 学者进行合作，而在 2011～2015年期间，其加强了与 Egghe 和 Rousseau 的合作，并且有丰富的产出。这可能是由于 Bornmann 在 2011 年之前归属于 ETH Zurich（苏黎世联邦理工学院），而在 2011 年之后其通讯地址改为 Max Planck Society(德国马普学会)，因此减少了与归属于 ETH Zurich 的 Daniel 学者之间的合作。

图 12.2　H 指数研究的作者合作图谱（2010 年）

机构合作依赖于作者合作，所以机构合作网络与作者合作网络有相似之处，参见图 12.3 和图 12.4。由图可以看到，从 2010 年前至今，Univ Hasselt（比利时哈塞尔特大学）和 Univ Antwerp（比利时安特卫普大学）之间，Katholieke Univ Leuven（鲁汶大学）和 Hungarian Acad Sci（匈牙利科学院）之间，一直都保持着紧密的合作，并且它们之间的合作一直在 H 指数研究中占据主导地位，推动着 H 指数研究的向前发展。值得一提的是，在 2005～2010 年的相关研究中，ETH Zurich 机构在合作网络中占有一席之地，但在 2015 年的机构合作网络中，重要性略有下降。部分原因是由于 Bornmann 离开了 ETH Zurich，其产出不再属于 ETH Zurich，导致 ETH Zurich 机构其重要性的下降。

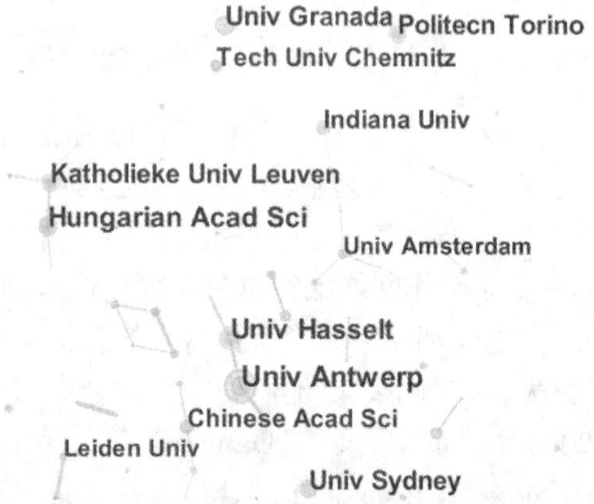

Univ Granada
Politecn Torino
Tech Univ Chemnitz
Indiana Univ
Katholieke Univ Leuven
Hungarian Acad Sci
Univ Amsterdam
Univ Hasselt
Univ Antwerp
Chinese Acad Sci
Leiden Univ
Univ Sydney

图 12.3　H 指数研究的机构合作图谱（2015 年）

Tech Univ Chemnitz
Univ Sao Paulo
Wolverhampton Univ
Hungarian Acad Sci
Univ Hawaii
Katholieke Univ Leuven
ETH
KHBO Assoc KU Leuven
Univ Zurich
Bar Ilan Univ
Univ Hasselt
CSIC
Univ Antwerp

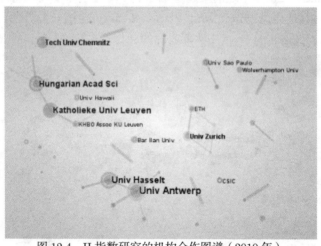

图 12.4　H 指数研究的机构合作图谱（2010 年）

从图 12.5 的国家合作分析中可以看出，主要的科学计量学研究强国都有学者参与了 H 指数研究。与 2010 年前的国家合作（图 12.6）比较可以看出，美国、西班牙、德国、英国、比利时等国家一直是 H 指数研究领域中的活跃国，拥有丰富的产出。在 2010 年至前，主要是欧洲各国之间有较多的合作关系，美国和德国的学者则以独立研究居多。而在 2011～2015 年期间，美国不仅保持高产出，还显著增加了与其他不同国家之间的合作联系。相比较于美国，德国学者与其他国家的合作没那么丰富，但从纵向角度来看，相对于前几年，德国与其他国家的合作关系也有所增强。由图谱可知，2011～2015 年间国家间的合作比 2005～2010 年间显著增加，合作网络变得更加复杂，也有更多的国家参与到 H 指数研究合作中来，国家之间的合作更加丰富，各国共同促进 H 指数研究成果的丰富。

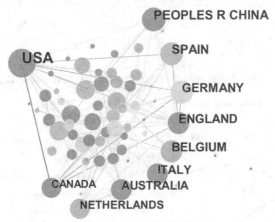

图 12.5　H 指数研究的国家合作图谱（2015 年）

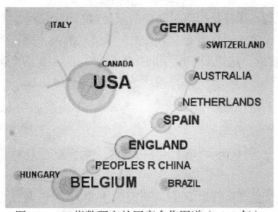

图 12.6　H 指数研究的国家合作图谱（2010 年）

对于中国来说，在 2011～2015 年的 5 年中，H 指数研究领域的发展迅速，不仅产出大幅度提升，而且与其他重要国家之间的合作也明显增多，这说明中国在 H 指数领域的研究在 2011～2015 年时期取得一定的进展。然而值得注意的是，虽然欧洲和亚洲一些国家在科学计量中一直表现活跃，但大部分的重要原创性成果仍是由美国学者完成，各国均有待进一步加强创新性研究。

由图 12.7 可以看出，比利时在 2005～2010 年中都处于爆发期，从图 12.6 所示的 2010 年国家合作图谱中，比利时就具有较高的显示度，直到 2015 年，比利时在国家合作网络中仍占有一席之地。而与之不同的是匈牙利，虽然在 2005～2010 年期间也属于爆发期，但其产出与合作远远不及比利时，因此虽然在 2010 年图谱中仍具有一定显示度，但远小于比利时的重要性程度；再加上其爆发期结束于 2010 年，导致匈牙利在 2015 年的图谱中显示度大大减小。巴西和瑞士也是一样，在 2010 年之前有一段爆发期，在 2010 年国家合作图谱中具有显示度，但是在 2015 年的国家合作图谱中比较弱势。可以得知，匈牙利、巴西和瑞士这三个国家在 H 指数研究领域中，属于爆发凸显，后续没有充足的研究与合作。

Top 6 Countries with Strongest Citation Bursts

Countries	Year	Strength	Begin	End	2005 - 2015
BELGIUM	2005	8.0785	2005	2009	
HUNGARY	2005	3.584	2005	2009	
BRAZIL	2005	3.4159	2005	2008	
SWITZERLAND	2005	3.7624	2007	2009	
CANADA	2005	3.8121	2010	2011	
POLAND	2005	3.1523	2012	2013	

图 12.7　国家凸显图（2015 年）

在 2010 年之后，具有爆发期的两个国家是加拿大和波兰，都具有约两年的爆发期。但是从图 12.5 中可以看出，在 2015 年呈现的国家合作图谱中，加拿大的显示度远远高出波兰，这说明在两年的爆发期里，加拿大的产出效率与产出量远高于波兰。

12.2.2　关键词与研究主题

图 12.8～图 12.13 是由共现网络分析而成，描述现今 H 指数研究的主要关键词和研究领域。

由图 12.8 可以直观地看出 H 指数研究的主要关键词。与指数本身有关的关键词，除了对应 H 指数本体的"h index"和"Hirsch index"出现较多以外，还有"index"出现次数也很高，这是因为除了 H 指数本身以外，还有很多变体和新指数是在 H 指数的基础上产生的。

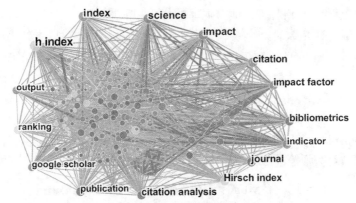

图 12.8　H 指数研究的关键词图谱（2015 年）

　　H 指数是平衡产出（output）与影响（impact）的简洁测度，被普遍用于引文分析（"citation analysis"以及"citation"）。从这些关键词在共现网络中的权重可以看出，尽管在实践中，包括 H 指数在内的引文分析参数常被误用为"质量"测评指标，但关键词图谱显示，学界内部还是较普遍地认为，H 指数主要是"影响"测度。另外，影响因子（impact factor）也出现在图谱中，表明学界在研究 H 指数的过程中，注重与影响因子的比较，而期刊 H 指数也成为被提及较多的 H 指数应用扩展。从"science""ranking"等关键词也可以看出，H 指数的应用焦点之一是对科学家的科学影响进行排序。如图 12.9 所示。

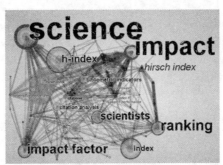

图 12.9　H 指数研究的关键词词谱（2010 年）

　　值得关注的是，相对于 2010 年前的研究，在 2011～2015 年中迅速增加的关键词是"indicator"和"google scholar"，分别是 H 指数在这 5 年内提及较多的应用与数据源。"indicator"关键词说明在这 5 年的研究中，H 指数作为一个指标衡量作者、期刊、机构等的相关应用和研究不断增加。而"google scholar"关键词说明在近段时间中，测度 H 指数的研究中的数据来源于谷歌学术（google scholar）的案例增多，这也表明相对于其他数据库，学者更偏好与习惯使用谷歌学术，体现谷歌学术相对于其他数据库的优势和前景。

图 12.10 对 H 指数研究领域中的关键词凸显进行呈现。可以看到，对科学家进行排序是 H 指数提出的最初应用，所以凸显期最早（2008 年之前）。而在 2008 年以后，不少学者基于 H 指数提出或研究了新的 H 型测度，包括 g 指数、A 指数、R 指数和 e 指数等。其中，R 指数的研究在 2008～2011 年期间都有较强的显示度，说明在这段时间中，学界对 R 指数具有较高的关注。而在近 3 年时间中，爆发的关键词是“otolaryngology”（耳鼻咽喉科）和“anesthesiologist”（麻醉医师），这表明，相关医学领域对医师等进行相关评价时，引入了 H 指数，并产出了一定的研究成果。

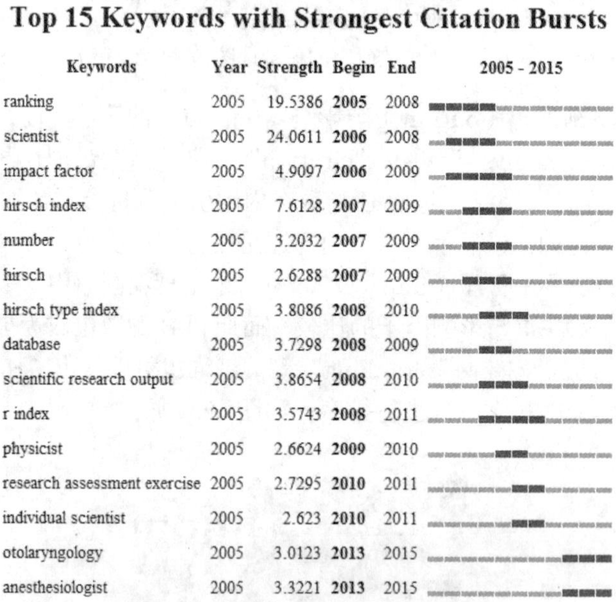

Top 15 Keywords with Strongest Citation Bursts
Keywords Year Strength Begin End 2005 - 2015
ranking 2005 19.5386 2005 2008
scientist 2005 24.0611 2006 2008
impact factor 2005 4.9097 2006 2009
hirsch index 2005 7.6128 2007 2009
number 2005 3.2032 2007 2009
hirsch 2005 2.6288 2007 2009
hirsch type index 2005 3.8086 2008 2010
database 2005 3.7298 2008 2009
scientific research output 2005 3.8654 2008 2010
r index 2005 3.5743 2008 2011
physicist 2005 2.6624 2009 2010
research assessment exercise 2005 2.7295 2010 2011
individual scientist 2005 2.623 2010 2011
otolaryngology 2005 3.0123 2013 2015
anesthesiologist 2005 3.3221 2013 2015
图 12.10　关键词凸显图（2015 年）

图 12.11 较明晰地显示出 H 指数的主要研究领域。可以看到，目前 H 指数研究主要涉及图书情报学、计算机科学和科学与技术中的其他主题，以及交叉学科

Multidisciplinary Sciences
Physics
Medicine
Biology
Computer Science
Chemistry
Psychology
Engineering
Economics
Information Science & Library Science
Biochemistry & Molecular Biology
图 12.11　H 指数研究的研究领域图谱（2015 年）

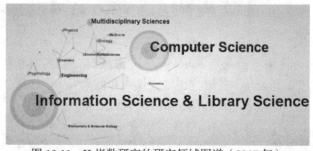

等。其中，图书情报学起到主导作用，而计算机科学凸显的一部分原因是图书情报学重要期刊 *Journal of the American Society for Information Science and Technology*（JASIST）在 JCR 中也被同时归于计算机科学分类。交叉学科的显示度则主要由 *Nature* 和 *Science* 贡献。

相比较于 2010 年前的相关研究（图 12.12），可看出在 2011～2015 年的研究中，电子商务领域、环境科学与生态学以及医学中的外科学领域中与 H 指数相关的研究显著增加。再结合图 12.13 可以看出，在图 12.11 中显示度很高的科学与技术中的其他主题是在 2013～2015 年期间内爆发的。此外，医学中的外科学领域和耳鼻咽喉科领域也在 2013～2015 年期间内爆发，说明，相关医学领域在不断尝试引入 H 指数进行评估，并有不菲产出。而在 2008 年左右，农学和免疫学也呈现短暂的凸显，说明这两个领域曾尝试引入 H 指数进行相关科学家、期刊等的评价，但后续研究跟进不足。

PSYCHOLOGY
SURGERY
ENVIRONMENTAL SCIENCES & ECOLOGY

BUSINESS & ECONOMICS

MULTIDISCIPLINARY SCIENCES

SCIENCE & TECHNOLOGY - OTHER TOPICS

COMPUTER SCIENCE

INFORMATION SCIENCE & LIBRARY SCIENCE

图 12.12　H 指数的研究领域图谱（2010 年）

Top 6 Subject Categories with Strongest Citation Bursts

Subject Categories	Year	Strength	Begin	End	2005 - 2015
ECOLOGY	2005	3.3269	**2006**	2007	
AGRICULTURE	2005	2.6648	**2007**	2008	
IMMUNOLOGY	2005	2.8514	**2008**	2009	
SURGERY	2005	5.4527	**2013**	2015	
OTORHINOLARYNGOLOGY	2005	3.8967	**2013**	2015	
SOCIAL SCIENCES - OTHER TOPICS	2005	2.6849	**2013**	2015	

图 12.13　研究领域凸显图（2015 年）

另外，物理学领域的发文量虽然不是特别突出，但从 2010 年前至今，都保持有一定数量的成果在持续发表。

图 12.14～图 12.21 是由共引网络分析而成，描述现今 H 指数研究的重要文献、作者和期刊。图 12.14 呈现 H 指数研究中的重要基础文献，表 12.1 详细展示 H 指数研究中的重要文献信息。显而易见，Hirsch 提出 H 指数的原始文献是被引频次最高的。此外，Hirsch 发表在 *PROCEEDINGS OF THE NATIONAL ACADEMY OF SCIENCES OF THE UNITED STATES OF AMERICA* 上的 "Does the h index have predictive power?" 一文就 H 指数是否具有预测能力进行讨论，该文章也被广泛引用。而 Egghe 发表于 *SCIENTOMETRICS* 的文章 "Theory and practise of the g-index" 在图谱中也具有较高的显示度，文中所提出的 g 指数是第一个著名的 H 型指数，在学术界中也得到普遍使用。

图 12.14　H 指数研究的重要文献图谱（2015 年）

表 12.1　H 指数研究的重要文献列表（2015 年）

被引文献	被引频次	中心度
HIRSCH J E（2005）	1834	0.19
EGGHE L（2006）	403	0.07
HIRSCH J E（2007）	203	0.10
VAN RAAN AFJ（2006）	188	0.05
JIN B H（2007）	173	0.06
BRAUN T（2006）	166	0.07
GARFIELD E（2006）	159	0.04
BATISTA P D（2006）	155	0.07
BORNMANN L（2008）	147	0.06
BALL P（2005）	142	0.12

注：此图谱中未显示 Hirsch 原始论文。

　　文章的被引积累需要时间，所以可以看出被引靠前的文献大多为 H 指数早期文献，除了 Hirsch 提出 H 指数的原始文献以外，其他重要文献基本上发表于2006～2007 年，即 H 指数刚被提出的后两年。但是在 2010 年的研究文献图谱中（图 12.15），这些文章的相对显示度是远不如现在的。在 2010 年之前的研究中，得到高引用的是 Ball（2005）发表于 *Nature* 的文章 "Index aims for fair ranking of scientists" 和 Redner（1998）刊于 *European Physical Journal B* 的论文 "How popular is your paper?An empirical study of the citation distribution"，这两篇文章分别是提高 H 指数知名度的重要文献和 Hirsch 原始论文中的 6 篇参考文献之一。在 2005～2010 年间，这两篇文章确实对 H 指数的发展具有重要影响。但是，随着时间的发展，H 指数研究不断普及与深入，学者开始更加关注 H 指数的后续应用与扩展。

图 12.15　H 指数研究的重要文献图谱（2010 年）

12.2.3　核心作者

　　图 12.16 呈现 H 指数研究中的活跃作者。可以看出，很多活跃的当代科学计量和信息计量学家都参与到 H 指数研究热潮中。同时，与 2010 年的作者图谱（图 12.17）相比较可以发现，在 H 指数研究领域中的活跃作者在 10 年时间内基本上没有发生太大的变化，这些学者从 H 指数研究一开始至今都在领域中保持着重要地位。其中，Garfield 虽然没有直接创作 H 指数的研究性论文，但由于他对于引文分析的基础性贡献，也在 H 指数研究中经常性地被提及和引用。

图 12.16　H 指数研究的作者图谱（2015 年）

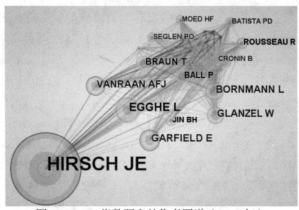

图 12.17　H 指数研究的作者图谱（2010 年）

现今的 H 指数研究学者的方法范式大致可分为三类：以数理推导为主的 Egghe，Rousseau 等；以实证研究为主的 van Raan，Bornmann 等；综合型的 Glanzel 等。

结合图 12.18，即 H 指数研究领域中的作者被引时区线图，可以清晰地看到，高频次被引的论文或者作者基本上出现在 2010 年以前，主要是在 2005～2008 年。这再次说明 H 指数研究领域中的经典主要是在 H 指数刚被提出的 2～3 年时间里产生，并直至近 10 年后仍保持着重要地位。

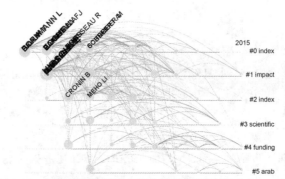

图 12.18　H 指数研究领域中的作者被引时区线图（2015 年）

图 12.19 展示 H 指数研究的主要相关期刊。其中，*PNAS*、*Nature* 和 *Science* 都属于权威综合性刊物，关于 H 指数的研究刊载量不大，但普遍较有影响力。而 *Scientometrics*、*Journal of the American Society for Information Science and Technology* 和 *Journal of Informetrics* 等情报学重要刊物则称为 H 指数研究文章较集中的发表阵地。这一期刊分布和 2010 年之前的研究期刊分布（图 12.20）没有太大差异，说明高质量的 H 指数研究文章一直集中在这些重要期刊上。

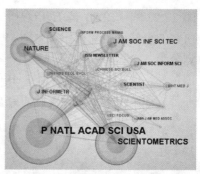

图 12.19　H 指数研究的期刊图谱（2015 年）　图 12.20　H 指数研究的期刊图谱（2010 年）

　　从图 12.21 期刊凸显图中可以看出，*Nature* 这一权威综合性期刊的爆发期是在 H 指数发展的前三年（2005-2007 年），说明刊载在其上的高影响力文章主要是在 H 指数提出后的 2～3 年里产出。而在 2013～2015 年间，爆发突现的期刊是 *AM SURGEON*、*UROLOGY*、*ACAD RADIOL*，都属于医学期刊，说明这一期间是 H 指数在医学领域的应用研究十分活跃。

Top 25 Cited Journals with Strongest Citation Bursts

Cited Journals	Year	Strength	Begin	End	2005 - 2015
NATURE	2005	13.481	2005	2007	
SCIENTIST	2005	28.9493	2006	2009	
LIBR INFORM SCI SER	2005	5.0383	2006	2009	
MATH COMPUT MODEL	2005	3.1669	2006	2009	
ARXIVPHYSICS0509048	2005	2.5979	2006	2007	
TRENDS ECOL EVOL	2005	9.3548	2006	2008	
IN PRESS J AM SOC IN	2005	3.489	2006	2008	
ISSI NEWSLETTER	2005	6.1644	2007	2008	
LIBRI	2005	4.2876	2007	2008	
BIF FUTURA	2005	2.5088	2007	2009	
D LIB MAGAZINE	2005	3.3617	2008	2010	
PROCEEDINGS OF ISSI 2007: 11TH INTERNATIONAL CONFERENCE OF THE INTERNAT	2005	8.94	2008	2010	
CHINESE SCI BULL	2005	8.396	2008	2010	
EPL-EUROPHYS LETT	2005	6.4954	2008	2010	
SCI FOCUS	2005	6.5417	2008	2010	
ANN PHYS-BERLIN	2005	4.537	2008	2010	
LIBR TRENDS	2005	3.5532	2009	2010	
J OPER RES SOC	2005	3.3953	2010	2011	
ACAD MANAG LEARN EDU	2005	2.8935	2010	2011	
ARCH IMMUNOL THER EX	2005	5.4493	2011	2012	
ACAD EMERG MED	2005	3.5407	2013	2015	
J GEN INTERN MED	2005	6.1221	2013	2015	
AM SURGEON	2005	3.6904	2013	2015	
UROLOGY	2005	5.3864	2013	2015	
ACAD RADIOL	2005	7.7164	2013	2015	

图 12.21　期刊凸显图（2015 年）

图 12.22～图 12.23 是 H 指数研究在全球可视化的简单图谱，描述了现今 H 指数研究的全球分布和合作。由图 12.22 可以看出，全球对于 H 指数的研究大致可以划分为 5 个区域：欧洲、美国、东亚、澳大利亚及南美洲。主要集中在欧洲与美国东部，研究阵地十分密集。其他地区如东亚、美国西部、澳大利亚东部及南美洲部分地区也有一定程度的研究显示度。

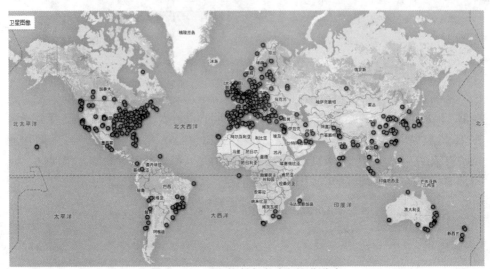

图 12.22　H 指数研究全球可视化分布

再由图 12.23 可以进一步看到全球不同地区之间的合作。可见，在 5 个研究区域中，欧洲、美国、东亚、澳大利亚之间都有紧密的合作，联系十分密切；而南美洲与其他之间的合作，相对较弱。

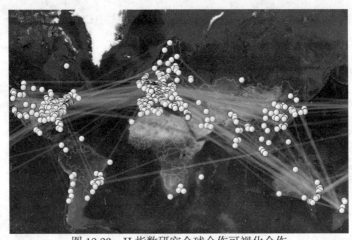

图 12.23　H 指数研究全球合作可视化合作

通过 H 指数研究的知识图谱分析可以发现：文献层面上，被引较多的经典论文主要是在 H 指数刚被提出后的 2006～2007 年期间。学者层面上，在 2010 年前占据重要地位的作者基本上保持到 2015 年前后，并有一些新的学者不断加入到 H 指数的研究中来；不仅学者增多，学者之间的合作也在不断加强，合作网络更加丰富和稳定。机构的情况取决于作者，主要研究机构集中在大学。期刊层面上，H 指数研究阵地主要集中在情报学三大重要刊物上，在 *Nature* 和 *Science* 等权威性综合性刊物上数量不多，但影响深远。学科领域层面上，H 指数研究已经广泛深入到多个学科，但仍以图书情报学为主导。国家或地区层面上，主要以美国和欧洲国家产出为主，同时涉及相关研究的国家之间也有紧密的合作。

总体而言，H 指数作为信息计量学的研究前沿，几乎整个信息计量学和科学计量学界都参与其中，在不同的地区、不同的学科领域上都取得丰硕的成果，而学者个体的发展对学科、机构和国家层面都具有重要的影响和推动作用。随着时间的推移，H 型指数已成为领域中经常使用的指标方法，而 H 型测度研究也正向更多方向延伸，开始涌现如 H 型网络测度等较成体系的方法。

参 考 文 献

Chen C. (2004). Searching for intellectual turning points: Progressive Knowledge Domain Visualization. PNAS, 101:5303-5310.

Chen C. (2006). CiteSpace Ⅱ: Detecting and visualizing emerging trends and transient patterns in scientific literature.JASIST, 57(3):359-377.

Redner S. (1998). How popular is your paper? An empirical study of the citation distribution. European Physical Journal B, 4(2):131-134.

第五篇

H 型信息网络测度的探索研究

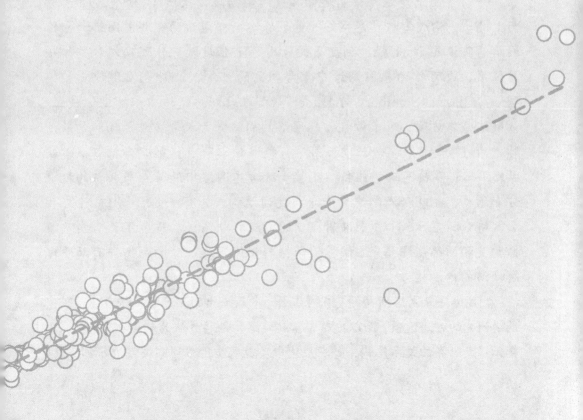

信息实体与相互联系交织而成的网络，构成信息世界的一种有趣的直观抽象。作为现今网络科学中的四大类型之一，信息网络是指包含信息内容实体（节点）及连接这些实体的信息行为（联系）组成的集合。现实的信息网络大多具有联系上的带权特征，且联系权重定义明晰并有显著测度含义。然而，已有的主要来自于社会学社会网络分析的基础定量测度方法未能精确把握信息网络的此类结构特点。

　　本篇尝试以信息计量学理论方法为基础，结合 H 型测度的有趣算法，给出从局部节点、联系到整体网络的带权信息网络测度。①节点测度方面，给出 H 度方法，重点把握节点的联系权重和结构信息。基于 H 度，提出 H 中心度、H 中心势、H 比率等相关方法，并扩展于有向网络的研究。除讨论相关测度的性质之外，文献、期刊、研究领域的多个网络实证显示 H 度的特点和有效性。②联系测度方面，用 12 个大规模网络分析带权信息网络中的联系基本特性，发现联系的权重分布存在幂律现象，并以"优先重连"机制解释其成因。据此，提出 H 强度、H 子网与 I_h 指数，构成带权信息网络中的联系分析工具。两组共引网络和合作网络的实证显示 H 强度测度集的效用。H 强度既能体现顶端和整体联系强度，也可作为抽取网络中重要联系的方法，此外也发现计量学模型——Glänzel-Schubert 与 Hirsch 模型在此网络情境中依然近似成立。③网络整体方面，给出带权信息网络的简洁骨干抽取方法，抽取结果可称之为 H 骨干，包含三步：第一，截取核心节点；第二，抽取核心联系；第三，重构网络桥组件。H 骨干既考虑网络中的节点与联系的权重分布结构，也包含网络中的中介与连通结构，具有一定综合性。论文共引网络分析显示，H 骨干仅用极少的节点和联系成功提取了具有明确解释意义的网络主体结果，该骨干保持与整体网络一致的形态并有助于理解网络的内涵核心。

　　测度方法是网络研究的基础性工作。本篇给出的测度可望构成今后信息网络研究的方法选项。而以更符合信息网络特性的方法为起点，有望更深刻揭示信息世界的关系结构，并在应用中实现从属性描述到关系表征的深化。

第13章
信 息 网 络

13.1 背 景

在合理规则内的流动与传承，是信息的核心价值之一。现实信息世界在演化和发展中不断建立各种普遍关联。信息内容及载体生成节点，信息行为及交互衍出联系，从而，信息节点与相互联系交织而生的网络（networks），构成信息世界的一种有趣图景。

图书情报学和信息资源管理学科对于信息的长期研究，在信息的生产、描述、统计和组织等方面，已有坚实的理论成就和实践积累。典型的成果之一是诞生文献/信息计量学这一相对科学化分支，使学科在理论上涌现逻辑起点，方法上筑起支撑框架。计量学自诞生之初，就带有明显的定量化、标准化、相对可重复验证等现代社会科学范式特征，一定程度上起到引领学科从经验之"术"转为科学之"学"的作用。计量学及其相关方法在信息研究内外的应用和发展，促进学科升华为现代社会科学的进程。然而，无论是图书情报学还是计量学，关于信息的定量探索，较多局限于信息或信息实体的表层属性统计与计量，而对于信息的相互关联探索不足。究其根源，是因为学科内部并没有发展出分析信息实体之间复杂相互关系的系统性定量方法，从而难以对以连接和网络形态呈现的信息与复杂交互进行深刻的探索。

近十余年来，由物理学主导的复杂网络和社会学主导的社会网络共同推进的网络研究取得重要突破，构建出的网络分析范式能在联系和结构的新视角上对复杂的系统进行更深刻的定量探索(Strogatz，2001；Barabasi，2009；Borgatti et al.，2009)，开始涌现出被称为网络科学（network science）(Watts，2004；Borner et al.；2007)的新兴横断研究领域。对于任一系统而言，只要内部有实体，实体相互之间存在关系，这些节点（实体）及其之间的联系（关系）即可构成一个网络(Newman，2003)。采用网络研究方法对具体网络进行定量分析，有望更深刻地描述和解释这一网络所表征对象的内部结构与性质。

　　网络研究不仅在物理学和社会学中成为当今显学，不同学科研究者也都注意到网络可能是解构各自领域复杂现象的有力工具。美国著名物理学家 Newman（2010）出版了网络科学集大成之专著《Networks: An Introduction》，根据各学科领域中已经被抽象为网络的现实系统类别性质，将计算机网、电话网、电力网、交通网等归为技术网络，将生命科学中的生物化学网络、神经网络和生态网络划为生物网络，把人类组织内部的互动关系（如友谊、情感、借贷和贸易等）归于社会网络，以及将引文网络、单词网络和 WWW 中的网页链接网络等归为信息网络（information network）。其中，Newman（2003；2010）认为信息网络的特点是网络中的节点和联系标识信息（或知识）的存储和扩散。

　　由此定义可见，信息网络与图书情报学研究存在天然的联系。如果说技术网络面向工程和自然学科，生物网络对应生命科学，社会网络和信息网络则指向社会科学的研究内容。其中，社会网络主要涉及社会学、管理学、经济学等，而信息网络的范畴正是图书情报学和信息资源管理学科孜孜以求的核心内容。

　　Newman 网络划分的另一隐喻在于，现实系统的复杂性注定了不同领域的网络在具有共性的可能性下，更多地体现出各自不同的功能、规律与特点。因此，从不同学科自身的情形、视角与方法去探索不同类型网络的各自现象，以求最终汇聚为网络科学的普适规律，成为当前网络研究较为可行的现实进路。

　　网络方法的最重要优点是能定量而深刻地解构系统中内含的关系与结构。故以网络分析为方法起点，有望解决领域长期彷徨于信息表层属性统计的困扰，推动本学科研究向关系与结构的方向深化。信息网络作为本学科与网络科学的交叉产物，将可能启示新的研究视角与理论模式，并能以更深化的定量方法进一步加强学科硬度。不仅许多研究内容都可抽象为网络进行分析，学科内及相关的一些重点与热点领域，如信息可视化、信息构建、信息检索、信息组织、信息行为、互联网信息及网络舆情研究等，也都能应用信息网络的方法、理论和模型进行更深刻探索。随着信息网络研究的深入和系统化，信息网络分析有望成为学科内的基础性工具选择之一。

　　当然，信息网络作为一种审视、构建和理解信息世界的抽象框架，其最紧要和最基础的是要发展简洁高效、视角独特、符合信息网络自身特点的系统性定量测量与分析方法，然后才能更准确地对各类信息网络做进一步的研究、探索与应用。因此，给出具有特色的、系统性的信息网络测度基础方法，成为本篇的立文之意。

13.2　社会网络、复杂网络与信息网络

本节对涉及的前人研究与基础理论进行简要讨论。在介绍社会学关于社会网络的数十年研究演进之后，转向近些年复杂网络的突破性进展，并比较思考社会网络与复杂网络两种范式的交融与特点，寻求信息网络研究的启示。最后，将聚焦于信息网络的研究及其在测度上面临的可能困境，从而引出冀望展现给读者的H 型信息网络测度。

13.2.1　社会网络分析的探索之路

如果说物理学是自然科学的基础学科，那么社会学至少是社会科学的基础学科之一。社会学家对于社会结构的关注，以及人类社会关系在社会学众多领域中的基础性地位，共同促使了关系结构的最佳表征形式之一——网络分析方法的诞生(Scott, 2000)。而社会学对于网络研究的缘起、方法、工具等诸多方面都具有不可磨灭的奠基性贡献。

尽管人类学和社会心理学者较早就对于人类社会关系展开定性或定量的研究,但严格意义上社会网络定量分析的方法基础是源于社会计量学（sociometrics）和数学图论（graph theory）在这一领域的应用（林聚任，2009）。始于 20 世纪30 年代末的社会计量学关注社会关系及其结构的测量技术（moreno，1941），图论则提供了以图形（如点、线）表达事物间特定联系的基本模型方法，社会网络分析方法雏形呼之欲出。较早使用现代意义社会网络概念的代表性学者是 John Barnes，他以一个挪威渔村为例，分析了亲属等社会阶层关系构建出的整体关系网络（Barnes, 1954）。20 世纪 70 年代可谓是社会网络发展的黄金时代，在这一时期，社会网络分析的方法和范式基本形成。其标志性的事件包括：研究领域的专业期刊 *Social Networks* 和 *Connection* 分别于 1978 和 1977 年创刊；专业研究组织——国际社会网络学会（International Network for Social Network Analysis，INSNA）于 1977 年成立。也正是这一时期，沿用至今的社会网络基本的概念、特征参量和分析框架开始规范。例如，Freeman（1979）关于中心度方法的精彩梳理与发展，已成为现今网络中心性测度研究的经典成果。

自 20 世纪 70 年代起，社会网络研究进入较快速的发展阶段，各种精彩理论成果层出不穷。哈佛大学的 Lorrain 和 White（1971）讨论了网络中结构对等性概念——具有结构对等性的组件，或具有相似的功能与地位。此后，White 等（1976）提出块模型，给出根据关系结构将网络分块的想法。同为哈佛学派代表人物的 Granovetter（1973）则提出弱连接理论，他的实证显示，关系较弱的连接

其价值并非一定小，也有可能在不同的组织和群体之间发挥特殊作用。这一理论与网络中的"桥"（bridge）概念有相通之处，即：特定结构中的高中介性连接，无论强弱，都可能成为关键性的核心途径。20 世纪 90 年代，芝加哥大学的 Burt（1992）提出结构空洞理论。他指出，现实网络中大部分节点只与少量节点具有联系，故使得整个网络显得稀松且在结构上看似具有较多空白处，即结构空洞。这一理论与复杂网络发现的无标度网络与优先粘贴机制关联明显。网络中的节点连接建立通常具有"省力原则"和"马太效应"，少量节点连接多，大量节点连接少，故网络整体上出现普遍的连接不均匀。此不均匀现象也必然导致网络结构的偏重，出现核心节点与边缘节点的区别。Borgatti 和 Everett（1999）给出核心/边缘模型，用于网络节点在所处结构位置上的"中心-边缘"二分，在需要对节点进行核心挖掘的系统中，具有广阔的应用空间。另一个有趣的方法突破是对于二模网的研究（Borgatti and Everett，1997），在这类网络中，可存在两种具有不同意义的节点类型，从而可探索更复杂的异构系统。

进入 21 世纪，随着计算能力的快速提高，社会网络迎来新的历史发展机遇，又一个黄金期到来。专业组织 INSNA 在国际学界极其活跃，无论是国际上还是国内，都有连续性的年度专业会议召开。社会网络分析软件 Ucinet 的诞生并得到广泛应用，*Social Network* 不仅只是社会网络研究最重要的新成果发表阵地，亦成为国际社会学权威期刊，其 2012 年五年期影响因子 4.059，位列 SSCI 中社会学分类 139 种期刊中的第四位，且前三的期刊皆为社会学综合性刊物，社会网络研究在社会学中的显学地位不言而喻。近年来，社会网络及其分析方法的研究和应用更是迅速扩展到管理学、计算机科学、心理学、经济学、图书情报学、教育学、传播学等诸多社会学科，如表 13.1 所示。

表 13.1　2009～2013 年 5 年间社会网络研究的篇次前十的期刊、机构、国家和学科领域（在 SCI 和 SSCI 收录的论文中，按主题词检索和统计）

期刊	篇次	机构	篇次
PLOS ONE	220	HARVARD UNIV	211
COMPUTERS IN HUMAN BEHAVIOR	147	UNIV N CAROLINA	147
SOCIAL NETWORKS	146	UNIV CALIF LOS ANGELES	144
PHYSICA A	110	UNIV OXFORD	141
PHYSICAL REVIEW E	86	COLUMBIA UNIV	134
CBSN	84	UNIV ILLINOIS	133
SOCIAL SCIENCE MEDICINE	84	PENN STATE UNIV	131
PNAS	65	UNIV MICHIGAN	115

续表

期刊	篇次	机构	篇次
EXPERT SYSTEMS WITH APPLICATIONS	63	UNIV WASHINGTON	108
AIDS AND BEHAVIOR	61	UNIV MELBOURNE	104
国家或地区	篇次	领域	篇次
USA	4918	COMPUTER SCIENCE	1854
ENGLAND	1192	BUSINESS ECONOMICS	1551
PEOPLES R CHINA	836	PSYCHOLOGY	1277
CANADA	647	PUBLIC ENVIRONMENTAL OCCUPATIONAL HEALTH	875
AUSTRALIA	646	SOCIOLOGY	731
SPAIN	582	ENGINEERING	692
GERMANY	514	INFORMATION SCIENCE LIBRARY SCIENCE	663
NETHERLANDS	505	EDUCATION EDUCATIONAL RESEARCH	567
ITALY	348	COMMUNICATION	467
SOUTH KOREA	343	ENVIRONMENTAL SCIENCES ECOLOGY	433

注：CBSN: CYBERPSYCHOLOGY BEHAVIOR AND SOCIAL NETWORKING; PNAS: PROCEEDINGS OF THE NATIONAL ACADEMY OF SCIENCES OF THE UNITED STATES OF AMERICA

由表 13.1 中可见，哈佛学派至今仍在社会网络研究中占有重要地位，而美国仍是研究的中心。总体上，主要机构大多来自于欧美名校，研究论文产出前 8 位皆为美国著名大学，西方以英语为母语的国家在社会科学研究方面的绝对优势地位在此主题上也有显著体现。计算机领域在社会网络开始占有相当显示度，这主要是因为社交网络（social networking）这一在线的社会网络模式成为应用热点。而社会网络在行为研究方面的重要价值也得到广泛的关注。期刊方面，除了 *Social Network* 理所当然地位于前列之外，近年新兴的著名开放存取期刊 *PLOS ONE* 也刊载了较多相关研究论文。中国的学者参与 836 项工作，但根据同时统计的数据，中国的机构无一进入机构前 30（香港城市大学位列第 34 位，参见附表 1），说明目前国内社会网络研究的力量仍较为分散。

就近年社会网络研究特点而言，除了社会学的社会网络继续注重社会理论与方法的突破（如社会资本理论），各学科的特色网络研究也开始起步。例如，管理学中的创新网络、经济学中的贸易网络、计算机学科中的在线信息行为研究、图书情报学中的人际情报网络等，Borgatti 等（2009）发表于 *Science* 的论文 "Network Analysis in the Social Sciences" 承前启后地探讨不同社会网络的假设与机理，显示社会网络分析在人类关系这一社会基石上的广阔研究价值。现今，社会网络已成为当今社会学的重要分支和对外知识输出领域，李林艳（2004）将之贴切地形容为"社会空间的另一种想象"，社会网络不仅是一种研究社会关系结构的方法，也是一种广受认同的研究范式，更有超越社会学而演化为新兴交叉研究领域的趋势。

13.2.2　复杂网络的方兴未艾

1. 复杂网络的兴起

还原论成就了数百年来近现代科学的辉煌成就。万物可分，分则可解，是还原论的重要观点。于是，物理学研究基本粒子的运动，化学从物理中寻找答案，生命科学分解为分子与基因，心理学将情感约减到感觉元素。然而，是否所有的系统都可用还原论的哲学寻求到完整的理解？

否定的答案伴随复杂性科学的诞生一同给出。面对人造系统中普遍存在的自组织和自适应现象，个体简单甚至规则的行为，却完全可能导致出人意料的结果。人际信息的传播、社会舆论的涌现、股票市场的波动、巧合事件引发的骚动、交通系统的意外拥堵等，似乎从整体论而非还原论的角度，更有可能追溯到其根源和机理。因此，从整体规律的宏观视角进行探索，成为复杂性科学的要义。

复杂网络无疑是从整体分析复杂系统的最有力工具之一。1998 年，Watts 和 Strogatz 在 *Nature* 发表的文章，以网络分析的视角，给出"六度分离"现象的科学解释——小世界模型。这一发现构成复杂网络的一类重要整体特征：网络内部节点之间具有较短的平均距离。1999 年，复杂网络研究代表人物 Barabasi 和 Albert 在 *Science* 发表了著名的无标度网络论文。他们指出，现实的复杂网络中，节点度（即节点的联系数量）分布并非传统所认为的均匀分布，而是幂律分布，具有幂律度分布的网络因此成为无标度网络。之后，大量实证显示无标度是复杂网络的另一基本特征（Barabasi，2009；2012）。幂律形态度分布的发现在网络科学研究中极具启示意义：首先，在复杂网络中，一般不存在标志性的节点度量级，而是大部分节点度值低，而小部分节点度值高，这一点对于控制策略的调整具有重要价值。另一方面，幂律而非正态分布的特性，说明常用的参数统计方法在网络研究中都可能存在风险，因此对于网络的统计和测量，需要谨慎。

以小世界和无标度现象的发现为标志，复杂网络领域开始爆发，成为系统科学等多个相关学科的研究热点，研究的重点涉及不同网络（包括技术、生物、社会和信息）的实证研究、网络基础模型、计算与测度方法、网络演化与动态性等（Jasny et al.，2009；Newman，2010）。在实例方面，总体而言，由于技术、生物和社会等领域的学科群和研究力量较强，此三种网络的探索要比信息网络更为系统。

2. 复杂网络与社会网络研究的比较及启示

虽然复杂网络与社会网络已有融合为网络科学的期望和趋势，但两者由于在历史渊源和研究传统上的巨大差异，短期内依然将是相互借鉴与并行的不同研究路径（杨建梅，2010）。如表 13.2 所示，复杂网络现今的研究力量分布结构，与社会网络研究也存在较大的差别。

表 13.2　2009～2013 年 5 年间复杂网络研究的篇次前十的期刊、机构、国家和学科领域（在 SCI 和 SSCI 收录的论文中，按主题词检索和统计）

期刊	篇次	机构	篇次
PHYSICAL REVIEW E	624	CHINESE ACAD SCI	147
PHYSICA A	425	UNIV SAO PAULO	126
PLOS ONE	304	FUDAN UNIV	125
CHAOS	160	SOUTHEAST UNIV	106
EPL	151	CITY UNIV HONG KONG	102
ACTA PHYSICA SINICA	130	NORTHEASTERN UNIV	102
EUROPEAN PHYSICAL JOURNAL B	126	UNIV SCI TECHNOL CHINA	101
CHINESE PHYSICS B	105	ZHEJIANG UNIV	88
JSMTE	90	HUMBOLDT UNIV	80
PHYSICAL REVIEW LETTERS	90	UNIV ELECT SCI TECHNOL CHINA	76
国家	篇次	领域	篇次
PEOPLES R CHINA	2115	PHYSICS	2697
USA	1495	MATHEMATICS	748
GERMANY	550	SCIENCE TECHNOLOGY OTHER TOPICS	704
SPAIN	489	COMPUTER SCIENCE	697
ITALY	472	ENGINEERING	584
ENGLAND	467	BIOCHEMISTRY MOLECULAR BIOLOGY	355
FRANCE	266	MATHEMATICAL COMPUTATIONAL BIOLOGY	253
BRAZIL	264	MECHANICS	228
JAPAN	246	NEUROSCIENCES NEUROLOGY	188
AUSTRALIA	207	CELL BIOLOGY	138

（JSMTE: JOURNAL OF STATISTICAL MECHANICS THEORY AND EXPERIMENT）

由表 13.2 可见，与社会网络研究不同，中国学者和研究机构在复杂网络研究中表现突出，可能原因之一是复杂网络属于新兴研究热点，相比于传统领域，国内外起步差距相对较小。在钱学森等人的影响下，国内于系统科学方面存有相当可观的研究基础和人才积累。而国内近年来科技人力资源和经费投入提高，加上科研政策方面的激励，故在复杂网络这样的新兴领域与国外差距相对较小，产出效率较高。期刊中，领域相对集中，大部分皆为物理学期刊。前 10 中没有出现社会学科，显示各社会科学相对较少在本领域中讨论物理学范式的复杂网络研究。当然，值得注意的是，在同时统计的社会学科数据中，图书情报学（排序为 27）在复杂网络方面的显示度研究仅次于经济管理（参见附表 2）。

对比社会网络和复杂网络研究，可以发现，社会学范式的社会网络研究在网络分析指标测度方法、社会关系理论、个体调查方法等方面都有基础性贡献，而物理学和系统科学范式的复杂网络研究注重寻求网络中整体普适规律、数理模型与动力学、演化与动态性等。社会科学注重微观情景和个体研究的特点，虽然贴合其一贯研究模式和进路，容易被社会学科的学者所理解和接受，但也导致数十年中，社会网络分析方法的影响力局限于部分社会研究领域。复杂网络研究的兴起虽晚于社会网络，但起点甚高，重要的原因在于物理学者时有的"物理即一切"的勇气和视野使得他们更乐于去找寻对于广泛范围都有价值的普适科学发现。当然，正如无标度虽然已被证实是大部分复杂网络的一种重要特性，但目前仍不完全清楚，哪些网络是无标度，哪些不是，以及更本质的"为什么"。对于不同的（社会）复杂系统，所谓普适规律，无论其数理推导多么精巧，实例规模如何庞大，通常都仅证明一种可能性或预测。对于具体的千差万别的网络，问题的答案仍需具体面对和谨慎求证。

因此，如何在保有社会系统的网络研究个性的同时，更好地理解信息网络特质，成为现今信息领域网络研究面临的关键性问题。

13.2.3 信息网络：矛盾的涌现

1. 信息网络

图书情报学和信息资源管理学科与网络研究有着天然的联系。理论上，信息世界的许多研究对象，只要存在实体间的相互关系，即可构建为网络。Price 于 1965 年发表的经典论文 "Networks of Scientific Papers"，研究了论文引文网络（Price, 1965），被物理学界认为是最早被报道的复杂网络形式之一（Newman, 2003；2010），Newman 也将引文网络和网页链接网络归纳为具有代表性的两种信息网络。而此两类网络正分别是情报学中的文献计量学和网络计量学研究多年来的持续重点。引文网络中，Newman（2003；2010）认为其网络结构表征了信息在节点中的储存结构。而引用关系，则可理解为信息在不同节点之间的扩散。网页链接网络中，网页为信息集合，网页之间的超链接即为互联网信息传递或关联的通道。近年来，科研合作网络成为计量学研究热点(Calero et al.，2007；Olmeda-Gomez et al.，2009；李亮和朱庆华，2008；Perc，2010；Perianes-Rodriguez et al.，2010；Ding，2011)，这类网络描述了节点如何进行信息合作从而创造出新的信息（或知识）（Lambiotte and Panzarasa，2009）。

结合 Newman（2003；2010）描述的网络分类及信息网络含义，可将广义的信息网络定义为：

定义 13.1　信息网络　信息网络是一组包含信息内容的节点及连接这些节点的信息行为联系所组成的集合。

由此定义可见，信息网络关注的是信息的内容和行为。与信息领域的技术网络相比，信息网络不注重物理实体，注重考察信息内涵。例如，同为互联网中的网络，当网络由服务器、网络电缆构成分析要点时，为技术网络；当网络由网站（网页）具体内容和非物理实体形式存在的超链接构成分析单元时，为信息网络。此定义也将 Newman 分类中的信息网络与管理学中研究的知识网络相区分，两者的区别类似于信息与知识的差异。信息网络中传递内容既可以是有用或有序的信息，也可能是无用或无序的信息。实际上，Newman（2010）在讨论信息网络的案例时，亦将万维网、网页链接网络等作为重点，而这类主要传送基础信息的网络与知识网络区别明显。本篇中将面向广义的信息网络进行研讨。

虽然宏观意义上的 "information networks" 一词早在 20 世纪 60 年代末就在图书情报学中被提及过(Becker and Olsen, 1968；Overhage，1969)，但学科本身并没有发展出能深刻解析网络的系统性方法。而现代网络科学意义下的信息网络研究则开始于 21 世纪初。2002 年，著名计量学家 Rousseau 和他的具有社会学背景的硕士生 Otte 发表 "Social network analysis: A powerful strategy, also for the information sciences" 一文，正式启迪网络分析方法在本学科的研究和发展。此后不久，我国的包昌火等（2003）在竞争情报领域首次提出人际情报网络，使用的主要分析方法即为社会网络分析方法，具有很强的创新意义。同样是在 2003 年，包括 Garfield 和 White 等美国团队也注意到社会网络分析与引文分析的可能结合（Marion et al.，2003）。由此也可见，图书情报学中最早引入的网络分析方法多是来自于社会网络，而非复杂网络研究，学科距离对于科学范式转移的影响不可低估。

此后数年，随着复杂网络和社会网络产生广泛影响，网络分析方法开始在本学科内受到关注(Borner et al.，2007)，信息研究者开始注意到网络分析在理解和解决信息核心问题中的巨大潜力（化柏林和武夷山，2013），各种类型和范围的信息网络开始得以构建。表 13.3 中列出情报学中已有研究的部分信息网络类型，虽然表中包含多达 21 种信息网络，但亦未必能穷尽已有的研究。另一方面，实际的信息网络研究也存在侧重。以期刊为节点的网络、引文网络和合作网络涉及计量学研究重点，成为近年热点，而论文综述网络(Zuccala and van den Besselaar，2009)和期刊编委网络（Malin and Caley，2007)等则属于视角相对特殊的探索性工作。国内学者对此领域亦有相当贡献。包昌火等（2003）的人际情报网络迅速在竞争情报领域产生影响，学者们从网络的构建（彭靖里等，2006；李纲等，2011）、分析模型（王曰芬等，2007）、动态性（吴晓伟等，2012)等各方面进行系列研究。竞争情报常通过人际间社会网络关系传递，无疑是网络分析与信息传播的最佳结合点之一。赵蓉英、邱均平的团队在本学科范式的知识网络研究也有创新性工作(赵蓉英和邱均平，2007；Zhao and Cheng，2008)。假设知识即为经证实的有用信息时，知识网络亦可视为具有广阔研究前景的信息网络大类。

表 13.3　部分已有研究的信息网络类型

编号	信息网络	相关研究文献例举（文献，期刊名）
1	论文引文网络	Price（1965），Science；Li 和 Willett（2009），Aslib Proceedings
2	作者引文网络	Ding（2011），JASIST
3	期刊引文网络	Leydesdorff（2003），Journal of Documentation 高小强等（2009），大学图书馆学报；Barnett 等(2011)，Scientometrics
4	机构引文网络	Yan 和 Sugimoto (2011)，JASIST
5	论文综述网络	Zuccala 和 van den Besselaar (2009)，Scientometrics
6	研究领域引文网络	刘臣等(2009)，情报学报；Varga (2011)，Scientometrics
7	专利引文网络	Chen 和 Hicks (2004)，Scientometrics
8	人际情报网络	包昌火等（2003），情报学报
9	网站链接网络	Thelwall (2001)，Ournal of Information Science；Ortega 和 Aguillo (2009)，Information Processing & Management
10	P2P 网络	Asvanund 等(2004)，Information Systems Research
11	作者合著网络	Kretschmer (2002)，Library Trends；Gossart 和 Ozman（2009），Scientometrics
12	机构合作网络	Nagpaul (2002)，Scientometrics
13	地区研究合作网络	Cassi 等（2008)，Research Evaluation；Leydesdorff 和 Persson (2010)，JASIST

编号	信息网络	相关研究文献例举（文献，期刊名）
14	专利合作网络	Inoue 等（2010），Journal of Informetrics
15	共词网络	Su 和 Lee（2010），Scientometrics
16	论文共引网络	Egghe 和 Rousseau（2002），Scientometrics.
17	论文耦合网络	Egghe 和 Rousseau（2002），Scientometrics
18	作者共引网络	White（2003），JASIST；Ding 等（2009），JASIST
19	知识（交流）网络	赵蓉英等（2007），情报学报；Behrend 和 Erwee（2009），Journal of Knowledge Management
20	期刊编委网络	Malin 和 Caley（2007），Journal of the American Medical Informatics Association
21	网站共链网络	Lang 等（2010），Scientometrics

注：此处只是列举已有研究的部分信息网络类型，并不代表该研究一定使用现代意义的网络分析方法。

由表 13.3 可见，现今的信息网络研究大多是由文献或学术信息网络作为切入点。而此类信息网络中，又以引用、合作等关系为考察的重点。就引文网络而言，被引的学术实体（如论文、作者、期刊等）构成节点，引用关系成为联系，可评价学术实体的学术影响力或科学知识（信息）在不同实体之间的流动。共引网络也可认为是一种变换的引文网络，两个学术实体（节点）A 和 B 同时被其他实体 C 所引用，则 A 和 B 这两个学术实体之间就具有"共被引"的关系（联系）。信息集合实体（如学者、机构等）之间的科学合作，从信息学意义而言，可理解为交换相互的科学知识或信息而创造出新的信息或知识。现有研究通常采用文献信息网络进行实证研究的主要原因包括：第一，此类数据可由规范的数据库提供，解决了网络研究中基础数据收集这一重要难题；第二，相比与诸如网页链接网络等互联网信息网络，文献或学术信息网络数据的重复验证性较强，更具科学性。故在后文尽量采用规范数据库提供的、具有可重复验证特性的文献信息网络作为实证样本。

当然，网络方法与信息研究的结合也仅是起步阶段。与大部分开始接受网络范式的学科相似，现今信息学对于各类信息网络的研究主要集中在概念明晰，网络构建、方法移植或特定目的的初步探索，全面系统的研究还较少。特别是，对于这一迅速发展的范式，在方法引入中有时缺乏深刻的理解，应用中存在全盘照搬、与自身领域的融通不足等失误。而这些可能缺失，较集中地体现在网络的测度方法这一网络分析的基础环节上。

2. 信息网络测度的困境

可先从网络的基础划分切入，厘清信息网络的一些自身特点和对于测度的启示与要求。

无论是 Newman 对于网络类型的划分，还是近十年的网络科学研究，都将关注点聚焦于网络中的节点及其性质。而实际上，网络之所以能被构建为整体，节点之间的联系同样至关重要。*Science* 于 2009 年刊发的复杂网络十年研究回顾特辑以 "Connections"（联系）为开篇语题目（Jasny et al., 2009），体现了现今学界对于网络研究更为深刻的认识。关系和联系的定量刻画是网络分析方法的独特之处，而网络亦可以理解是由联系及联系两端的节点所构成。因此，对于包括信息网络在内的社会性关系网络研究而言，对于联系的深刻把握，其重要性不亚于甚至可能超过节点分析。

Newman（2003；2010）依据对象所属的系统进行网络划分的方法将相似领域的网络归为同类，有利于各学科的具体探索和相互借鉴，具有重要参考价值。当然，此归类结果在一定程度上缺乏确定性和唯一性。4 种网络类型在现实中时常有所交叉。例如，Internet 上虚拟社区网络既有计算机网络也有社会网络的成分，引文网络和合著网络也都包含研究者之间的社会性联系，人际情报网络则是信息网络与社会人际关系网络的典型结合。因此，具体的理论研究中仍需探究具有结果确定性的网络分类。

以联系的性质为出发点，可构成网络类型的另一种划分方式。网络中联系存在着无向与有向、无权与权重的差别（Newman，2003），故网络在理论层面上可划分为：无向无权网、无向带权网、有向无权网和有向带权网。如图 13.1 所示，一些具有代表性的信息网络可分别归于后三种类型。另外，也可注意到，情报学范畴下的信息网络主要与两种类型相关：基于 "共现"(co-occurrence)(Vanrijsbergen，1977；Leydesdorff and Vaughan，2006)关系的共现信息网络和基于包括引用等指向关系的指向信息网络。共现信息网络指信息之间的关联以共同出现于某一密切相关的信息内容项目中，例如，两个关键词同时出现在一篇论文的关键词列表中，这两个关键词即可能存在科学意义上的关联，从而以关键词为节点，关键词之间的共现关系为联系，可构成共现性的共词网络。指向信息网络则是信息实体之间有信息传递、流动或跳转的情景，例如，一位学者 A 多次引用另一位学者 B 的研究成果，则说明 B 创造出的信息或科学知识传递给 A，以此两位学者为节点，学者之间的引用为联系，可都构成指向性的引文网络。大部分的共现信息网络属于无向带权网络，而大部分的指向信息网络则可归为有向带权网络。引文网络一般情况下都是有向网络，但共引网络是无向带权网络，具有一定特殊性，值得重点关注。

图 13.1　按联系在方向和强度性质差异划分的网络类型

　　早前的网络研究中，出于简便的目的，部分带权网络会被简化为无权网络，网络分析方法中的部分传统基础参数(Scott，2000；Albert and Barabasi，2002；Newman，2003；2010)也是针对无权网络设计。但大部分现实的信息网络都是带权网络，如表 13.3 的 21 种信息网络中，仅有单篇论文之间的引文网络和单项专利之间的引文网络可视为无权信息网络。因此，现有测度并不能较好地满足信息网络研究和应用的需求。另一方面，传统的基础测度本身也有可改进的空间。节点度（degree）是社会网络分析的众多测度指标的基础，但如图 13.2 所示，节点度并不能较好地描述节点 A 和 B 在网络中的真实结构信息差异。又如，另一常用的社会网络中心度指标——接近中心度（closeness centrality）被发现在用于分析期刊引文网络时可能效果不佳（高小强等，2009）。由此可见，简单地移用其他学科的指标、测度与方法，存在相当的效度风险，此为当前信息网络研究，特别是测度方法的困境。

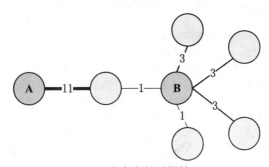

图 13.2　节点度的局限性

图 13.2 中节点 A 和 B 的度都为 11，但结构差异明显。从网络整体图而言，B 处于图的中心，连接网络中 6 个其余节点中的 5 个，而 A 虽然与另一节点的联系紧密，但仅是边缘节点。节点度并不能较好地揭示网络中的结构信息。

合宜的测度方法是正确理解信息网络、研究信息网络特性和应用网络范式的前提。因此，探索符合信息网络个性的特色测度方法成为当务之急。结合前述评述，可得到两项关于信息网络测度发展的重要启示。

第一，信息网络有带权性质，其权重常有重要价值含义且定义明晰，具有可测性。第二，信息网络中的联系可作为测度的要点，特别是联系的分布结构，将是给出创新性网络测度的关键切入点。

另一方面，计量学的成功和相对成熟，很大程度上源自于与生俱来的定量特征。计量学在数据规范、数理理论和计量测度等方面都有相当的积累，实际上已是研究信息的重要定量范式。论及计量学的得与失，应当注意到，计量学由于是社会领域，在一些理论上，如引文动机、量与质和影响与质量关系等方面，仍不可避免地存在复杂性导致的可能缺陷。但在一些方法上，计量学确有独到之处。例如，有较完备的、可重复验证的多个系统性研究数据（库），有诸如引文分析等通用的研究方法。又如，有影响因子和 H 指数等具有广泛影响的测度标准。影响因子和 H 指数作为单一参数，显然必有缺点。但其重要的成功之处都是以极其简单的物理含义给出一个清晰的测度视角。总结而言，简约而具有特色，是计量学测度的重要特点。

带着信息网络测度发展的两点启示与计量学测度启发的特点，本篇第 14 到第 16 章，将给出一系列从微观局部到网络整体的测度方法。

参 考 文 献

包昌火, 谢新洲, 申宁. (2003). 人际网络分析. 情报学报, 22(3): 365-374.

高小强, 赵星, 陶乃航. (2009). 网络中心度用于期刊引文评价的有效性研究. 大学图书馆学报, 27(5): 61-65.

化柏林, 武夷山. (2013). 网络社会需要网络分析. 情报学报, 32(8): 前插 1.

李纲, 王忠义, 寇广增. (2011). 企业人际情报网络构建方法研究. 情报学报, 30(6): 635-642.

李亮, 朱庆华. (2008). 社会网络分析方法在合著分析中的实证研究. 情报科学, 26(4): 549-555.

李林艳. (2004). 社会空间的另一种想象——社会网络分析的结构视野. 社会学研究, (3): 64-75.

林聚任. (2009). 社会网络分析：理论、方法与应用. 北京：北京师范大学出版社.

彭靖里, 谭海霞, 王崇理. (2006). 竞争情报中人际网络构建的理论研究——基于社会网络的分析观点. 图书情报工作, (4): 38-42.

王曰芬, 李鸿元, 戴建华, 等. (2007). 人际情报网络分析的方法和模型研究. 情报学报, 26(4): 574-582.

吴晓伟, 龙青云, 李丹. (2012). 企业人际竞争情报网络动态研究. 情报学报, 31(9): 946-955.

杨建梅. (2010). 复杂网络与社会网络研究范式的比较. 系统工程理论与实践, 30(11): 2046-2055.

赵蓉英, 邱均平. (2007). 知识网络研究(I)——知识网络概念演进之探究. 情报学报(2): 198-209.

Albert R, Barabasi A L. (2002). Statistical mechanics of complex networks. Reviews of Modern Physics, 74(1): 47-97.

Barabasi A L. (2009). Scale-free networks: a decade and beyond. Science, 325(5939): 412-413.

Barabasi A L. (2012). The network takeover. Nature Physics, 8(1): 14-16.

Barnes J. (1954). Class and committees in a norwegian island parish. Human Relations, 7: 39-58.

Becker J, Olsen W C. (1968). Information networks. Annual Review of Information Science and Technology, 3: 289-327.

Borgatti S P, Everett M G. (1997). Network analysis of 2-mode data. Social Networks, 19(3): 243-269.

Borgatti S P, Everett M G. (1999). Models of core/periphery structures. Social Networks, 21(4): 375-395.

Borgatti S P, Mehra A, Brass D J, et al. (2009). Network analysis in the social sciences. Science, 323(5916): 892-895.

Borner K, Sanyal S, Vespignani A. (2007). Network science. Annual Review of Information Science and Technology, 41: 537-607.

Burt R. (1992). Structural holes: The social structure of competition. Cambridge: Harvard University Press.

Calero C, van Leeuwen, T N, Tijssen R J W. (2007). Research cooperation within the bio-pharmaceutical industry: Network analyses of co-publications within and between firms. Scientometrics, 71(1): 87-99.

Ding Y. (2011). Scientific collaboration and endorsement: network analysis of coauthorship and citation networks. Journal of Informetrics, 5(1): 187-203.

Freeman L C. (1979). Centrality in social networks conceptual clarification. Social Networks, 1(3): 215-239.

Granovetter Ms. (1973). The strength of weak ties. American Journal of Sociology, 78(6): 1360-1380.

Jasny B R, Zahn L M, Marshall E. (2009). Connections. Science, 325(5939): 405-405.

Lambiotte R, Panzarasa P. (2009). Communities, knowledge creation, and information diffusion. Journal of Informetrics, 3(3): 180-190.

Leydesdorff L, Vaughan L. (2006). Co-occurrence matrices and their applications in information science: Extending ACA to the Web environment. Journal of the American Society for Information Science and Technology, 57(12): 1616-1628.

Lorrain F, White H C. (1971). Structural equivalence of individuals in social networks. The Journal of mathematical sociology, 1(1): 49-80.

Malin B, Caley K. (2007). A longitudinal social network analysis of the editorial boards of medical informatics and bioinformatics journals. Journal of the American Medical Informatics Association, 14(3): 340-348.

Marion L S, Garfield E, Hargens L L, et al. (2003). Social network analysis and citation network analysis: Complementary approaches to the study of scientific communication (SIG MET). In J.B. Bryans (Ed.), Asist 2003: Proceedings of the 66th Asist Annual Meeting, (40): 486-487.

Moreno J L. (1941). Foundations of sociometry: an introduction. Sociometry, 41: 15-35.

Newman M E J. (2003). The structure and function of complex networks. Siam Review, 45(2): 167-256.

Newman M E J. (2010). Networks: An Introduction. Oxford: Oxford University Press.

Olmeda-Gomez C, Perianes-Rodriguez A, Ovalle-Perandones M A, et al. (2009). Visualization of scientific co-authorship in Spanish universities from regionalization to internationalization. Aslib Proceedings, 61(1): 83-100.

Overhage C F J. (1969). Information networks. Annual Review of Information Science and Technology, (4): 339-377.

Perc M. (2010). Growth and structure of Slovenia's scientific collaboration network. Journal of Informetrics, (4): 475-482.

Perianes-Rodriguez A, Olmeda-Gomez C, Moya-Anegon F. (2010). Detecting, identifying and visualizing research groups in co-authorship networks. Scientometrics, 82(2): 307-319.

Price D J D. (1965). Network of scientific papers. Science, 149(3683): 510-&.

Scott J. (2000). Social network analysis: a handbook. London: Sage Publications.

Strogatz S H. (2001). Exploring complex networks. Nature, 410(6825): 268-276.

Vanrijsbergen C J. (1977). Theoretical basis for use of co-occurrence data in information-retrieval. Journal of Documentation, 33(2): 106-119.

Watts D J. (2004). The "new" science of networks. Annual Review of Sociology, 30: 243-270.

White H C, Boorman S A, Breiger R L. (1976). Social-structure from multiple networks. 1. blockmodels of roles and positions. American Journal of Sociology, 81(4): 730-780.

Zhao R, In C. (2008). The notion and characters of knowledge networks. Knowledge Organization, 35(1): 47-54.

Zuccala A, van den Besselaar P. (2009). Mapping review networks: Exploring research community roles and contributions. Scientometrics, 81(1): 111-122.

第 14 章
节点测度：H 度及其延拓

||||||||||||||||||||||||||||

节点是传统网络分析的基本分析单元，表征网络所抽象系统中的元素、实体或行动者。节点的测度是理解网络中结构与行为的基石。

本章试图从重点把握权重结构的前提下，以 H 指数算法这一简洁而富含信息的独有计量学方法为特色，给出包含 H 度在内的系列节点测量方案，构成带权信息网络的一类基础测度。

14.1 H 度及其特质

14.1.1 H 度的定义

无向无权网络中，两个节点之间的联系，只有存在与否的区别。有联系，其联系权重可理解为 1，而无联系，则为 0。但是，对于绝大多数现实网络而言，联系有轻重之分，疏密之别。即包括信息网络在内的现实网络通常是带权网络。

节点度是传统网络分析中最基本的测度参量。不仅众多网络指标，如中心度和密度等，是以节点度为基础的计算，而且很多重要的网络规律，例如复杂网络中的无标度现象（Barabasi and Albert, 1999），本身就是对节点度的分析。节点强度（node strength）可被认为节点度在带权网络中的概念变换，其定义为节点所有联系的强度之和。节点强度虽然纳入联系的权重考量，却又忽略了联系的结构信息。如图 14.1 所示，节点 A 和 B 的节点强度均为 12，但它们在网络中的位置结构差异明显，B 与 6 个节点都有联系，是整个网络的拓扑结构中心，而 A 仅与一个边缘节点保持联系。

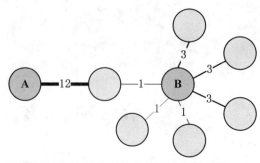

图 14.1　节点强度相同但结构属性差异明显的两个节点（A 与 B）

结合图 13.2 和图 14.1 可见，对于带权网络而言，节点度忽略联系上的权重，而节点强度则失去联系的结构信息。故更理想的基础节点测度应该是能同时将联系的权重与结构信息纳入计算。

计量学中 H 指数的算法巧妙地契合了这一需求。H 指数原本是由美国物理学家 Hirsch（2005）提出的，用于评价科学家的论文影响力。研究者的 H 指数表示其发表 h 篇被引次数不小于 h 次的论文。作为近年最成功的文献计量指标，Hirsch 发表于 2005 年的原始论文迄今被引用 1267 次，甚至超过 Garfield（1955；1972）和 Price（1965）的计量学奠基性论文[①]。H 指数的兴起不仅因为其在测评理念上具有精巧把握信息学中常见的幂律现象（Egghe，2005），自然截断顶部数据，综合平衡数量与影响以及简洁性与稳定性等特点（Egghe，2010；Norris and Oppenheim，2010；叶鹰等，2011），其计算方法上也独树一帜。H 指数的算法并非移植于数理统计指标，而具有原创性，这在计量学也属鲜见。

结合 H 指数的有趣方法，可给出一种新的网络节点测度——H 度（h-degree，d_{h}）（zhao et al.，2011）。

定义 14.1 (H 度)　带权网络中节点 n 的 H 度指，n 至多与 $d_{\mathrm{h}}(n)$个其他节点之间有权重不低于 $d_{\mathrm{h}}(n)$ 的联系。

据此定义 14.1，图 14.1 中节点 B 与 6 个节点存在联系强度依次为 3、3、3、1、1 和 1 的 6 条联系，其中可得到最大值 3，表示 B 与 3 个其他节点之间有权重不低于 3 的联系。A 的 H 度为 1，而 B 为全网最大 H 度 3，H 度更好地反映 B 在网络中的结构位置。

在节点数量为 N 的带权网络中，H 度的最大极值为（N–1）。特殊情况下，如

<hr>

① 2014 年 4 月 23 日于 Web of Science 数据库检索，Garfield 的*"Citation indexes for science"*一文发表 59 年后总计被引 671 次，*"Citation analysis as a tool in journal evaluation"*发表 42 年后被引 1086 次，Price 的*"Networks of scientific papers"*发表后 49 年后被引 895 次，而 Hirsch 的*"An index to quantify an individual's scientific research output"*发表 9 年后被引 1561 次。

在星型网络中，中心节点与其他所有节点联系强度都为（$N-1$）时，其 H 度亦可达到（$N-1$）。环型网络中，因为任一节点的联系数量至多为 2，故节点的 H 度最大极值为 2。所有的孤立节点，由于联系数量为 0，其 H 度亦可理解为 0。H 度同样适用于有向网络，关于有向网络中的 H 度将在 14.4 节中谈论。为了概念明晰，14.1 节和 14.2 节中都仅讨论无向带权网络中的 H 度。

14.1.2　H 度的理论性质

在无权网络中，Korn 等（2009）曾提出 lobby 指数用于网络中节点的中心性测评，其值 k 是指该节点至多与 k 个节点度不小于 k 的邻接节点（neighbors）保持联系。故也可将 lobby 指数与节点强度相结合，移用于带权网络，构成 w-lobby 指数（weighted lobby index）。其含义可描述为：带权网络中，节点 n 的 w-lobby 指数为 $l(n)$ 指该节点至多与 $l(n)$ 个节点强度不小于 $l(n)$ 的邻接节点保持联系。由此，w-lobby 指数可用于带权网络并与 H 度相比较。当然，w-lobby 指数与 H 度在理论和方法上即存在先天的区别：

（1）w-lobby 指数仍然建立于传统的节点强度基础上，同样会面临图 14.1 中节点强度所出现的可能问题。而 H 度是对于节点联系强度的计算。

（2）w-lobby 指数实际上是用邻接节点的属性（节点强度）计算节点自身的量值，固然是一种视角，但属于间接的测度。而 H 度是以节点自附的联系直接测度的节点自身的量值，属于更直接的测度，计算量也低于 w-lobby 指数。

图 14.2 和表 14.1 中，以示例给出前述指标的测度值。

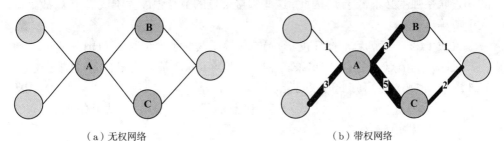

（a）无权网络　　　　　　　　　　　（b）带权网络

图 14.2　示例网络

表 14.1　图 14.2 中网络节点的几种测度值

节点	无权网络节点度	带权网络		
		节点强度	H 度	w-lobby 指数
A	4	12	3	3
B	2	4	1	2
C	2	7	2	2

H 度可被认为是一种平衡联系强度和邻接节点数量（同时也是联系数量）的参量。其与带权网络中的节点强度在算法上的差异是，H 度取顶部值，节点强度取总量。一个近似的类比是，不考虑自引的作者引文网络中，H 度即为作者的 H 指数，节点强度即为作者的总被引数量。如果将信息世界理解为网络，那么 H 指数实际上是 H 度在引文网络中的体现。H 度的另一特点是涵盖更多的微观结构信息。如图 14.3 所示，若一个节点 A 计算出节点强度为 3，但并不知道其连接结构是图中的 A1、A2 还是 A3。而当计算出节点 H 度为 3 时，即可还原这一节点的主要连接结构应为 B 的模式。当然，H 度做为抽取顶部数据的测度，也时常不能包含全部的结构信息。例如，计算出节点 H 度为 3 时，仍无法判断其是否还有强度低于 3 的其他联系。因此，H 度在具有简洁性的同时，也只能是一个概要型的参数。

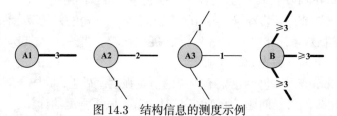

图 14.3　结构信息的测度示例

接下来在带权网络的框架下，给出 H 度的一些理论性质。

性质 14.1　任一节点的 H 度始终小于或等于其 w-lobby 指数，即：$d_\mathrm{h}(n) \leqslant l(n)$。

证明：若节点 h 的 H 度为 k，则其至少有 k 个邻接节点，且与这些邻接节点的相连联系强度必不低于 k。因此，这些邻接节点的节点强度大于或等于 k。故 $l(n)$ 大于或等于 k。　■

性质 14.2　当节点 n 的 H 度 $d_\mathrm{h}(n)$ 恰好等于其联系数量时，$d_\mathrm{h}(n) = l(n)$。

证明：当节点 h 具有 $d_\mathrm{h}(n)$ 条联系时，其 w-lobby 最大为 $d_\mathrm{h}(n)$。且根据性质 14.1，$d_\mathrm{h}(n) \leqslant l(n)$，可知此时仅可能 $d_\mathrm{h}(n) = l(n)$。　■

令 N 为网络节点总数，N_a 表示某一节点的邻接节点数量。显然有，$N_\mathrm{a} \leqslant N\text{–}1 < N$，且以下性质成立。

性质 14.3　对于带权网络中的非孤立节点而言，H 度（d_h）始终满足不等式

$$1 \leqslant d_\mathrm{h} \leqslant N_\mathrm{a} < N \tag{14.1}$$

证明：对于非孤立节点，其邻接节点至少为 1，相关的联系强度亦至少为 1，则有 $1 \leqslant d_\mathrm{h}$。N_a 同时表示节点的连接总数，故有 $d_\mathrm{h} \leqslant N_\mathrm{a} < N$。　■

性质 14.4　当节点 n 的节点强度为 $d_\mathrm{s}(n)$ 而 H 度为 $d_\mathrm{h}(n)$，则恒有

$$d_s(n) \geqslant (d_h(n))^2 \tag{14.2}$$

证明： 当节点的 H 度为 $d_h(n)$，说明其至少有 $d_h(n)$ 条权重不低于 $d_h(n)$ 的联系。即其节点强度最小值为 $(d_h(n))^2$。∎

与节点度在社会网络分析中的基础地位相似，H 度也被设计为一种基础的网络测度参量。由 H 度出发，可望给出系统性的网络测度，参见 14.2 节"H 度的方法扩展"。

14.2　H 度的方法扩展

主要由社会网络分析发展出的中心性测度(Scott, 2000；Butts, 2008)是最常用的网络分析技术之一(Otte Rousseau, 2002；Bollen et al., 2009；Borgatti et al., 2009)。不同的中心性测度都试图从某一角度分析和挖掘网络中的中心节点。中心节点，通常即为网络在某种意义上的核心节点，从而具备特定的功能，扮演重要的网络角色。其中，又以基于节点度的点度中心度（degree centrality）、基于节点间距离的接近中心度（closeness centrality）和基于节点间路径的中介中心度（betweenness centrality）最为常用(Freeman, 1979；Everett et al., 2004)。当然，这些来自于社会网络分析的中心度方法都是面向无权网络设计。在带权网络中，其应用时只考虑了拓扑连接，没有计入权重结构。而采用 H 度与之结合将有望综合这两方面的需求。

14.2.1　H 中心度

H 度可视为节点度在带权网络中的替代方法之一。因此，点度中心度与 H 度的结合将最为自然。无权网络中，点度中心度 $C_d(n)$ 由节点 n 的度 $d(n)$ 进行计算：

$$C_d(n) = \frac{d(n)}{N-1} \tag{14.3}$$

与此类似的，可给出 H 中心度（h-centrality）的定义，具体如下：

定义 14.2　在有 N 个节点的带权网络中，节点 n 的 H 中心度 $C_h(n)$ 为

$$C_h(n) = \frac{d_h(n)}{N-1} \tag{14.4}$$

式中，$d_h(n)$ 为节点 n 的 H 度。

由此定义可见，H 中心度实质上可视为 H 度基于网络节点规模的标准化转换。

H 度、w-lobby 指数和 H 中心度的计算差别如图 14.4 和表 14.2 所示。

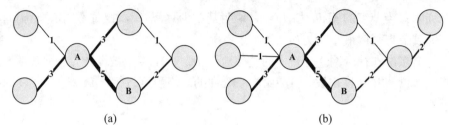

(a)   (b)

图 14.4   H 度、w-lobby 指数和 H 中心度的计算示例网络

表 14.2   图 14.4 中的参数计算结果

节点	H 度	w-lobby 指数	H 中心度
图 14.4(a): A	3	3	3/5
图 14.4(a): B	2	2	2/5
图 14.4(b): A	3	3	3/7
图 14.4(b): B	2	2	2/7

由图 14.4 可见,无论是节点 A 还是 B,在图 14.4(a)和(b)中的 H 度和 w-lobby 指数取值都相同,但由于两个网络规模和结构不一,H 中心度体现出它们在所处网络宏观结构上的差别。

H 中心度可测量节点在网络中的重要性或核心程度。由于计算时考虑网络规模,因此理论上可用于不同网络或同一网络在不同演化阶段的比较分析。H 中心度在带权网络中也具有以下性质:

性质 14.5   对于非孤立节点,H 中心度 C_h 恒满足以下不等式:

$$0 < \frac{1}{N-1} \leqslant C_h \leqslant \frac{N_a}{N-1} = C_d(n) \leqslant 1 \tag{14.5}$$

证明:根据性质 14.3,可得到 $\frac{1}{N-1} \leqslant \frac{d_h}{N-1} \leqslant \frac{N_a}{N-1} \leqslant \frac{N-1}{N-1}$。由 H 中心度的定义 $\frac{d_h}{N-1} = C_h$,因此,式(14.5)成立。■

性质 14.6   当节点有节点强度 d 和 H 度 d_h 时,恒有以下不等式:

$$C_h \leqslant \frac{\sqrt{d}}{N-1} \tag{14.6}$$

证明：根据性质 14.4，可得 $d_\mathrm{h} \leqslant \sqrt{d}$。两边除以$(N{-}1)$，式(14.6)成立。　■

14.2.2　H 中心势

中心势（centralization）是节点中心性在整个网络层次上的聚合体现（Freeman, 1979；Everett et al., 2004）。有 N 个节点的网络 G 中，令 $F(n_i)$ 为节点 n_i 的中心度，则网络 G 的中心势为

$$F(G) = \frac{\sum_{i=1}^{N}[\mathrm{MAX}(G) - F(n_i)]}{\mathrm{MAX}(N)} \tag{14.7}$$

式中，$\mathrm{MAX}(G)$表示网络中的最大节点中心度值；$\mathrm{MAX}(N)$为 N 个节点的网络中心度差值的最大可能值，理论上在网络为星型网络时，此值可能达到最大值（$N{-}1$）（$N{-}2$）。

根据这一中心势的基本设计原则，可定义出基于 H 度的网络中心势——H 中心势（h-centralization）。

定义 14.3　含有 N 个节点的带权网络 G 的网络 H 中心势 $C_\mathrm{h}(G)$ 为

$$C_\mathrm{h}(G) = \frac{\sum_{i=1}^{N}[\mathrm{MAX}(G) - d_\mathrm{h}(n_i)]}{(N-1)(N-2)} \tag{14.8}$$

H 中心势描述网络内部的权重分布。当网络的中心势较高时，说明相比于网络的核心节点，其余节点的 H 度较低，高权重联系较集中于核心节点，而整个网络的权重分布较不均匀。H 中心势可用于整个网络亦可用于局部子网比较分析，图 14.5 列出一个计算示例。

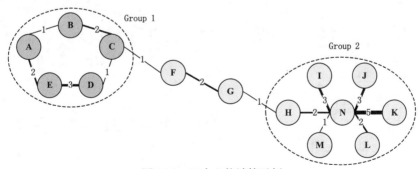

图 14.5　H 中心势计算示例

图 14.5 中 "Group 1(G_1)" 子网包含 5 个节点（$N=5$），其中 4 个 H 度为 1，只有节点 "E" 为 2。因此，该子网 MAX(G_1)=2，式（14.8）中分母为 12，$C_d(G_1)$=0.33。"Group 2(G_2)" 子网含有 7 个节点（$N=7$），其中 6 个节点 H 度为 1，而节点 "N" 为 3。因此，该子网 MAX(G_1)=3，式（14.8）中分母为 30，$C_d(G_2)$=0.4 大于 $C_d(G_1)$。这与两个子群的拓扑结构相符——G_2 的中心节点更为明显，故中心势较大。

对于整个网络，节点数量为 14，MAX(G)=3，式（14.8）中分母为 156，故 $C_d(G)$=0.16。这一数值显著低于 $C_d(G_1)$ 和 $C_d(G_2)$，这是因为各子群的核心节点的中心性对于网络整体的影响变小。

14.2.3 H 比率

传统的社会网络分析指标主要是基于无权网络设计，而前述给出的 H 度、H 中心度和 H 中心势则面向带权网络，重点反映网络中的权重分布。由此，若将两者进行比较，则可反映拓扑链接和权重结构这两方面的差异比率，如定义 14.4。

定义 14.4 带权网络中，H 比率 $R_h(n)$ 为

$$R_h(n) = \frac{d_h(n)}{d(n)} \tag{14.9}$$

由此定义可见，H 比率体现的是含权的 H 度与忽略权重的节点度之间的比较，其满足性质 14.7。

性质 14.7 H 比率恒满足以下不等式：

$$\frac{1}{d} \leqslant R_h \leqslant \frac{N_a}{d} < \frac{N}{d} \tag{14.10}$$

证明： 由性质 14.3 和式（14.9），可得式（14.10）。 ■

14.3 实证研究：核心文献的 H 度

14.3.1 数据采集

以 H 指数研究[①]的 WoS 收录论文，构成典型的带权信息网络——论文共引网络。具体的基础数据操作如下：

[①] 选择这一领域，是因为作者及合作团队在这一领域有一定研究经历，便于观察对比研究结果与现实情况。

（1）以 Hirsch 的 H 指数原始论文 "An index to quantify an individual's scientific research output" 以及引用这篇文章的 49 篇 WoS 收录的最高被引论文（截止于 2011 年 3 月 23 日，被引次数不小于 20 次，代表性片段数据如表 14.3 所示）构建出领域基础论文集合。

（2）WoS 中下载此论文集合（包含参考文献），导入软件 Network Workbench (NWB)(NWB Team, 2006；Börner et al., 2010)分解获得包含 1532 篇论文（含非 WoS 收录论文）的关系数据。

（3）将此数据集编程转化为软件 UCINET(Borgatti et al.,2002)可读的格式，以便后续分析和计算。

表 14.3　原始数据片段：Hirsch 原始 H 指数文献施引论文集合中的高被引论文（按被引 TOP10）

序号	作者/篇名/期刊	被引次数	参考文献
1	Egghe L Theory and practise of the g-index SCIENTOMETRICS. 2006, 69 (1): 131-152	169	13
2	Van Raan A F J Comparison of the Hirsch-index with standard bibliometric indicators and with peer judgment for 147 chemistry research groups SCIENTOMETRICS. 2006, 67 (3): 491-502	132	14
3	Hirsch J E Does the h index have predictive power? PNAS. 2007, 104 (49): 19193-19198	104	14
4	Meho L I, Yang K Impact of data sources on citation counts and rankings of LIS faculty: Web of science versus scopus and google scholar JASIST. 2007, 58 (13): 2105-2125	97	61
5	Jin B H, Liang L M, Rousseau R, Egghe L The R-and AR-indices: Complementing the h-index CHINESE SCIENCE BULLETIN. 2007, 52 (6): 855-863	95	31
6	Batista P D, Campiteli M G, Kinouchi O, Martinez A S Is it possible to compare researchers with different scientific interests? SCIENTOMETRICS. 2006, 68 (1): 179-189	89	13
7	Glänzel W On the h-index-A mathematical approach to a new measure of publication activity and citation impact SCIENTOMETRICS. 2006, 67 (2): 315-321	84	13
8	Braun T, Glänzel W, Schubert A A Hirsch-type index for journals SCIENTOMETRICS. 2006, 69 (1): 169-173	83	7
9	Egghe L, Rousseau R An informetric model for the Hirsch-index SCIENTOMETRICS. 2006, 69 (1): 121-129	82	11
10	Bornmann L, Daniel H D What do we know about the h index? JASIST. 2007, 58 (9): 1381-1385	80	43

14.3.2　结果与讨论

图 14.6 展示计算而得的高 H 度节点文献，而网络的主体如图 14.7 所示。

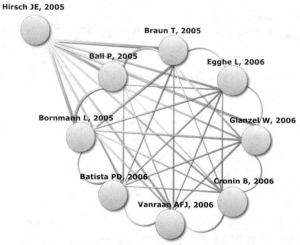

图 14.6　由 H 度不小于 7 的节点组成的代表性子网

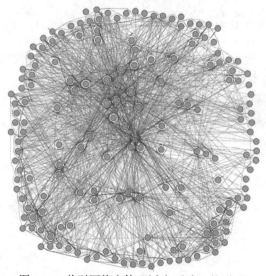

图 14.7　共引网络主体(不含权重为 1 的联系)

图 14.6 中的节点 H 度大于或等于 7，说明这些节点与至少 7 个其他节点保持权重不低于 7 的较强联系，构成网络中的重要节点，相关文献也确实都是整个领域的基础性文献代表。就共引网络的意义而言，则表明这些节点较集中地被其他

文献一同作为研究参考。故此子网全连通，且密度很强。Hirsch 的原始文献自然地居于网络中心，图 14.7 也显示此网络具有较明显的核心/边缘结构。

表 14.4　H 度大于或等于 5 的节点的测度值

节点（文献作者，时间，期刊）	节点强度	H 度	度中心度	H 中心度 ($\times 10^3$)	H 比率 ($\times 10^3$)
Hirsch J E, 2005, PNAS	1969	10	1.286	6.532	5.079
Egghe L, 2006, Scientometrics	1047	8	0.684	5.225	7.641
Braun T, 2005, Scientist	1025	8	0.669	5.225	7.805
Glänzel W, 2006, Scientometrics	1063	8	0.694	5.225	7.526
Bornmann L, 2005, Scientometrics	1092	8	0.713	5.225	7.326
van Raan A F J, 2006, Scientometrics	992	8	0.648	5.225	8.065
Batista P D, 2006, Scientometrics	1020	8	0.666	5.225	7.843
Ball P, 2005, Nature	472	7	0.308	4.572	14.831
Cronin B, 2006, JASIST	1038	7	0.678	4.572	6.744
Egghe L, 2006, ISSI Newsletter	306	6	0.200	3.919	19.608
Egghe L, 2006, Scientist	229	6	0.150	3.919	26.201
Kelly C D, 2006, Trends Ecol Evol	880	6	0.575	3.919	6.818
Banks M G, 2006, Scientometrics	849	6	0.555	3.919	7.067
Glänzel W, 2006, SCI Focus	188	6	0.123	3.919	31.915
Glänzel W, 2005, ISSI Newsletter	809	5	0.528	3.266	6.180
Egghe L, 2006, Scientometrics	211	5	0.138	3.266	23.697
Braun T, 2006, Scientometrics	967	5	0.632	3.266	5.171

表 14.4 显示网络中 H 度值相对较高节点的测度结果。可见，节点的 H 度与节点强度区别明显。例如，"Cronin B, 2006, JASIST"与"Ball P, 2005, Nature"的 H 度同为 7，但前者的节点强度是后者的 2.2 倍，H 度为 6 的 5 个节点的强度值从 188 到 880 不等。对网络所有节点而言，采用 Wilcoxon 秩和检验，结果也显示 H 度与节点强度在统计学意义上具有显著差异（表 14.5）。此外，"Glänzel W, 2006, SCI Focus"的 H 比率是表 14.4 中最高，说明其联系的权重较集中于部分紧密联系。

表 14.5　H 度与节点强度的 Wilcoxon 秩和检验

项目	H 度 vs. 节点强度
Z	−33.818
统计显著性（2-sided test）	0.000

网络科学成为新兴领域的重要起点，是在互联网这一常见网络类型中发现幂律度分布(Rousseau，1997；Barabási and Albert，1999；Barabási et al.，2009；2010)。而使用 H 度的数据，也拟合出节点度类似的近似幂律，双对数坐标轴下的形态如图 14.8 所示。

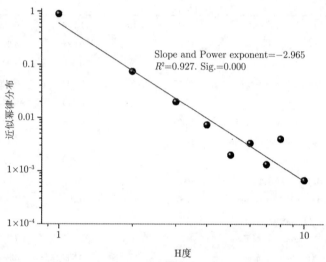

图 14.8　H 度在双对数坐标轴中的近似幂律分布

H 中心势的结果如表 14.6 所示，可见，H 中心势取值很小，"H 指数研究"的共引网络中权重分布极不均衡，这也与引文网络的特性相符，引文网络中，总是只有小部分节点能获得高被引，而大部分节点的被引较低，即引文网络是典型的无标度网络。

表 14.6　H 中心势计算结果

	H 度中心势 $a/ \times 10^{-2}$	H 中心势 $b/ \times 10^{-6}$	b/a
案例网络	4.83	3.69	0.76×10^{-4}

14.4　有向带权信息网络中的 H 度

14.1 节～14.3 节的讨论均限于无向网络，而如第 13 章中对于现实的信息网络类型的总结，有向网络也是信息网络的常见形态。故本节将专门讨论有向带权网络中的 H 度。理论上，无向网络的测度都可转化为有向网络测度，故后续研究给出的测度也可以本节为例进行转换，不再赘述。

14.4.1 有向 H 度测度集

1. 有向 H 度的定义及性质

有向网络中联系的方向可从节点角度以"入"和"出"表述。当节点处于关系中的"被指向"端或终点时，此关系为节点的入联系（in-link）。反之，当节点处于关系中的"指出"端或起点时，此关系为节点的出联系(out-link)。故节点的度有入度(in-degree)和出度(out-degree)之分（Newman，2003；2010）。由此得到启发，从节点的角度，根据联系的方向，可给出有向带权网络中的两种有向 H 度（zhao and Ye, 2012）：入 H 度（in-h-degree, h_I）和出 H 度（out-h-degree, h_O）。

定义 14.5 有向带权网络中，节点 n 的入 H 度 $h_{I(n)}$ 指此节点至多与其他 $h_{I(n)}$ 个节点保持了大于或等于 $h_{I(n)}$ 的入联系。

定义 14.6 有向带权网络中，节点 n 的出 H 度 $h_{O(n)}$ 指此节点至多与其他 $h_{O(n)}$ 个节点保持大于或等于 $h_{O(n)}$ 的出联系。

有向带权网络中，节点的入联系和出联系可分别由入 H 度和出 H 度测度。例如，期刊引文网络中某一期刊节点 J 的被引，构成该节点的入联系。而 J 的施引，则是其出联系。由此，可计算出网络中各节点期刊的入 H 度和出 H 度。高的入 H 度（或出 H 度）分别表示节点不仅与较多的其他节点相连，还与这些相连节点也保持了相对高强度和密切的入联系（或出联系）。与无向网络的节点 H 度不同，有向网络中的任一节点都有入和出两种 H 度，可通过对入联系和出联系进行降序排列快速计算，如表 14.7 和图 14.9 所示。

表 14.7 节点入 H 度与入 H 度的计算方法（按联系强度降序排列）

入 H 度（h_I）			出 H 度（h_O）		
序号 （N）	入联系 （in-link, k）	联系强度 （in-link strength, L_I）	序号 （M）	出联系 （out-link, k）	联系强度 （out-link strength, L_O）
N_1	in-link 1	$L_{I(1)}$	M_1	out-link 1	$L_{O(1)}$
N_2	in-link 2	$L_{I(2)}$	M_2	out-link 2	$L_{O(2)}$
...	...		...	...	
h_I	in-link h_I	$L_{I(h_I)}$ （$L_{I(h_I)} \geqslant h_I$）	h_O	out-link h_O	$L_{O(h_O)}$ （$L_{O(h_O)} \geqslant h_O$）
h_I+1	in-link (h_I+1)	$L_{I(h_I+1)}$ （$L_{I(h_I+1)} < (h_I+1)$）	h_O+1	out-link (h_O+1)	$L_{O(h_O+1)}$ （$L_{O(h_O+1)} < (h_O+1)$）
...	...	...	...	...	...

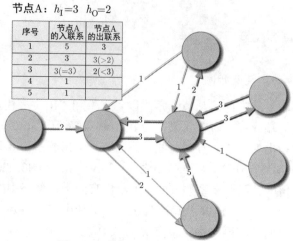

图 14.9　有向 H 度的一个计算示例

有向网络和无向网络在节点度和联系强度之间的关系上存在显著区别。无向网络中，在某一条联系上增加 x 的强度会使得两端的节点度各增加 x。但有向网络中，同样情况会导致两端的节点在入度或出度上增加 x。因此，当节点数量为 N 时，若令无向网络中联系总量为 K，联系 k 的强度为 $L(k)$，节点 n 的度为 $d(n)$，有向网络中入联系总量为 R_I，出联系总量为 R_O，入联系 r_I 的强度为 $L_I(r)$，出联系 r_O 强度为 $L_O(r)$，节点 n 的入度为 $d_I(n)$，出度为 $d_O(n)$，可得到无向网络中，网络总节点度与总联系强度保持恒等式：

$$2\sum_{k=1}^{K} L(k) = \sum_{n=1}^{N} d(n) \tag{14.11}$$

有向网络中，网络总节点度与总联系强度保持恒等式

$$\sum_{r=1}^{R_I} L_I(r) = \sum_{r=1}^{R_O} L_O(r) = \sum_{n=1}^{N} d_I(n) + \sum_{n=1}^{N} d_O(n) \tag{14.12}$$

式（14.11）说明，有向网络中，总节点度为总联系强度的 2 倍。式（14.12）揭示，有向网络中，总入联系强度等于总出联系强度并等于总节点入度与出度之和。即在网络宏观整体上，总节点度与总联系强度保持着恒定的等式关系。网络幂律分布的基本特性是：大部分的节点度值小，少数的节点度值高。这使得网络中的少数高度值节点成为中心节点，在很大程度上影响着网络整体的结构与功能。因此，对于网络中重要节点的挖掘与测度一直是网络研究的重点之一(Freeman，1979；Everett et al., 2004；Boccaletti et al., 2006)。

H 度正是通过对节点高强度联系的抽取，以求在幂律这一基础规律的基础上

探索重要节点的参数。H 度的算法强调，中心节点应当同时具有两个条件：第一，连接众多节点；第二，与其他节点的联系应较为紧密。因此，对于有向 H 度而言，当节点的入联系（或出联系）数量为 0，入 H 度（或出 H 度）为 0。当节点的入联系（或出联系）数量很多但强度都为 1 时，入 H 度（或出 H 度）仅为 1。当节点的入联系（或出联系）数量为 1，无论联系的强度如何取值，入 H 度（或出 H 度）也不会大于 1。

设 N_{aI} 和 N_{aO} 分别为与节点 n 保持入联系和出联系的节点（即相邻节点）数量，$d_I(n)$ 和 $d_O(n)$ 为节点 n 的入度和出度，可得到性质 14.8 和性质 14.9。

性质 14.8 有向带权网络中，非孤立节点 n 总满足：

$$1 \leqslant h_I(n) \leqslant N_{aI}(n) < N \tag{14.13}$$

$$1 \leqslant h_O(n) \leqslant N_{aO}(n) < N \tag{14.14}$$

性质 14.9 有向带权网络中，节点 n 的入 H 度 h_I 和出 H 度 h_O 与入度 $d_I(n)$ 和出度 $d_O(n)$ 关系总满足：

$$d_I(n) \geqslant h_I(n)^2 \tag{14.15}$$

$$d_O(n) \geqslant h_O(n)^2 \tag{14.16}$$

以上性质的证明与 H 度的相关性质证明相似，此处从略。性质 14.8 和性质 14.9 说明，节点的入 H 度和出 H 度受到网络节点总量、相邻节点数量以及入度和出度平方根的约束。

有向 H 度来源于 H 指数的算法，在特殊情况下，引文网络中入 H 度有与 H 指数等值的可能性，如图 14.10 所示。

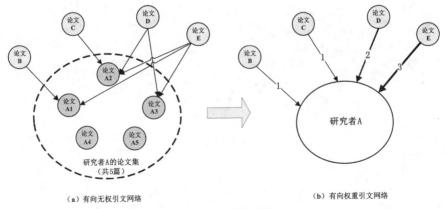

（a）有向无权引文网络　　　　　　　　　　（b）有向权重引文网络

图 14.10　引文网络

图 14.10 引文网络中一个入 H 度与 H 指数相等的特殊案例（左部网络以论文为节点，以引用关系为连接，论文间引用关系仅计 1 次，故此网络是有向无权网。论文 A1～A5 是研究者 A 发表的共计 5 篇论文，其中 A1～A3 获得过引用。研究者 A 的 5 篇论文被引次数从高到低分别为（3,2,2,0,0），H 指数为 2。右部网络是将研究者 A 的论文集合整体以及其他研究者的论文都视为节点，此网络可变换为包含研究者 A 和其他研究者的论文两种节点类型的特殊网络——双模网，（two-mode networks），该网络中的研究者的入联系按强度降序排列为（3,2,1,1），入 H 度＝H 指数＝2。

2. 有向 H 度扩展测度集

节点是网络的基础单元，度和 H 度都是对节点的测度，故具有基础性。以 H 度出发，14.1 节和 14.2 节已给出系列的带权网络测度参数集。以有向 H 度为基础，也可将此测度集扩展后推广到有向带权网络，现概括于表 14.8 中。

表 14.8　基于有向 H 度的有向带权网络测度集

层次	名称	描述	含义或说明
微观节点	节点入 H 度 h_I 节点出 H 度 h_O	参见定义 14.1 和定义 14.2	综合测度节点的联系聚集程度与联系强度
	节点入 H 中心度 C_{hI} 节点出 H 中心度 C_{hO}	具有 N 个节点的网络中，节点 n 的 C_{hI} 和 C_{hO} 为 $C_{hI}(n)=\dfrac{h_I(n)}{N-1}$，$C_{hO}(n)=\dfrac{h_O(n)}{N-1}$， 节点 n 的 H 势差为：	根据网络节点规模标准化的节点重要程度（标准化后的中心性）测度。原始方法来源于社会网络分析中的度中心度
	节点 H 势差 h_S	$h_S(n)=\dfrac{h_I(n)}{h_O(n)}$	测度节点入 H 度与出 H 度的比值。信息网络中，可一定程度表征节点的信息输出和输入差异程度
宏观整体网络	网络入 H 中心势 NC_{hI} 网络出 H 中心势 $NC_{hO}(G)$	具有 N 个节点的网络 G 中，最大的 h_I 和 h_O 分别为 $\mathrm{MAX}_I(G)$ 和 $\mathrm{MAX}_O(G)$，则该网络的 NC_{hI} 和 NC_{hO} 为 $NC_{hI}(G)=\dfrac{\sum\limits_{n=1}^{N}[\mathrm{MAX}_I(G)-h_I(n)]}{(N-1)(N-2)}$ $NC_{hO}(G)=\dfrac{\sum\limits_{n=1}^{N}[\mathrm{MAX}_O(G)-h_O(n)]}{(N-1)(N-2)}$	测量网络中联系在核心节点中的集中程度。原始方法来源于社会网络分析中的网络度中心势。结果数值大，表明网络的联系强度较集中于核心节点
	网络 H 势差 Nh_S	网络 G 的 Nh_S 为 $Nh_S(G)=\dfrac{NC_{hI}(G)}{NC_{hO}(G)}$	测度网络整体的入 H 中心势和出 H 中心势的比值。信息网络中，可一定程度表征网络内信息输出和输入的集中程度差异程度

表 14.8 中，节点和网络的 H 势差是独立于原始 H 度的新测度，构成有向 H 度的独特扩展。在节点数量为 N 的网络 G 内，节点 n 的 H 势差 $h_S(n)$ 亦可表示为

$$h_S(n) = \left(\frac{h_I(n)}{N-1}\right) \Big/ \left(\frac{h_O(n)}{N-1}\right) = \frac{C_{hI}(n)}{C_{hO}(n)} \tag{14.17}$$

网络 G 的网络 H 势差 $Nh_S(G)$ 可化为

$$Nh_S(G) = \left\{ \frac{\sum_{n=1}^{N}[\mathrm{MAX}_I(G) - d_{hI}(n)]}{(N-1)(N-2)} \right\} \Big/ \left\{ \frac{\sum_{n=1}^{N}[\mathrm{MAX}_O(G) - d_{hO}(n)]}{(N-1)(N-2)} \right\} \tag{14.18}$$

$$= [N \times \mathrm{MAX}_I(G) - \sum_{n=1}^{N} d_{hI}(n)] \Big/ [N \times \mathrm{MAX}_O(G) - \sum_{n=1}^{N} d_{hO}(n)]$$

H 中心度和中心势已根据网络节点规模进行标准化，故可用于不同规模网络的相互比较。但需注意入 H 度和出 H 度并未标准化，当需要比较不同网络中的节点 H 势差时，应使用式（14.17）。

14.4.2 LIS 学科期刊与中国人文社会学科的网络分析

1. LIS 学科期刊的有向 H 度

为进行实例研究，从 Web of Science(WoS)数据库收集了 Information Science Library Science（LIS）分类下的 46 种期刊[①]发表于 2001～2010 年间的论文及其引文记录，从中析出各期刊的相互引用关系，并构建出期刊引文网络。具体操作步骤如下：

（1）以期刊引证报告（JCR）2001 年社会科学版收录的期刊为基础，剔除已停刊或在 2001～2010 年期间数据不完整的期刊，并去除在此期间刊发了 51051 篇书评导致无法使用 WoS 引文报告分析功能的期刊 *Library Journal*。剩余共 46 种期刊作为研究样本（参见附表 3）。

（2）在 WoS 中检索各刊于 2001～2010 年的刊发论文并进行引文分析，获取各样本被引记录，由此构建出各期刊的相互引用矩阵。

（3）将此矩阵转换为期刊引文网络，并计算网络中各节点的有向 H 度、有向 H 中心度和 H 势差，然后据此计算网络整体的有向 H 中心势以及网络 H 势差。

[①] WoS 中 LIS 学科分类期刊现已不止 46 种，但具体查询数据后，2001～2010 年间收录完整的仅为此 46 种，故采用为研究样本。

由前述数据处理方法，可得到 LIS 期刊引文网络的网络整体和节点有向 H 度相关参数。该网络整体的入 H 中心势（NC_{hI}）为 0.258，出 H 中心势（NC_{hO}）为 0.276，网络 H 势差（Nh_S）为 0.935。$Nh_S < 1$，说明网络中入联系和入 H 度的集中程度总体上要小于出联系和出 H 度。网络中期刊节点的有向 H 度参数代表性数据如表 14.9 所示。

表 14.9　入 H 度大于 5 的 LIS 期刊有向 H 度参数集

LIS 期刊	入 H 度 h_I	出 H 度 h_O	入 H 中心度 C_{hI}	出 H 中心度 C_{hO}	H 势差 h_S
J AM SOC INF SCI TEC	19	20	0.422	0.444	0.950
J DOC	16	14	0.356	0.311	1.143
J ACAD LIBR	15	13	0.333	0.289	1.154
LIBR INFORM SCI RES	14	14	0.311	0.311	1.000
MIS QUART	14	8	0.311	0.178	1.750
COLL RES LIBR	13	10	0.289	0.222	1.300
INFORM MANAGE-AMSTER	12	8	0.267	0.178	1.500
INFORM PROCESS MANAG	12	10	0.267	0.222	1.200
INFORM SYST RES	12	7	0.267	0.156	1.714
J INFORM SCI	12	14	0.267	0.311	0.857
LIBR TRENDS	12	10	0.267	0.222	1.200
ASLIB PROC	11	11	0.244	0.244	1.000
J MANAGE INFORM SYST	11	7	0.244	0.156	1.571
ONLINE INFORM REV	10	13	0.222	0.289	0.769
INFORM SOC	9	8	0.200	0.178	1.125
INFORM TECHNOL LIBR	9	7	0.200	0.156	1.286
J INFORM TECHNOL	9	9	0.200	0.200	1.000
LIBR QUART	9	9	0.200	0.200	1.000
LIBRI	9	10	0.200	0.222	0.900
SCIENTOMETRICS	9	13	0.200	0.289	0.692
ELECTRON LIBR	8	12	0.178	0.267	0.667
INFORM SYST J	8	8	0.178	0.178	1.000
INT J INFORM MANAGE	8	10	0.178	0.222	0.800
J LIBR INF SCI	8	9	0.178	0.200	0.889
GOV INFORM Q	7	12	0.156	0.267	0.583
LIBR COLLECT ACQUIS	7	8	0.156	0.178	0.875
LIBR RESOUR TECH SER	7	8	0.156	0.178	0.875
PROGRAM-ELECTRON LIB	7	9	0.156	0.200	0.778
REF USER SERV Q	7	8	0.156	0.178	0.875
CAN J INFORM LIB SCI	6	9	0.133	0.200	0.667
ONLINE	6	2	0.133	0.044	3.000

注：表中数据按入 H 度降序排列，期刊全称参见附录 3。

期刊影响因子是现今应用最广泛的期刊评价指标。LIS 中的权威期刊 *J AM SOC INF SCI TEC*[①]尽管在同行评议中排名第一(Nisonger Davis, 2005；Manzari, 2013)，但在 2006～2010 年连续五个版本的"期刊引证报告"（Journal Citation Reports，JCR）中仅分别列于 6、13、12、7 和 11 位。有向 H 度从网络分析角度给出更能体现该刊学术地位的测评结果，该刊在可表征被引广度和强度的入 H 度以及可表示施引广度和强度的出 H 度上都位于学科内第一，说明该刊在学科中的核心地位。图 14.11 的网络可视化结果也清晰地显示该刊处于 LIS 期刊引证关系结构的中心。

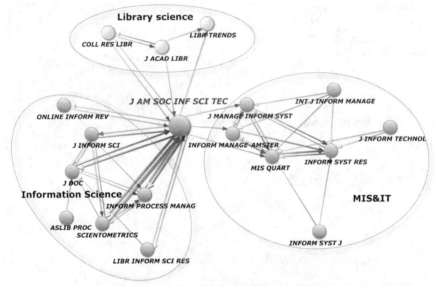

图 14.11　LIS 期刊引文网络主体结构

注：图中包括强度（此处即引用次数）不小于 50 的联系及联系两端的节点。此可视化结果较清晰地显示 LIS 学科期刊引文网络分为以图书馆学为主、以情报学为主和以信息系统为主的三个区块结构，而期刊 J AM SOC INF SCI TEC 恰好处于三个区块的连接部，并与众多其他期刊节点保持较强的引用关系（因此有较高的 H 度），在学科内的核心地位显著

可对入 H 度与出 H 度进行比较是有向 H 度不同于原始 H 度的重要特点，并能由此揭示节点在不同方向联系上的特征差异。如图 14.12 所示，LIS 期刊引文网络中的期刊节点入 H 度与出 H 度存在同步增长的趋势，但两者相关性较弱。这不仅说明入 H 度和出 H 度具有一定相互独立性，也意味着 H 势差在此类网络中具有测度意义。期刊 *ONLINE* 和 *MIS QUART* 的 H 势差取值较高，故其入 H 度高

---

① 该刊"*Journal of the American Society for Information Science and Technology*"于 2014 年始更名为"*Journal of the Association for Information Science and Technology*"，本篇使用 2014 年之前数据，仍用原名，下文同。

于出 H 度，即相对于其引用学科内其他期刊的广度和强度，这两种期刊更多的是被其他期刊所引用。此结果一定程度上是因为此两刊都具有跨学科特点，特别是 *MIS QUART*，该刊在管理学和计算机科学中具有较大影响力。期刊 *INTERLEND DOC SUPPLY* 则属于相反的情况，该刊涉及研究对象相对狭窄，故其 H 势差小于 1，被引强度和广度低于施引强度和广度，在网络中以吸收信息为主。

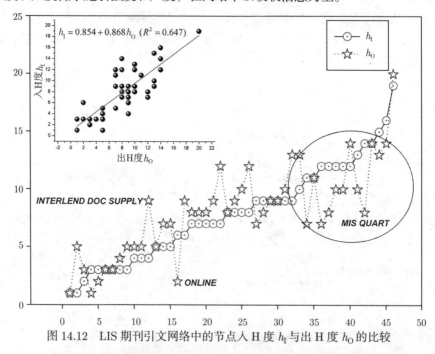

图 14.12　LIS 期刊引文网络中的节点入 H 度 h_I 与出 H 度 h_O 的比较

　　期刊引文网络这一类型的有向权重信息网络中，入 H 度体现的是节点影响力，除了测度价值之外，还具有一定评价意义。入 H 度高，表明该节点至少在局部网络中具有较宽泛的影响。而出 H 度则表征节点吸收其他节点信息的现状，因此主要是测度意义。入 H 度与出 H 度的组合运用，可更综合地揭示节点在有向信息网络中所处的结构位置及节点本身的特性。之前对于论文共引网络的分析显示，该网络样本节点 H 度仅介于 1 和 10 之间，故认为 H 度可能继承 H 指数区分度偏弱的特点。但本节中样本节点入 H 度介于 1 和 19 之间，出 H 度介于 1 和 20 之间，说明将 H 度用于期刊引文网络这样的联系强度（引文强度）相对高的分析层次时，区分度会有所提高。

2. 中国人文社会学科的有向 H 度

以 CNKI 引文数据库中 82 个文科领域于 2001～2010 年十年间产生的 8805762

条引文记录为基础，构建出我国文科领域的引文网络，用于有向 H 度分析。

CNKI 数据库涵盖范围和引文数据较全面，包含人文、社会和自然科学的论文及引文，已成为中文文献计量研究的重要基础数据源之一。CNKI 的论文归类根据研究主题的相似性按专题进行归属，更接近研究领域的概念。因此此处的讨论部分未使用"学科"一词，而是采用范畴更宽泛的"领域"概念。在专题统计项中，限定 2001～2010 年进行检索统计，采集全部 168 个自然和人文社会领域的30613872 条引文记录。然后从中抽取出全部 82 个文科领域及相互引证联系（含8805762 条引文记录），构成 82×82 引文矩阵，由此矩阵转化为文科领域引文网络，网络的核心子图和主体结构可视化结果如图 14.13 和图 14.14 所示。

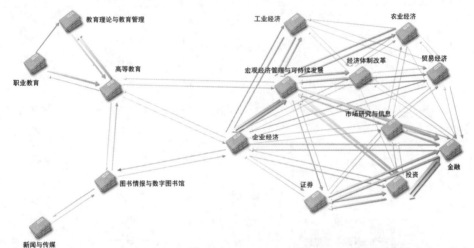

图 14.13　文科领域引文网络中的核心区（节点是由核心-边缘分析方法析出的 15 个核心节点，并由此构成整体网络中的核心子网。由于联系数量繁多且紧密，为避免相互遮盖，仅展示强度（即引用次数）达到 5000 次的联系）

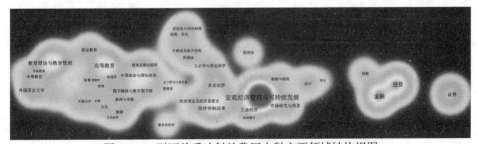

图 14.14　引证关系映射的我国文科主要领域结构视图

注：由 Van Eck 和 Waltman（2010）开发的软件 VOSviewer 绘制；图中领域名标识部位表示该领域与其他领域之间知识或信息扩散的频繁程度。各领域的具体分布位置表示领域间的联系相对亲疏程度，位置越近，相互引证更多，相互知识扩散越密切。为避免领域名的相互遮盖，图中只显示具有较强代表性的主要领域

由此引文网络可计算出节点 H 度数值。该网络中的节点平均入 H 度为 43.098，平均出 H 度为 43.073。如表 14.10 所示，"社会学及统计学"的入 H 度等于 72，说明此领域在 2001～2010 年刊发的论文被其余 82 个文科领域中的 72 个引用不少于 72 次，知识扩散能力显著。表 14.10 也显示，具有最高入 H 度的节点大部分来自于政治、教育、经济和管理等领域。通过引征关系所揭示的知识扩散现状揭示，这些领域成为过去十年中我国人文社会研究为其他领域提供相对更多参考信息的知识源。

表 14.10　我国人文社会研究中入 H 度前 20 的领域（根据入 H 度降序排列）

序号	研究领域	入 H 度	出 H 度	入 H 中心度	出 H 中心度
1	社会学及统计学	72	67	0.889	0.827
2	中国政治与国际政治	71	64	0.877	0.790
3	高等教育	70	72	0.864	0.889
4	教育理论与教育管理	65	63	0.802	0.778
5	行政学及国家行政管理	65	65	0.802	0.802
6	宏观经济管理与可持续发展	63	67	0.778	0.827
7	经济体制改革	63	60	0.778	0.741
8	文化	62	63	0.765	0.778
9	企业经济	61	63	0.753	0.778
10	农业经济	59	64	0.728	0.790
11	经济理论及经济思想史	59	52	0.728	0.642
12	哲学	59	42	0.728	0.519
13	图书情报与数字图书馆	57	66	0.704	0.815
14	旅游	57	64	0.704	0.790
15	新闻与传媒	55	60	0.679	0.741
16	政治学	55	41	0.679	0.506
17	贸易经济	54	57	0.667	0.704
18	金融	54	56	0.667	0.691
19	工业经济	51	56	0.630	0.691
20	中国语言文字	52	51	0.642	0.630

与入 H 度表征研究领域向其他领域扩散信息的广度和强度相对应，出 H 度可表示研究领域从其他领域吸收信息的广度和强度。82 个研究领域中，出 H 度最高

的是"高等教育"（出 H 度=72）和"体育"（出 H 度=68）。将出 H 度与入 H 度进行比较可揭示研究领域在接受知识和吸收与创造知识及扩散之间的结构性差异，如图 14.15 所示。由该图可见，我国文科领域的入 H 度与出 H 度之间具有拟合优度并不高的经验线性关系，较多领域的入 H 度和出 H 度之间存在一定差异。相比于吸收知识的广度和强度，"中国政治与国际政治""哲学""社会科学理论与方法"等向其他领域扩散的知识更多。而相比于扩散知识的广度和强度，"体育""法理、法史"和"戏剧电影与电视艺术"则更多的从其他领域吸收知识。

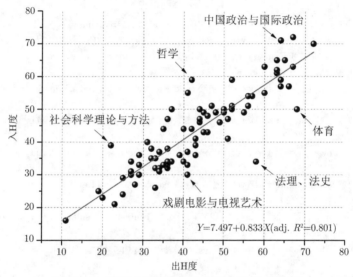

图 14.15　我国文科领域的入 H 度与出 H 度比较

图 14.15 还揭示，我国文科领域的 H 度分布并不具有之前研究中出现的幂律特点。14.4 节中，由学者共引网络的数据分析显示，共引网络中的学者 H 度符合近似幂律分布。但我国文科领域的 H 度取值趋于集中。Kolmogorov-Smirnov 检验显示，无论是入 H 度还是出 H 度都满足近似的正态分布（入 H 度正态性检验：双尾 Asymp.Sig.=0.730>0.05 ；出 H 度正态性检验：双尾 Asymp.Sig.=0.503>0.05）。这一分布说明，我国大部分文科领域的知识扩散活跃程度处于相似的量级。另外，表明 H 度在不同类型的网络中，可能显示各自的特点。这 两种网络节点 H 度出现不同分布的部分原因是"马太效应"或"优先粘贴"导致"富者愈富"的机制（Barabasi and Bonabeau，2003）对学者的网络作用明显，但未必对研究领域产生基础性影响，研究领域的演化和知识扩散主要依据领域特点和历史传承而具有相对稳定性。

参 考 文 献

叶鹰, 唐健辉, 赵星. (2011). h 指数与 h 型指数研究. 北京: 科学出版社.

Barabasi A L, Albert R. (1999). Emergence of scaling in random networks. Science, 286(5439): 509-512.

Barabasi A L, Bonabeau E. (2003). Scale-free networks. Scientific American, 288(5): 60-69.

Barabasi A L (2009). Scale-free networks: a decade and beyond. Science, 325(5939): 412-413.

Boccaletti S P, Latora V, Moreno Y, et al. (2006). Complex networks: Structure and dynamics. Physics Reports-Review Section of Physics Letters, 424(4-5): 175-308.

Bollen J, Sompel H V D, Hagberg A, et al. (2009). A principal component analysis of 39 scientific impact measures. Plos One, 4(6): e6022.

Borner K, Huang W X, Linnemeier M, et al. (2010). Rete-netzwerk-red: analyzing and visualizing scholarly networks using the Network Workbench Tool. Scientometrics, 83(3): 863-876.

Borgatti S P, Everett M G, Freeman L C. (2002). Ucinet for windows: software for social network analysis. Harvard, MA: Analytic Technologies.

Borgatti S P, Mehra A, Brass D J, et al. (2009). Network analysis in the social sciences. Science, 323(5916): 892-895.

Butts C T. (2008). Social network analysis: A methodological introduction. Asian Journal of Social Psychology, 11(1): 13-41.

Egghe L. (2005). Power laws in the information production process: lotkaian informetrics. Oxford (UK): Elsevier.

Egghe L. (2010). The hirsch index and related impact measures. Annual Review of Information Science and Technology, (44): 65-114.

Everett M, Sinclair P, Dankelmann P. (2004). Some centrality results new and old. Journal of Mathematical Sociology, 28(4): 215-227

Freeman L C. (1979). Centrality in social networks conceptual clarification. Social Networks, 1(3): 215-239.

Garfield E. (1955). Citation indexes for science-new dimension in documentation through association of ideas. Science, 122(3159): 108-111.

Garfield E. (1972). Citation analysis as a tool in journal evaluation - journals can be ranked by frequency and impact of citations for science policy studies. Science, 178(4060): 471-479.

Hirsch J E. (2005). An index to quantify an individual's scientific research output. Proceedings of the National Academy of Sciences of the United States of America, 102(46): 16569-16572.

Korn A, Schubert A, Telcs A. (2009). Lobby index in networks. Physica a-Statistical Mechanics and Its Applications, 388(11): 2221-2226.

Manzari L. (2013). Library and Information Science Journal Prestige as Assessed by Library and Information Science Faculty. Library Quarterly, 83(1): 42-60.

Newman M E J. (2003). The structure and function of complex networks. Siam Review, 45(2): 167-256.

Newman M E J. (2010). Networks: An Introduction. Oxford: Oxford University Press.

Nisonger T E, Davis C H. (2005). The perception of library and information science journals by LIS education deans and ARL library directors: A replication of the Kohl-Davis study. College Research Libraries, 66(4): 341-377.

Norris M, Oppenheim C. (2010). The h-index: a broad review of a new bibliometric indicator. Journal of Documentation, 66(5): 681-705.

NWB Team. (2006). Network workbench tool. Indiana University, Northeastern University, and University of Michigan, http://nwb.slis.indiana.edu

Otte E, Rousseau R. (2002). Social network analysis: a powerful strategy, also for the information sciences. Journal of Information Science, 28(6): 441-453.

Price D J D. (1965). Network of scientific papers. Science, 149(3683): 510-&.

Rousseau R.(1997).Sitations:an exploratory study. Cybermetrics 1(1). http://cybermetrics.cindoc.csic.es/ articles/v1i1p1.html

Scott J. (2000). Social network analysis: a handbook. London: Sage Publications.

van Eck N J, Waltman L. (2010). Software survey: VOSviewer, a computer program for bibliometric mapping. Scientometrics, 84(2): 523-538.

Zhao S X, Rousseau R, Ye F Y. (2011). h-Degree as a basic measure in weighted networks. Journal of Informetrics, 5(4):668-677.

Zhao S X, Ye F Y. (2012). Exploring the directed h-degree in directed weighted networks. Journal of Informetrics, 6(4):619-634.

第 15 章
联系测度：幂律、H 强度与核心联系

||||||||||||||||||||||||||||||

联系是现代网络分析的特殊价值所在，表征网络所抽象系统中的联系、关系或行为。而联系的测度是理解网络中交互行为本质的关键点。

本章首先讨论联系权重幂律分布这一理论发现，由此引出网络中联系的测度方法——H 强度，并由 H 强度为基础，探索出 H 子网这一网络核心联系集合的挖掘方法，从而构成带权信息网络在联系上的基础测度工具。

15.1 联系权重的幂律分布

节点度幂律分布特性的发现不仅说明节点度分布独立于时间和空间，没有固定标度值存在(Barabasi, 2009)，也使得不同网络的研究者有一个共同的框架进行网络研究(Borner, et al., 2007；Newman, 2010；Barabasi, 2012)。

幂律分布是一类在自然或人造系统中时有出现的数理分布(Stanley, 1995；Newman, 2005)，描述了变量及其概率密度之间有趣的幂函数关系。Price(1965)较早就报道了论文的引文网络中存在节点度（被引次数）的幂律分布，大量研究也证实了这一点(Hung and Wang, 2010；Onel et al., 2011；Redner, 1998；Valverde et al., 2007)。Barabasi 等（2009；2012）的贡献则是首次将这一现象推广到大量网络，并给出机理解释，从而使其具有相当的普适性。

然而，网络分析的要义，是要理解系统中复杂的关系结构(Jasny et al., 2009)。网络自然可以认为是节点及其联系的集合，而从联系的角度，也可以描述为联系及其连接节点的集合。因此，探寻联系和联系所相关的规律，体现了网络分析方法的独特意义，具有重要的理论价值。本节通过多个不同共引网络的实证，给出关于联系的一种可能的普适特性：网络的联系权重具有近似的幂律分布(zhao and Ye, 2013)。

15.1.1　方法和数据处理

通过下载 WoS 的收录数据，得到 12 个论文共引网络。这些网络可以分为在主题、时间或网络范围上各不相同的三组：第一组中的 4 个网络研究主题皆为"复杂网络"，时间和研究范围不同；第二组中的 4 个网络关注的是对"H 指数"这一主题的研究，都处于同一时间段，但范围不同；第三组的 4 个网络都以 LIS 学科的期刊构建，而主题或时间有所区别。具体的数据处理过程如下：

根据附表 4 中的检索策略，在 WoS 中检索出 12 个主题、时间、范围或规模上存在差异的数据集，然后下载这些文献记录（含参考文献）。

使用网络工作平台（network workbench）(Borner et al., 2010)和自编程序，将这些数据集转换成 12 个论文共引网络（表 15.1）。图 15.1 是其中一个代表性案例网络的可视化结果。提取每个网络的全部联系强度，并计算每个联系强度值(s)的概率($p(s)$)。

表 15.1　12 个论文共引网络

序号	网络指代名	网络特征				
		主题	时间	范围	规模	
					联系	节点
1	"Complex Network" 04-06 in Physics, Mathematical	复杂网络	2004～2006 年	Physics, Mathematical	171004	5613
2	"Complex Network" 07-09 in Physics, Mathematical	复杂网络	2007～2009 年	Physics, Mathematical	317130	9829
3	"Complex Network" 04-06 in Physics, Multidisciplinary	复杂网络	2004～2006 年	Physics, Multidisciplinary	103595	4115
4	"Complex Network" 07-09 in Physics, Multidisciplinary	复杂网络	2007～2009 年	Physics, Multidisciplinary	277826	9586
5	"H-index" top 93	H 指数	2005～2011 年	Citations≥10	41902	1396
6	"H-index" top 164	H 指数	2005～2011 年	Citations≥5	74873	2442
7	"H-index" top 374	H 指数	2005～2011 年	Citations≥1	181756	5847
8	"H-index" all 536	H 指数	2005～2011 年	All papers	251697	8345
9	JASIST 08-10	期刊	2008～2010 年	JASIST	612717	18157
10	JAMIA 06-10	期刊	2006～2010 年	JAMIA	255209	10506
11	JOI 07-10	期刊	2007～2010 年	JOI	83956	3272
12	Scientometrics 06-10	期刊	2006～2010 年	Scientometrics	350615	13474

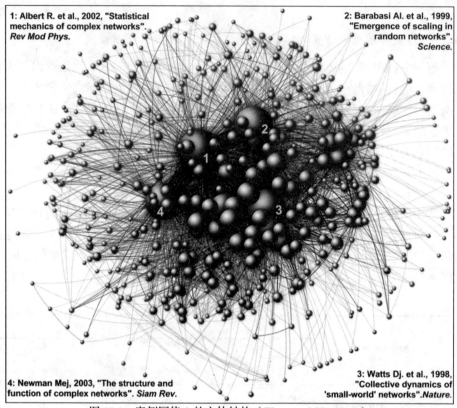

图 15.1　案例网络 3 的主体结构（Zhao and Ye, 2013）

（此子网仅显示整个案例网络的主要部分，含括节点强度不小于 3 的节点以及强度不小于 3 的联系）

类似于节点度的幂律分布，若假设联系强度也遵循幂律，$p(s)$表示强度为 s 的联系概率密度，β 为幂指数，故需实证验证以下幂函数：

$$p(s) \sim s^{-\beta} \tag{15.1}$$

或

$$\log p(s) \sim -\beta \log s \tag{15.2}$$

最常用的幂律检验方法有两种：双对数坐标轴下的拟合与 K-S 检验。前者是一种通过图形化的结果与拟合优度观察幂律的传统方法（Barabasi and Albert, 1999；Choi et al., 2011；Lin, 2011；Zelnio, 2012）。后者是由 Clauset 等（2009）引入的新方法，主要基于 K-S 检验与最大似然估计，是现今测试幂律的常见选择之一（Fatt et al., 2010；Franceschet, 2011；Onel et al., 2011）。

15.1.2　实证结果

如图 15.2 与表 15.2 所示，尽管 12 个网络来自不同的主题、时间或范围，在规模上也大相径庭，但用双对数坐标轴下的拟合以及 K-S 检验两种方法却显示出了一致的结果：论文共引网络的联系强度和它们的概率之间，存在近似的幂律关系，即联系的强度分布亦为幂律。

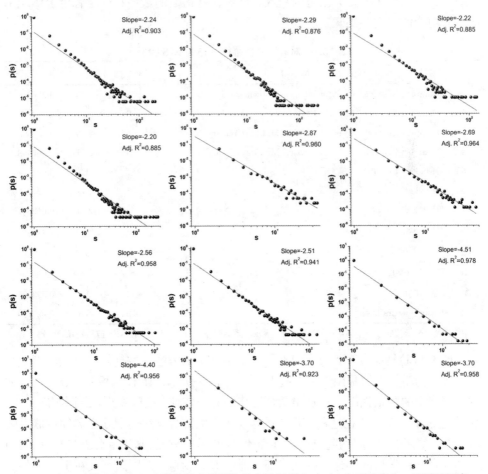

图 15.2　在双对数坐标轴上对联系强度的幂律分布进行拟合（ $p(s)$ 表示强度为 s 的联系概率，而斜率等于式（15.1）和式（15.2）中的 $-\beta$ ）（Zhao and Ye, 2013）

虽然有学者认为双对数坐标轴拟合在方法论上并不完美(Clauset et al., 2009)，但其也有独特的优势。这种方法可以给出一个直观的视图表示幂律分布。如图 15.2，虽然强度的量级不一，但每个网络散点图中的点都大致围绕一条斜率为负值的直线进行分布。式（15.2）表明，它们在图形上属于近似幂律分布，而直线的斜率表征幂函数的指数。12 个网络的幂指数介于 2.20 和 4.51 之间，其中，涉及"复杂网络"研究的 4 个网络幂指数比较接近 2.20 和 2.29 之间。以"H 指数"研究为主题的 4 个网络的幂指数差别虽小，但随着网络规模的扩大，相对低被引论文节点增加，从而低强度的联系增加，幂指数逐渐从 2.87 减小至 2.51。而在以特定期刊为主题建立的 4 个网络中，*JOI* 与 *Scientometrics* 拥有类似的研究主题，其幂指数（3.50）也完全一致。可见，幂指数的数值在一定程度上体现了网络的功能性质的差别。

表 15.2　对联系强度幂律分布的 K-S 检验

序号	网络指代名	X_{min}	β	D
1	"Complex Network" 04-06 in Physics, Mathematical	6	−2.85	0.00954
2	"Complex Network" 07-09 in Physics, Mathematical	2	−3.02	0.00235
3	"Complex Network" 04-06 in Physics, Multidisciplinary	4	−2.85	0.009895
4	"Complex Network" 07-09 in Physics, Multidisciplinary	3	−2.81	0.007348
5	"H-index" top 93	7	−3.3	0.029137
6	"H-index" top 164	3	−2.71	0.021798
7	"H-index" top 374	3	−2.71	0.012841
8	"H-index" all 536	3	−2.78	0.013951
9	JASIST 08-10	—	—	0.131252^{Γ}
10	JAMIA 06-10	—	—	0.100856^{Γ}
11	JOI 07-10	3	−3.5	0.023998
12	Scientometrics 06-10	5	−3.5	0.023789

注：X_{min} 表示截断幂律中的最小联系强度；β 表示联系强度分布的幂指数；Γ 表示未通过检验的网络

　　K-S 检验是探索幂律分布时在数理上更严格的方法，并能够检测截断型幂律（即部分为幂律）的幂函数关系起点。如表 15.2 所示，在 K-S 检验中，假设论文共引网络中的联系强度应显示出截断幂律的分布特征，最后发现 12 个网络中，有 10 个通过了检验。故在这种较严格的检验下，大部分网络也显示了幂律的联系强度分布，这些幂律现象的起点介于 2 和 4 之间。另一方面，基于 *JASIST* 与 *JAMIA* 两种综合性跨学科期刊建立的网络都未通过 K-S 检验。其原因不仅在于 K-S 检验是更苛刻的检验方法，也在于构成这两个样本的论文属于多主题混杂。例如，*JASIST* 的论文范围几乎囊括情报学等信息学科的各个方向，因此，与基于 *JOI* 或 *Scientometrics* 建立的网络相比，基于 *JASIST* 建立的网络主题相对不明确，从而可能导致实证规律的不明显。

　　当然，一个值得讨论的问题是，在社会或人造系统中，是否存在或是否需要非常精确的理论规律？与自然学科相比，社会学科的规律特点首先是奇异点出现的可能性更大，规律通常相对不明显；其次，不同的环境下，规律的体现方式也会存在差异。因此，社会学科中出现的大都是未必适用于所有情景的近似规律。但是，这也足以成为政策制定或系统控制的重要起点。

15.1.3　理论讨论：优先重连机制

幂律是一种有趣的现象，另一个有意义的议题则是讨论其机理和成因。本节将尝试对其特性和形成机制进行解释。

1. 联系权重幂律分布的特性

令联系强度的概率密度函数设为

$$p(s) = cs^{-\beta} \tag{15.3}$$

式中，c 为常数。

相应的累积分布函数 $F(s)$ 则为

$$F(s) = \int_{-\infty}^{s} p(x)\mathrm{d}x = \int_{-\infty}^{s} cx^{-\beta}\mathrm{d}x \tag{15.4}$$

根据标准化条件

$$\int_{s_{\mathrm{m}}}^{\infty} p(s)\mathrm{d}s = \int_{s_{\mathrm{m}}}^{\infty} cs^{-\beta}\mathrm{d}s = 1 \tag{15.5}$$

式中，s_{m} 表示最小值 s。

类似于节点度(Newman, 2005)的规律，可以获得以下结果

$$c = (\beta - 1)s_{\mathrm{m}}^{\beta-1} \tag{15.6}$$

s 为离散变量，由 $c\sum_{\beta=1}^{\infty} x^{-\beta} = c\zeta(\beta) = 1$，可得

$$c = 1 / \zeta(\beta) \tag{15.7}$$

式中，$\zeta(\beta)$ 是黎曼 ζ 函数。

当然，由于同为幂律分布，联系强度的幂律分布与前人讨论的节点度的幂律分布在数理理论特征上并无本质差别。

在网络分析中，联系幂律分布具有多方面的启示意义。首先，这说明，基于

正态分布的一些传统基本指标，如算术平均数与联系强度的方差，在联系强度分布为幂律的网络中存在理论上的测度风险，不宜作为衡量联系强度的基础参数。其次，在这类网络中，极端异常值与长尾的特征会同时出现。对于共引网络或其他信息网络，研究时应注意观察的不仅是节点度高的节点，同时也应注意高强度的联系。另外，高强度联系代表信息交流中部分重要的交互作用，它们有可能组成整个网络的核心结构，并在很大程度上影响网络的功能。

2. 成因：优先重连

尽管在 20 世纪 70 年代 Price(1976)就已提出称为"累积优势"（cumulative advantage）的理论，但在网络中幂律度分布最著名的机理假说则是 Barabasi 和 Albert(1999)提出的"优先粘贴"（preferential attachment）。这两种理论都基于相同的颇有合理性的假设：连接到节点 A 的概率取决于 A 已有多少连接。例如，拥有很多朋友的人更有可能被介绍给其他人；高被引论文（节点）在学界会吸引更多的关注，被其他论文（节点）引用的可能性也更高。受此启发，在以共引网络为例的信息网络中，或有一种类似的机制，本篇称之为优先重连（preferential repetition）。

（1）在共引网络中，联系的高强度是源于共引的不断重现，即两篇论文被重复列于第三篇论文的参考文献中。如果两篇论文(A 与 B)已经具有高共引的联系，则表明它们本身通常亦是高被引论文。因此，根据优先粘贴或累积优势的原则，当这个主题有新论文发表时（新的节点出现在网络中），A 与 B 同时被这些新论文引用，以及它们的联系强度产生增长的概率也相对较高。

（2）在共引网络中，当两篇论文（节点）具有较高的共引次数（联系强度）时，往往意味着它们主题密切相关。如果有人阅读论文 C，然后就同一主题创作出新的论文，他（她）通常会密切留意 C 的参考文献，在他（她）的新论文中也可能重点考虑此参考文献列表中的论文。因此，已具有较高共引次数的两篇论文随之可能会被更频繁地引用。

在其他网络中，优先重连或以不同的原因出现。例如，在合作网络中，两个合作者先前的成功合作将在很大程度上提高他们继续合作的可能性，因为继续与相同的合作伙伴合作会大幅度减少成本和风险。

与作用于节点的优先连接或累积优势不同，优先重连着重于解释联系的权重构建机制，其可视为相关理论在联系情境中的扩展。当然，虽然对象不同，这些假说都反映的是"富者愈富"机制。Simon(1955)、Price(1976)、Barabasi 和 Albert(1999；2002)已经用不同的数学方法来证明这一机制可以导致幂律分布(Newman, 2010)。因此，此处省略重复的推导。

15.2　H 强度方法

15.2.1　H 强度的含义与特点

1. H 强度定义

网络是由连接（联系/边缘）和行动者（节点/顶点）构成。虽然学者们已开始意识到联系在网络中发挥关键作用(Jasny et al., 2009)，但是大多数研究仍集中于行动者节点，而其研究方法也主要基于相关的节点测度。例如，平均距离通过节点距离计算；中介中心势通过每个节点的中介中心度计算；网络的聚类系数是全部节点的平均，如密度、度中心势、k 核心等的计算均基于节点度。

联系代表网络中的连接和交互，亦是构成网络的基本单元，包含对整体结构和功能十分重要的信息。此外，大多数传统的，尤其是来自社会网络分析的网络指标，普遍面向无权网络而设计(Newman, 2010；Scott, 2000)。重要的原因是在很多实际网络中，如社会网络，难以清晰而准确定义联系权重或强度。然而，在信息网络中，如图 13.1 所论，联系的权重通常是明晰的，而带权网络也因此成为信息网络的普遍形式。许多联系的权重都涉及具有分析价值的重要信息，如引文网络中的引文数(Price, 1965；Yan and Ding, 2012)，共引网络中的共引次数(Ding et al., 2009；Egghe and Rousseau, 2002)，科研合作网络中的合作次数(He et al., 2011；Newman, 2001；Pepe, 2011)以及网页链接网络中的超链接数(Lang et al., 2010；Thelwall, 2001)。简而言之，以联系为视角表征网络与探讨带权网络中的联系强度将成为对信息网络进行深入探索的重要可能方式。在本节中，引入一种称为 H 强度（h-strength）的网络测度，以求测度网络中的重要联系。

15.1 节中，联系权重幂律分布的重要启示之一是，网络中只存在少量高权重的联系，这些联系或在网络具有重要的结构地位，处于网络结构信息的顶层。H 指数的算法无疑是最有特点的抽取顶端信息的方法，并在 H 度的研究中已得到成功的应用。结合 H 指数计算方法和联系权重幂律分布的理论，可给出 H 强度（h-strength，h_s）用于测度网络中的高强度重要联系，定义如下：

定义 15.1　网络中的 H 强度等于 h_s，指该网络中，至多有 h_s 条联系分别具有不小于 h_s 的强度。

h_s 的物理含义明确，即为网络中联系强度与排序散点图的 45°截断，如图15.3 所示。

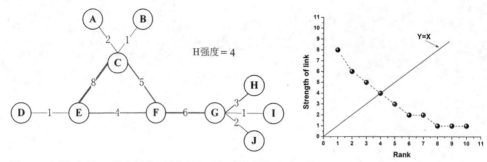

图 15.3 网络中的 H 强度计算示例（该网络联系强度从高到低可列为(8,6,5,4,3,2,2,1,1,1)，4 条联系的强度不小于 4，故 H 强度为 4）（zhao et al., 2014）

2. H 强度特点

H 强度构成一种提取网络中顶端联系信息的特有方法。首先，其目的是在带权网络中抽取联系强度，计算聚焦于联系而非节点。由于联系及其强度表征网络结构及其权重，此测度一定程度上体现高强度联系在网络中分布状况。高 H 强度意味着在网络中存在若干组行动者之间具有较强的路径，连接或紧密交互。探索网络与其主体结构时，这些联系可成为观测的重点。其次，H 强度关注最高强度的联系（通常意味着重要性或高相关性），符合网络中普遍存在的幂律现象。第三，H 强度继承 H 指数的算法优点，自然地实现联系数量和联系强度之间的平衡。其数值是由网络本身中的数量决定和截断，而非研究人员设定的人工阈值（通常为5，10 或 100 等）。H 强度的第四个优点是计算的简洁性。在网络分析中，网络的数据表示主要通过两种方式表示：邻接矩阵（adjacency matrix）与联系列表（link list）。一般认为，在应用中，邻接矩阵便于计算处理，而联系列表只适用于网络数据在计算中的存储，且计算较为繁琐(Newman，2010)。然而，H 强度并不存在这一问题。如表 15.3 所示，H 强度也可以通过联系列表方便快速地计算，计算过程类似于计算 H 指数。

表 15.3 基于网络的联系列表（按联系强度降序排列）计算 H 强度(h_s)

序号	节点 1	节点 2	联系强度
1	C	E	8
2	F	G	6
3	C	F	5
4	E	F	$4(h_s=4)$
5	G	H	3
6	A	C	2

续表

序号	节点 1	节点 2	联系强度
7	G	J	2
8	B	C	1
9	D	E	1
10	G	I	1

注：每一行表示包含两个节点的联系；数据来自图 15.3 中的示例网络。

H 强度完全是为带权网络而设计，在无权网络中，因为联系强度的值一般标为 1，所以等于 1。作为一项基本测度，带权网络中 H 强度的应用动机在于提供一个特定的视角来研究联系结构和强度的分布，这可能会导致一些有趣的扩展。下一小节中，将给出 H 强度的两种应用：通过 H 子网探索网络的主体结构以及通过 I_h 探讨网络的演变。

15.2.2　H 强度的扩展：H 子网与 I_h

1. H 子网

根据 H 指数中 H 核心的发现 (Rousseau, 2006；Kuan, et al., 2011；Glänzel, 2012) 及 H 强度的概念，可发展一种抽取网络中重要高权联系集合的方法，称为 H 子网。

定义 15.2（H 子网）　网络中的 H 子网是一个包括其强度大于或等于网络 H 强度的联系，以及通过这些联系连接的节点的子网络。

图 15.4 给出提取 H 子网的过程。

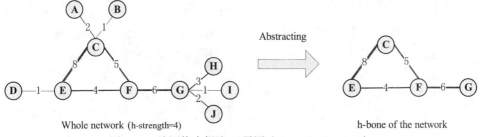

图 15.4　从网络中提取 H 子网（zhao et al., 2014）

可见，H 子网包含高强度的联系和它们连接的节点。与 H 指数计算不同的是，如果网络中 H 强度为 k，有时强度为 k 的联系不止一条，此时 H 子网应该包含强度为 k 的所有联系。在实际中，H 子网中的联系数量可能会大于 H 强度数值。

2. 扩散测度 I_h

随着时间维度的增长，绝大部分现实网络都会经历演化的过程。因此，动态测度是探索网络演变的有趣统计量。在这里可给出一个观察网络 H 强度演变的扩展测度，记为 I_h，描述网络中的 H 强度演变。

定义 15.3 网络在 n 个时间中的 I_h 为

$$I_h = \frac{hs_{t2} / hs_{t1} + hs_{t3} / hs_{t2} + \cdots + hs_{t(n-1)} / hs_{t(n-2)} + hs_{tn} / hs_{t(n-1)}}{n-1} \quad (15.8)$$

式中，hs_{tn} 是在时间段 n 内的 H 强度。

由此定义可知，I_h 涵盖 H 强度在每个观测时段的变化，反映高强度联系在网络中的稳定性，可视为网络中高强度路径或交互的平均发展速度。显然，如果网络中的 H 子网增长或得到强化，I_h 就是一个大于 1 的正数。相反，如果网络中的 H 子网收缩，这一指标就是一个小于 1 的正数。对于不同时期的网络，I_h 能够从联系强度的角度追踪其演变，它也可以应用于两个网络或者长时段内的若干网络。在下一节中，将以两个实例讨论 H 强度、H 子网和 I_h 的实证性质。

15.2.3 实证研究：论文共引网络与国家合作网络

1. 数据集

此处的实证数据包含两个不同类型的信息网络：研究主题为"H 指数"的论文共引网络，以及在"水资源"研究领域的国际合作网络。这两个网络均为典型带权信息网络，原始数据来自 WoS 引文数据库，具体属性如下：

（1）"H 指数"研究论文共引网络是与信息科学相关的大型网络。节点对应的是 2005～2012 年引用次数多于 9 的关于"H 指数"的研究论文及其参考文献，联系代表论文（节点）之间的共引关系。该网络拥有 2868 个节点与 162947 条联系。虽颇具规模，但平均联系强度较低(1.095)。在本研究中，主要是为了展示 H 强度及其 H 子网应用。

（2）"水资源"研究领域的合作网络案例中，网络分别调查自 5 个不同时期，2001～2002 年，2003～2004 年，2005～2006 年，2007～2008 年以及 2009～2010 年。这些网络节点（国家或地区）控制在数十个的量级，但平均联系（合作）强度相对较强。例如，2009～2010 年的网络有 21 个节点和 186 条联系，但平均联系强度约为 20.645。除了论述每个网络中的 H 子网，还将根据 I_h 讨论这些网络的动态演变。

2. 研究结果 1："H 指数"研究的共引网络

人类眼睛和大脑都极为擅长辨认视觉模式，因而，可视化成为探索网络结构的有力工具。然而，通常情况下，网络只有在拥有不超过数百个节点和联系的时候，才有较好的可视化效果。而如果网络结构过于复杂，可视化图形中将出现较多的遮盖和混杂，其结果的可读性较弱。遗憾的是，许多现实信息网络都庞大而复杂，并带有众多不重要的干扰组件。不重要的组成部分通常会干扰网络核心结构的识别和呈现。例如，在关于"H 指数"研究的共引网络案例中，强度仅为 1 的共引联系有 155473 条（高达 95.413%）。对于可视化而言，这些低强度的联系会掩盖绝大部分网络图形，导致关键信息的可视化失效（图 15.5，整个网络可视化的核心部分信息可读性很弱）。因此，对于这类大型网络，解构和抽取最重要结构或是必要的处理方法。

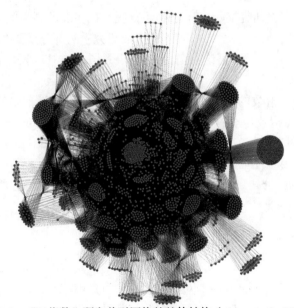

图 15.5　"H 指数"研究共引网络的整体结构（zhao et al., 2014）

结合应用 H 强度与 H 子网，图 15.6 更清楚地揭示该网络的核心主体结构。该子网包含 24 条联系和 17 个节点，可视为网络中心的代表。在该 H 子网中，最大的联系强度为 55，位于节点"Hirsch J, 2005, PNAS"与"Egghe L, 2006, Scientometrics, 69, 131"之间，最小强度为 24，存在于 4 对节点之间。H 指数的原始文献"Hirsch J, 2005, PNAS"自然地成为网络中心。总体而言，H 强度与 H 子网显著简化复杂的网络，并以有效的方式给出主要联系结构。

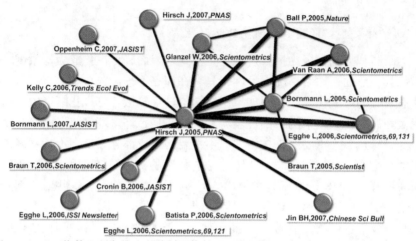

图 15.6 "H 指数"研究的论文共引网络的 H 子网（H 强度=24）（zhao et al., 2014）

此外，这一案例研究显示，H 子网不仅提炼出主要的高强度联系，同时也标示相当部分的重要节点。表 14.4 列出 H 指数研究中的部分重要节点（论文）。对比可发现，H 度最高的 10 篇论文全都包含在图 15.6 的 H 子网中，H 度不小于 5 的 17 个重要节点中，有 13 个都包含在该 H 子网内。实际上，图 15.6 的 H 子网覆盖绝大多数 H 指数的主要基础文献。例如，H 指数最重要的原始研究论文 (Hirsch, 2005)、H 指数最早的有效性研究(Bornmann and Daniel, 2005；van Raan, 2006)、著名的补充参数（g 指数与 R 指数）(Egghe, 2006；Jin et al., 2007)、H 指数的最初理论模型(Egghe and Rousseau, 2006；Glänzel, 2006)、H 指数的第一个扩展应用(Braun et al., 2005；2006)等。在此案例中，H 子网的方法仅使用0.014% 的联系，不仅表征重要的联系，还提取出大量重要的节点。

3. 研究结果 2：水资源研究领域的国际合作网络

图 15.7 左侧记录 2001～2010 年间，5 个时段的水资源研究领域国际合作网络的动态演变。该网络代表另一类网络：网络节点规模不大，但复杂性体现在联系上。虽然每个网络节点和联系并不算多，但其结构仍然太混乱以致于无法识读，网络中的核心行为者与连接未能突显。

图 15.7 的右侧显示与原始网络对应的 H 子网。显然 H 子网的结构更为明确，可以更容易地观察到动态变化。该可视化结果表明，美国占据研究的中心领导地位，在合作网络中发挥重要作用。早期网络（如 2001～2002 年）的结构更接近于以美国为中心的星型网络。然而，出现英国、德国与中国等局部中心节点（如 2009～2010 年）。H 子网的演变表明，水资源研究中的国际合作模式已经开始从"一个中心"演变为"多极领导"。在 H 子网中，最强的联系也发生变化。T1～

T3 时段，美国与加拿大之间的合作一直是最为密切，而从 T4 时段开始，美国与中国之间的联系成为网络中强度最高的联系。

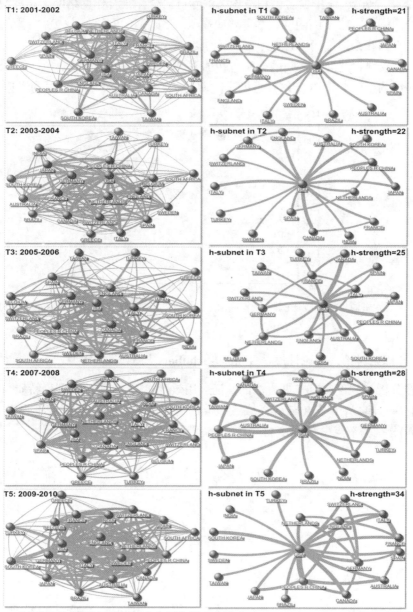

图 15.7　"水资源"研究领域国际合作网络的动态演变（2001～2010 年；左侧表示原始网络，右侧给出的是 H 子网）（zhao et al., 2014）

由于主体结构代表了整个网络的重要组成部分，其演变同样具有观察价值。如图 15.8 所示，I_h 表征了在这 5 个阶段水资源研究合作网络的 H 强度的变化。可见在 2001~2010 年中，各国积极参与国际科研合作，合作网络的增长较快。T5 时段的网络中，H 子网的联系强度普遍高于 T1 时期的网络。在 T1 时段的 H 子网中，平均联系强度为 35.286，这一数据在 T5 时期已经提高到 65.882。此结果表明，该领域关键群体之间的合作也在加强。图 15.8 中的 I_h 曲线也显示，水资源研究领域的全球合作 H 子网在近两个时期（2007~2010 年）发展最为迅速。

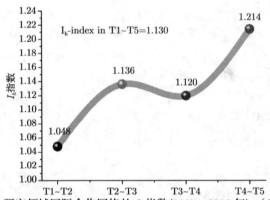

图 15.8 "水资源"研究领域国际合作网络的 I_h 指数(2007~2010 年)（Zhao et al., 2014）

15.2.4 理论讨论：理论性质、Glänzel-Schubert 与 Hirsch 模型

在分析 H 强度与其扩展方法的实证应用效度之后，将讨论其理论特质与模型。

在一个有 N 个节点与 L 条联系的带权网络中，h_S 表示网络的 H 强度，$d(n)$ 与 $s(m)$ 分别为节点 n 的强度与联系 m 的强度，由此可得到：

$$0 \leqslant h_S \leqslant L \leqslant \sum_{m=1}^{L} s(m) \tag{15.9}$$

$$h_S \leqslant \sqrt{\sum_{m=1}^{L} s(m)} \tag{15.10}$$

式中，$\sum_{m=1}^{L} s(m)$ 表示网络中联系的总强度。

这些不等式表明，H 强度在数值上受到网络中联系的总数与总体联系强度的平方根（即联系的规模与强度）的约束。

因为在带权网络中一条联系强度必然产生 2 倍的节点强度，故恒有

$$\sum_{m=1}^{L} s(m) = 2\sum_{n=1}^{N} d(n) \tag{15.11}$$

由式（15.9）～式（15.11）可得不等式：

$$h_S \leqslant \sqrt{2\sum_{n=1}^{N} d(n)} \tag{15.12}$$

该不等式表明，虽然 H 强度和节点度之间并无直接关系，总节点强度仍然会影响 H 强度的可能最大值。因此，在网络中，联系与节点的规模与强度和 H 强度的值至少有间接关联。

在带权网络的 H 子网中，N_b 与 L_b 分别表示 H 子网中的节点与联系；e 为强度等于 h_S 的联系的数量，由此可得

$$h_S + e - 1 = L_b \tag{15.13}$$

$$2(h_S + e - 1) \geqslant N_b \tag{15.14}$$

$$h_S \leqslant \sqrt{\sum_{m=1}^{L_b} s(m)} = \sqrt{2\sum_{n=1}^{N_b} d(n)} \tag{15.15}$$

这些公式表明，H 强度的值很大程度上决定 H 子网的规模。因此，I_h 计算 H 强度的变化，也为呈现网络主体的动态演变提供视角。

Glänzel-Schubert 模型(Glänzel, 2006; Schubert and Glänzel, 2007)即为式（15.16），被认为是 H 指数相关的最准确数学模型之一（Ye, 2009; 2011; Zhao et al., 2012）。有趣的是，Schubert (2012)发现它在合作网络中仍然适用。

$$h = c \cdot P^{1/3}(\text{CPP})^{2/3} \tag{15.16}$$

式中，h 为 H 指数；c 为正常数；P 表示文献数量；CPP 为篇均被引。

假定 Glänzel-Schubert 模型在 H 强度框架下同样适用，A_S 为网络中的平均联系强度，则该模型可表示为

$$h_S = c \cdot L^{1/3}(A_S)^{2/3} \tag{15.17}$$

如图 15.9（a）所示，"水资源"研究合作网络中数据大致拟合 Glänzel-Schubert 模型在 H 强度中的形态（式（15.17））。

H 指数的另一个核心模型是 Hirsch 模型(Ye, 2011)（式（15.18）），它的网络形式可转化为式（15.19）。

$$h = a \cdot C^{\beta} \tag{15.18}$$

$$h_S = a \cdot T_S^{\beta} \tag{15.19}$$

式中，a 为正常数；α 为洛特卡系数；$\beta = \alpha / (\alpha^2 + 1)$；$C$ 表示引文总数；T_S 为网络中总联系强度。

该模型大致适用于合作网络中的 H 强度，如图 15.9(b)所示。由此可见，信息网络中，H 强度与其他基础网络测度（如总联系强度(T_S)与平均联系强度(A_S)）之间或有经验性的理论联系。相关模型也表明，在一些实际信息网络中，高整体强度与高（权重）密度可能导致高 H 强度。

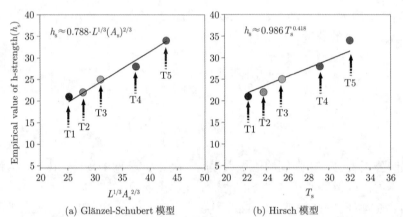

(a) Glänzel-Schubert 模型　　　　　　(b) Hirsch 模型

图 15.9　在合作网络中分析 H 强度的两个理论模型（由于样本量 5 太小，无法进行统计检验，此图仅为经验数据展示）（Zhao et al., 2014）

另一方面，Glänzel-Schubert 模型的估计似乎比 Hirsch 模型更接近实际数据点（图 15.9）。Hirsch 模型的优点是常系数 a 近似为 1，故其潜在的理论意义明显：H 强度与网络整体强度明显成正比。考虑到 Schubert 的发现来自于放射分析与核化学领域的合作网络(Schubert, 2012)，而本篇的结果则在另一个不同领域——水资源领域得出，可以认为，Glänzel-Schubert 模型与 Hirsch 模型等信息计量学模型或能成为在引文分析之外的网络与系统中更为广泛的理论框架。更激动人心的是，计量学模型和方法，或能成为研究网络科学理论的重要突破点。

参 考 文 献

Albert R, Barabasi A L. (2002). Statistical mechanics of complex networks. Reviews of Modern Physics, 74(1): 47-97.

Barabási A L, Albert R. (1999). Emergence of scaling in random networks. Science, 286(5439): 509-512.

Barabasi A L. (2009). Scale-free networks: a decade and beyond. Science, 325(5939): 412-413.

Barabasi A L. (2012). The network takeover. Nature Physics, 8(1): 14-16.

Borner K, Huang W X, Linnemeier M, et al. (2010). Rete-netzwerk-red: analyzing and visualizing scholarly networks using the Network Workbench Tool. Scientometrics, 83(3): 863-876.

Borner K, Sanyal S, Vespignani A. (2007). Network science. Annual Review of Information Science and Technology, 41: 537-607.

Bornmann L, Daniel H D. (2005). Does the h-index for ranking of scientists really work? Scientometrics, 65(3): 391-392.

Braun T, Glanzel W, Schubert A. (2005). A Hirsch-type index for journals. Scientist, 19(22): 8-8.

Braun T, Glanzel W, Schubert A. (2006). A Hirsch-type index for journals. Scientometrics, 69(1): 169-173.

Choi J, Yi S, Lee K C. (2011). Analysis of keyword networks in MIS research and implications for predicting knowledge evolution. Information Management, 48(8): 371-381.

Clauset A, Shalizi C R, Newman M. (2009). Power-law distributions in empirical data. SIAM Review, 51(4): 661-703.

Ding Y, Yan E J, Frazho A, Caverlee J. (2009). PageRank for Ranking Authors in Co-citation Networks. Journal of The American Society for Information Science and Technology, 60(11): 2229-2243.

Egghe L. (2006). Theory and practise of the g-index. Scientometrics, 69(1): 131-152.

Egghe L, Rousseau R. (2002). Co-citation, bibliographic coupling and a characterization of lattice citation networks. Scientometrics, 55(3): 349-361.

Egghe L, Rousseau R. (2006). An informetric model for the Hirsch-index. Scientometrics, 69(1): 121-129

Fatt C K, Abu Ujum E, Ratnavelu K. (2010). The structure of collaboration in the Journal of Finance. Scientometrics, 85(3): 849-860.

Franceschet M. (2011). The skewness of computer science. Information Processing Management, 47(1): 117-124.

Glänzel W. (2006). On the h-index – A mathematical approach to a new measure of publication activity and citation impact. Scientometrics, 67(2): 315-321

Glänzel W. (2012). The role of core documents in bibliometric network analysis and their relation with h-type indices. Scientometrics, 93(1): 113-123.

He B, Ding Y, Ni C. (2011). Mining enriched contextual information of scientific collaboration: a meso perspective. Journal of the American Society for Information Science and Technology, 62(5): 831-845.

Hirsch J E. (2005). An index to quantify an individual's scientific research output. Proceedings of the National Academy of Sciences of the United States of America, 102(46): 16569-16572.

Hung S W, Wang A P. (2010). Examining the small world phenomenon in the patent citation network: a case study of the radio frequency identification (RFID) network. Scientometrics, 82(1): 121-134.

Jasny B R, Zahn L M, Marshall E. (2009). Connections. Science, 325(5939): 405-405.

Jin B H, Liang L M, Rousseau R, et al. (2007). The R- and AR-indices: complementing the h-index. Chinese Science Bulletin, 52(6): 855-863.

Kuan C H, Huang M H, Chen D Z. (2011). Positioning research and innovation performance using shape centroids of h-core and h-tail. Journal of Informetrics, 5(4): 515-528.

Lang P, Gouveia F C, Leta J. (2010). Site co-link analysis applied to small networks: a new methodological approach. Scientometrics, 83(1): 157-166.

Lin F. (2011). A study on power-law distribution of hostnames in the URL references. Scientometrics, 88(1): 191-198.

Newman M E J.(2001). The structure of scientific collaboration networks. Proceedings of the National

Academy of Sciences of the United States of America, 98(2): 404-409.

Newman M E J.(2005). Power laws, Pareto distributions and Zipf's law. Contemporary Physics, 46(5): 323-351.

Newman, M.E.J. (2010). Networks: An Introduction. Oxford: Oxford University Press.

Onel S, Zeid A, Kamarthi S. (2011). The structure and analysis of nanotechnology co-author and citation networks. Scientometrics, 89(1): 119-138.

Pepe A. (2011). The relationship between acquaintanceship and coauthorship in scientific collaboration networks. Journal of the American Society for Information Science and Technology, 62(11): 2121-2132.

Price D J D. (1965). Network of scientific papers. Science, 149(3683): 510.

Price D J D. (1976). General theory of bibliometric and other cumulative advantage processes. Journal of the American Society for Information Science, 27(5-6): 292-306.

Redner S. (1998). How popular is your paper? an empirical study of the citation distribution. European Physical Journal B, 4(2): 131-134.

Rousseau R. (2006). New developments related to the Hirsch index. Science Focus, 1(4): 23–25. (in Chinese).

Schubert A. (2012). A Hirsch-type index of co-author partnership ability. Scientometrics, 91(1): 303-308.

Schubert A, Glänzel W. (2007). A systematic analysis of Hirsch-type indices for journals. Journal of Informetrics, 1(3): 179-184.

Scott J. (2000). Social network analysis: a handbook. London: Sage Publications.

Simon H A. (1955). On a class of skew distribution functions. Biometrika, 42(3-4): 425-440.

Stanley H E. (1995). Phase-transitions - power laws and universality. Nature, 378(6557): 554-554.

Thelwall M. (2001). Exploring the link structure of the Web with network diagrams. Journal of Information Science, 27(6): 393-401.

Valverde S, Sole R V, Bedau M A, et al. (2007). Topology and evolution of technology innovation networks. Physical Review E, 76(5).

van Raan A F J. (2006). Comparison of the Hirsch-index with standard bibliometric indicators and with peer judgment for 147 chemistry research groups. Scientometrics, 67(3): 491-502.

Yan E J, Ding Y. (2012). Scholarly network similarities: How bibliographic coupling networks, citation networks, cocitation networks, topical networks, coauthorship networks, and coword networks relate to each other. Journal of the American Society for Information Science and Technology, 63(7): 1311-1326.

Ye F Y. (2009). An investigation on mathematical models of the h-index. Scientometrics, 81(2): 493-498.

Ye F Y. (2011). A unification of three models for the h-index. Journal of the American Society for Information Science and Technology, 62(1): 205-207.

Zelnio R.(2012).Identifying the global core-periphery structure of science. Scientometrics, 91(2): 601-615.

Zhao S X, Tan A M, Ye F Y. (2012). Distributive h-indices for measuring multi-level impact. Journal of the American Society for Information Science and Technology, 63(10): 2074–2086.

Zhao S X, Ye F Y. (2013). Power-law link strength distribution in paper co-citation networks. Journal of the American Society for Information Science and Technology, 64(7):1480–1489.

Zhao S X, Zhang P L, Li J, et al. (2014). Abstracting core subnet of weighted networks based on link strengths. Journal of the Association for Information Science and Technology, 65(5):984-994.

第 16 章
全网测度：带权信息网络的骨干抽取

节点和联系共同构成网络的基元。分析复杂网络的要义是要化繁为简，厘清纷繁的干扰以寻求到网络的核心节点与联系的总和，即网络骨干结构抽取。

大量信息的交互关系必然导致信息网络的复杂性。信息网络的复杂性体现在多个方面，例如，节点与联系众多产生复杂结构，联系权重重要而需要慎重考察等。面对复杂问题，技术性学科趋向于寻求更高运算效率的优化算法，以复杂应对复杂。而计量学的长期经验表明，理解复杂系统的另一种可能途径是——简化系统以抓住重点。特别是对于社会性问题，把握其规律更重要的是寻求精巧的切入视角，这也是统计实证研究即便以小样本便利抽样，时常也能给出有启发意义结论的重要原因。

因此，面对复杂的信息网络，本篇不追求以复杂的方法解构其内容，而是尝试以简洁的计算抽取出重要的主干。本节中，将给出一种抽取复杂信息网络主干结构的简洁框架，主要步骤为：①用网络 H 核心方法截取重要节点；②以 H 子网方法抽取核心联系；③重构关键桥组件，从而合并得到网络的 H 骨干（h-bone）。H 骨干既考虑网络中的权重分布结构，也包含网络中的中介与连通结构，具有一定综合性。以图书情报学领域近年被高引论文及其参考文献构成的大规模共引网络为例，演示和论证了 H 骨干的构建路径与揭示意义。此方法可成为测度、化简与可视化复杂信息网络的备选框架之一。

16.1 核心节点、核心联系与桥重构

本方法包含三个递进的关键步骤：确定核心节点；确定核心联系集；重构网络中的桥连接。现依次讨论如下。

16.1.1 步骤 1：确定核心节点

Glanzel（2012）在文献网络中进行二次 H 指数计算，巧妙地选取核心文献集合，这一方法启示以 H 型测度在网络中确定核心节点群的可行性，并能自然地规避传统方法中阈值选取的随意性。由此方法确定的核心节点可称为网络 H 核心（network h-core），结合 H 度方法扩展其定义如下：

定义 16.1 网络 H 核心是网络中最大数量的节点集合及其相互直接联系，使得该集合中节点的 H 度都不小于 h。

由于 H 度描述的是网络中具有较多高权通道的重要节点，此类节点在网络中通常属于有局部甚至整体组织能力的中心节点，网络 H 核心选取这类节点中的顶端部分，可一定程度代表整个网络中的高凝聚性节点集。网络 H 核心的大小（即核心中节点数量）取决于网络中高 H 度节点的数量。合作网络中的实证（参见 15.2.4 节）显示，H 型测度的大小与网络中节点数量和密度也有较强的正相关性。另外，在 H 核心的边界上，H 度值为 h 的节点数量可有多个，故网络 H 核心中的节点数量有大于 h 的可能。网络 H 核心的确定过程如图 16.1 所示。

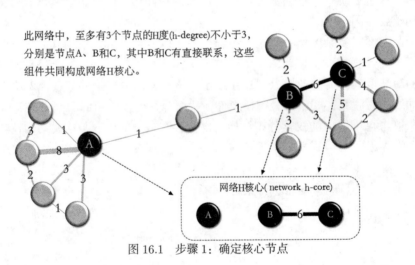

此网络中，至多有3个节点的H度(h-degree)不小于3，分别是节点A、B和C，其中B和C有直接联系，这些组件共同构成网络H核心。

网络H核心(network h-core)

图 16.1　步骤 1：确定核心节点

16.1.2　步骤 2：确定核心联系集

联系在信息网络中表征了实体之间的信息交互关系，其强度体现信息流量。大部分信息网络中的联系强度属"多多益善"，例如引用或共现，强度越高表明关系越密切，通常情况下不仅没有交通网络等技术网络中的控制性需求，有时还带有质变的表征，如从低被引到高被引，从间接松散关系变为固定密切合作等。因此，抽取网络中的高权联系构成了寻找核心联系的自然路径。第 15 章中给出的 H 强度及其派生的 H 子网提示了一种获取高权联系的自然方法。网络的 H 强度指最大的自然数 h，使得网络中有 h 条联系的强度不小于 h。网络的 H 子网是网络的一个联系与节点核心子群，包含强度不低于 h 的联系及其连接的节点。

H 强度与 H 子网的特点包括自然截取幂律分布顶端、自动选择而非人为确定截取阈值、平衡联系数量与权重、使用联系列表快速计算而无需构建体量庞大的关系矩阵等。

将 H 子网与"步骤 1"中的核心节点集合叠加，则可进一步构成重要联系与节点同时具备的子网（图 16.2）。这一子网不仅有组织型高权节点，也包括主干型高强度信息通道。由于高强度联系连接的并不一定是高凝聚性的中心节点，故一般情况下 H 子网与 H 核心的节点会有部分交织但并不完全重叠。因此，H 子网与 H 核心的组合并不能在理论上保证连通性，即合并后的子网可能出现孤立点或断裂（图 16.2）。

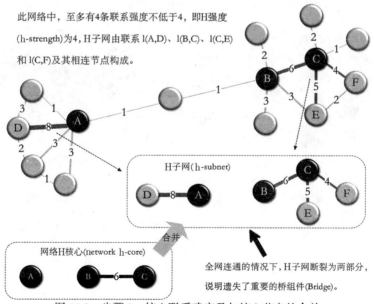

图 16.2　步骤 2：核心联系确定及与核心节点的合并

因此, 在将 H 子网与 H 核心合并成新的子网后, 需检验其是否出现断裂, 测度上即等价于观测该子网是否全连通[①]。若连通, 则表明主干骨干成型。若有断裂, 则说明可能有保持网络主体连通性的重要组件被遗漏, 需进行第三步。

16.1.3　步骤3：重构网络"桥"

完整的主干骨干应具有整体连通性。网络中的"桥"（bridge）广义上可理解为一种可提供网络连通性保障的结构性组件, 通常位于其他节点或群组的相连途径中, 如图 16.2 示例网络中节点 A 与 B 之间的节点与联系。故桥上节点通常有较高的中介性, 而联系则较经常性地成为其他节点之间最短路径的一部分。然而, 中介性与权重属于不同的测度视角, 桥上的节点与联系并不一定有较高的权重, 因此无论是 H 核心还是 H 子网的方法, 都有可能遗漏具有重要连通价值但低权重的桥组件。

为保证抽取出的主干骨干具有连通性, 可用补回网络中原本存在的桥组件的方法重构主干骨干的网络桥。具体操作为, 选取各分裂节点群组中 H 度最高的节点为连接端点, 在原始整体网络中获取端点之间的路径（即需重构的桥组件）[②], 将路径加到前一步骤断裂的子网中以连通主干骨干, 过程示例如图 16.3 所示。

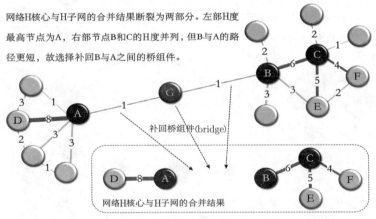

图 16.3　步骤3：网络重要桥组件重构

① 检验该子网连通性的方法有多种, 此处推荐两种操作性较强的方法：（1）H 子网与 H 核心合并而成的网络一般规模较小, 可将此网络可视化, 直接观测视图是否有断裂孤立点。（2）在社会网络分析软件 Ucinet 中, 经选'network-cohesion-distance'功能, 生成 Geodesic Distances 矩阵, 矩阵中非对角线元素若有空值, 说明元素对应节点之间距离为无穷大, 即两点无连接可达, 网络出现断裂。

② 若某群组中有并列的最高 H 度节点, 则选择相对较短的路径为桥。获取节点间路径的可选方法之一是：在社会网络分析软件 Ucinet 中, 可由'network-path'功能计算。

在将 H 核心与 H 子网组合并重构网络桥之后，完整的主干骨干网络即可呈现。如图 16.4 所示，其结构上包含了具有代表性的组织型中心节点、主干型高权联系和保障型桥连接，从而形成一种复杂信息网络主体结构的简洁表征。H 核心、H 子网与桥组件都是网络中的小子集，它们的结合会在很大程度上将复杂的网络结构化简为更清晰的简明主干骨干。这无论是对于定量描述网络属性（如各类测度计算），还是定性观测网络形态（如各种可视化呈现）都可能具有研究与应用价值。

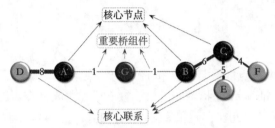

图 16.4　示例网络的主干骨干结果

综上所述，可将以上三个步骤简要总结于表 16.1 中。

表 16.1　复杂信息网络的主干骨干抽取步骤总结

步骤	描述	操作	结果	方法/理论来源
1	确定核心节点	提取网络 H 核心	保留组织型中心节点	Glanzel 的网络 H 核心；H 度
2	确定核心联系集	提取网络 H 子网并与 H 核心合并	加入主干型高权联系	H 强度；H 子网
3	重构网络"桥"*	补回桥组件使断裂网络保持连通	重构保障型桥连接	网络桥；中介性

*在步骤 2 后若网络无断裂，无需进行步骤 3。

16.2　相关理论性质分析

重点讨论 H 骨干的相关理论性质。由于 H 骨干本质上是节点和联系这两个基本分析单元的构建，以下讨论将在这两个方面分别进行。

16.2.1　H 骨干的核心节点性质

H 骨干的主要核心节点来源于网络 H 核心。当网络 H 核心指其中有 N_h 个节点的 H 度不小于 N_h 时，且 H 度等于 N_h 的节点数量为 N_d 时，网络 H 核心的实际节点数量（ $N_{h\text{-core}}$ ）为

$$N_{\text{h-core}} = N_h + N_d \tag{16.1}$$

令全连接的网络有 N 个节点，节点 i 的（带权）度为 d_i，H 度为 h_i，则 N_h 满足条件

$$0 \leqslant N_h \leqslant N \leqslant \sum_{i=1}^{N} h_i \leqslant \sum_{i=1}^{N} d_i \tag{16.2}$$

$$N_h \leqslant \sqrt{\sum_{i=1}^{N} h_i} \leqslant \sqrt{\sum_{i=1}^{N} d_i} \tag{16.3}$$

即 N_d 取值受网络中节点的数量、度和 H 度的约束。

一些理论和实证显示 H 指数与总被引次数（C）之间具有近似的幂律关系（Ye，2011；高小强和赵星，2010；赵星和高小强，2011）。

$$h = b \cdot C^a \tag{16.4}$$

式中，a 和 b 为系数，a 与洛特卡系数直接相关，这一理论模型最近在信息合作网络中也得到类似的结果（参见 15.2.4 节），对于网络 H 核心而言，即有

$$N_h = b_1 \cdot (\sum_{i=1}^{N} h_i)^{a_1} \tag{16.5}$$

另一方面，与幂律度分布相似，H 度及类似测度的分布也具有幂律特性（参见 14.3.2 节和 15.2.4 节），故对于 H 度等于 N_h 的节点数量 N_d 而言，有

$$\frac{N_d}{N} = b_2 \cdot N_h^{a_2} \quad \text{或} \quad N_d = b_2 \cdot N \cdot N_h^{a_2} \tag{16.6}$$

因此，由式（16.5）和式（16.6），网络 H 核心的节点数量 $N_{\text{h-core}}$ 可近似为

$$N_{\text{h-core}} \approx N_h + b_2 \cdot N \cdot N_h^{a_2} \approx (\sum_{i=1}^{N} h_i)^{a_1} \left[b_1 + b_1 \cdot b_2 \cdot N \cdot (\sum_{i=1}^{N} h_i)^{(a_2-1)a_1} \right] \tag{16.7}$$

式（16.7）说明网络 H 核心的节点数量实际由网络节点数量及各节点 H 度值共同决定，且与 H 度的幂律分布及参数相关。

16.2.2　H 骨干的核心联系性质

H 骨干的主要核心联系由 H 子网确定。当网络 H 子网指其中有 L_h 条联系的

强度不小于 L_h 时，且强度等于 L_h 的联系数量为 L_d 时，H 子网的实际联系数量（$L_{\text{h-subnet}}$）为

$$L_{\text{h-subnet}} = L_h + L_d \tag{16.8}$$

令全连接的网络有 L 条联系，联系 j 的权重为 s_j，易知 $L \leqslant N \cdot (N-1)$。

对于 L_h，有

$$0 \leqslant L_h \leqslant L \leqslant \sum_{j=1}^{L} s_j \tag{16.9}$$

$$L_h \leqslant \sqrt{\sum_{j=1}^{L} s_j} = \sqrt{\frac{1}{2} \cdot \sum_{i=1}^{N} d_i} \tag{16.10}$$

式中，$\sum_{j=1}^{L} s_j$ 即为网络中联系强度总量。与 N_h 相类似，L_h 在幂律分布的联系中（参见 15.1 节），与网络联系总量的关系也可近似写为

$$L_h = b_3 \cdot (\sum_{j=1}^{L} s_j)^{a_3} \tag{16.11}$$

联系强度等于 L_h 的联系数量 L_d 为

$$L_d = b_4 \cdot L \cdot L_h^{\,a_4} \tag{16.12}$$

由此，H 子网中的核心联系数量 $L_{\text{h-subnet}}$ 为

$$L_{\text{h-subnet}} \approx L_h + b_4 \cdot L \cdot L_h^{\,a_4} \approx (\sum_{j=1}^{L} l_j)^{a_3} \left[b_3 + b_3 \cdot b_4 \cdot L \cdot (\sum_{j=1}^{L} l_j)^{(a_4-1)a_3} \right] \tag{16.13}$$

式（16.13）表明，H 子网中的核心联系数量由网络整体联系数量和联系强度确定，并由联系的幂律分布参数调节其数值。H 型测度都可理解为排序单元的数量与某种水平数值的平衡，式（16.7）和式（16.13）给出此类测度在网络中的具体理论表述。

16.2.3　H 骨干中的桥及整体性质

桥组件中的节点和联系在网络中都有潜在的连通价值，但其属性具有特定性和随机性。首先，H 骨干中并不一定需要桥组件来保证其连通。其次，当桥组件存在于 H 骨干时，其组成常由微观的具体结构决定。

理论上，当网络边界确定后，节点数量 N 和联系数量 L 即为定值。网络 H 核心与 H 子网的规模越大，就越可能组成覆盖更多的重要组件而保持连通性或需要补回的部件减少。H 骨干的框架中，桥组件的存在及规模，将取决于网络中是否有内聚性较强而相互连接较弱的多个子群。当这些子群在权重规模上相似且相互连通距离较远时，则可能需要较长的桥组件来连接。

当不考虑多条桥部分重合时，令桥 k 的节点数量为 N_k，联系数量为 L_k，则有

$$N_k = L_k - 1 \tag{16.14}$$

式（16.14）自然也说明（单条）桥中无分叉或环路。

综上所述，H 骨干方法综合了网络中的核心节点、核心联系与桥组件，这三项在网络代表性方面又分别体现了网络的节点规模与权重、联系的数量与强度、网络的距离与群聚结构，故具有较强的综合性。本方法既能保留网络中的高权重核心与中心节点，又涵盖了高强度主干通道，最后以桥连接保证了主干骨干的连通。在化简复杂的信息网络结构、测度网络核心组件、给出有限度的可识别信息可视化结果等方面，都可能有发展和应用的空间。随后将以一个实例演示本方法的效用。

16.3 实证研究：LIS 学科共引网络

16.3.1 数据描述

相关数据来源于 WoS 数据库，基础数据包括 2008～2012 年 SSCI 收录的图书情报学分类下 352 篇被引次数达到 20 次的研究论文及其参考文献。由这些文献的"共引"关系构建出论文共引网络。网络构建使用了 SCI² (Sci² Team, 2009) 和自编程序，网络中的节点即为各篇文献，文献节点之间的联系表示两篇论文同时被其他某篇论文所引用（即共被引关系），而联系的权重即等于联系两端文献节点共被引的次数。该网络的基本属性指标如表 16.2 所示，整体结构如图 16.5 所示。

表 16.2 案例共引网络属性统计量

统计量	数值	统计量	数值
节点数量	14581	联系数量	658803
平均节点度	90.365	最高联系强度	17
H 核心节点数量	13	最高 H 度	10
H 强度	11	H 子网联系数量	17

图 16.5　案例网络的复杂整体结构

16.3.2　结果与讨论

由图 16.5 可见，尽管此网络节点量级不到 1.5 万，仅属于一般规模的复杂网络，但其结构已然十分复杂，而从可视化结果上难以进行具体的节点或联系观测，只能在宏观结构上粗略区分出网络的两个主要聚群：一是以文献/信息计量学为代表的传统图书情报领域，二是以信息系统研究为主的信息技术领域。当然，应注意这信息系统领域属于本学科与计算机、管理学的交叉，其主要成果和研究者未必属于本学科。

为更深刻地理解这一网络的核心结构，采用 H 骨干的方法对整个复杂网络进行化简。

（1）经计算，得出网络节点的 H 度，并由此计算出网络 H 核心的取值边界为 H 度为 7，网络中有 13 个节点的 H 度不小于 7，这些节点构成高权重的网络核心节点集（图 16.6（a））。

（2）根据网络的联系列表数据，可得到网络的 H 强度为 11，网络中的 17 条高权联系构成网络的 H 子网，将之与第一步得到的核心节点合并，构成同时包含核心节点与联系的集合（图 16.6（b））。由图形可见，网络存在断裂，分为三个小子群，说明在抽取高权重组件后，有桥连接遗失。

（3）从各子群的高 H 度节点出发，探索子群之间的桥连接，最终使得三个子群连通，并发现节点"Cohen J, 1988, Stat Power Anal Beha"及其三条联系可重构出网络骨干的桥（图 16.6（c））。

图 16.6（c）展示网络简化后的清晰主干结构，即 H 骨干。参照于整个学科的知识结构，此结果启发意义显著。

虽然只保留 0.12% 的节点和 0.003% 的联系，但 H 骨干仍保持与网络整体（图 16.5）几乎一致的结构形态。H 骨干中，同样存在两个主要子群：计量学和信息系统研究。其中，计量学之所以能被体现，主要是因为这可能是目前学科中唯一既原创于本学科，又具有相对坚实理论基础和现代社会网络范式的领域，故在国际研究中受到相对更广泛的重视，影响力较大。值得注意的是，这些节点（文献）多为 H 指数研究论文，也体现 H 指数作为过去数年中计量学第一重点研究主题，引领了领域的潮流。而信息系统研究的突显则是因为这一主题涉及图书情报学、管理学中的管理信息系统和计算机科学中的信息系统技术等多个领域，影响受众广泛。

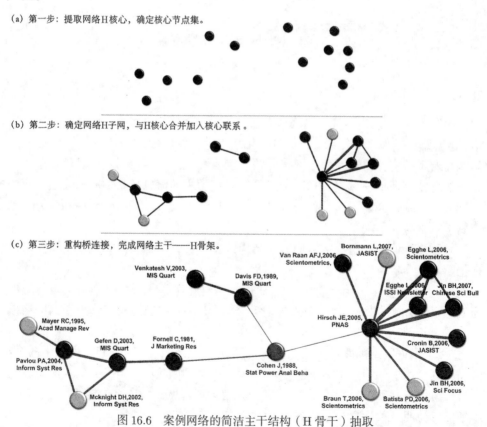

图 16.6　案例网络的简洁主干结构（H 骨干）抽取

节点 "Venkatesh V, 2003, Mis Quart" 和 "Davis Fd, 1989, Mis Quart" 虽与图 16.6（c）中的左部子群研究主题近似，但实际内容上存在明显的区别。这两个节点都是关于信息技术的用户接受研究，偏重信息行为。而图 16.6（c）左部子群则涉及的是电子商务和网络营销这一管理学热点。节点 "Fornell C,1981,J Marketing Res" 亦是一个有趣的节点，该文 "Structural equation models with unobservable variables and measurement error: Algebra and statistics" 是结构方程模型研究的里程碑式著作。此节点与管理学电子商务主题群体的连接也体现这一统计方法在管理学实证研究中的基础地位。

桥节点注定是网络中特别需要关注的实体。案例网络的骨干结构中，节点 "Cohen J, 1988, Stat Power Anal Beha" 同时桥连三个子群，其对于此骨干网络的连通意义十分明显。该文献是名为 "Statistical power analysis for the behavioral sciences" 的专著，与结构方程一文类似，同样是关于统计方法的经典研究。这一桥连组件的突显，也说明在学科内，知识的交流与范式的转移，很大程度以研究方法为先。虽然现今信息相关学科的研究内容有泛化的趋势，但在研究方法上，仍能找到密切关联的路径。

参 考 文 献

高小强, 赵星. (2010). H 指数与论文总被引 C 的幂律关系. 情报学报, 29(3): 506-510.

赵星, 高小强. (2011). h-C 幂律关系模型推演及参数分析. 情报学报, 30(1): 83-86.

Glänzel W. (2012). The role of core documents in bibliometric network analysis and their relation with h-type indices. Scientometrics, 93(1): 113-123.

Schubert, A. (2012a).A Hirsch-type index of co-author partnership ability. Scientometrics, 91(1): 303-308.

Sci² Team. (2009). Science of Science (Sci₂) Tool. Indiana University and SciTech Strategies, https://sci2.cns.iu.edu.

Ye F Y. (2011). A unification of three models for the h-index. Journal of the American Society for Information Science and Technology, 62(1): 205-207.

第 17 章
H 型信息网络测度的整体讨论

17.1 从局部到整体的带权信息网络测度框架

本研究依次给出从节点到联系，再收敛于整体骨干结构的一系列带权信息网络测度方法。现总结概述如下：

1. 节点测度：H 度及其延拓

节点测度方面，首先给出 H 度，重点把握节点的联系权重和结构信息，从而能一定程度弥补传统测度（如节点度和节点强度）用于带权信息网络测评时，在反映权重或结构信息等方面的方法论缺失。此后，提出 H 中心度描述节点中心性，提出 H 中心势反映网络中节点权重分布，并以 H 比率测量权重与连接两方面的差异。除理论讨论相关测度的性质及比较，还以 H 指数研究核心文献为实证数据，分析 H 度及相关测度的实际效用，结果显示 H 度较好地识别此主题的重点文献，与节点强度等传统指标存在统计意义上的显著差别，并显示出与无标度网络特性相关的幂律分布理论性质。

以分析 H 度为契机，本篇也讨论了网络测度从无向网络到有向网络的自然转换，并给出可用于有向带权网络的有向 H 度测度集。LIS 学科国际期刊和我国人文社会学科两组实证数据分析也再次体现 H 度的有趣特点。特别是，与最常用的期刊评价指标影响因子相比，H 度在期刊网络中的测评更精准地发现了领域的最重要期刊。有向 H 度作为 H 度的推广和补充，与 H 度能分别用于联系带有方向的信息网络（如基于指向关系信息网络）和联系没有方向的信息网络（如基于共现关系的信息网络），故绝大部分现实信息网络皆可使用此测度集进行分析。

H 度及相关测度集被设计为更适合于带权网络的测度方法。就 H 度而言，其具有综合平衡联系与权重的特点，自然截断顶部数据且更符合网络中普遍存在的幂律特征，能反映更多的结构信息，继承于 H 指数的算法使其方法具有独特性且

286

计算量较小。总体而言,或能成为一种简洁而富含信息的带权信息网络节点测度。

2. 联系测度:幂律、H 强度与核心联系

关注联系是本篇的特色之一。在此方面,首先对带权网络中的联系基本特性进行分析,发现联系的权重具有有趣的幂律分布现象。这一结果由 12 个不同主题、时间、范围或规模的大样本共引网络得出。包括双对数坐标轴拟合与 K-S 检验在内的两种检验方法都显示:联系强度的近似幂律分布在大多数案例网络中均存在。同时提出优先重连机制用于解释此现象的成因。这一发现的意义主要在两个方面:

对于网络科学,上述结果表明,在网络中,普适规律不仅只属于节点范畴,联系中也可能具有值得探索的普遍模式。幂律分布不仅在节点或行动者之中存在,也存在于联系或连接中,故幂律或能成为网络分析中的统一规律。对信息科学而言,提示信息网络或是较佳的观测社会性系统统一机制的网络类型,一方面因为其实体属性定义明确,另一方面也因为信息网络数据获取相对容易且可重复验证性要远好于大部分领域的社会系统网络。

基于联系幂律分布的发现,提出 H 强度及其相关扩展方法——H 子网与 I_h,从而为带权网络中的联系分析提供工具。从联系的视角,可帮助理解带权网络主体中的交互与结构,如直接通过联系探索网络以及实现联系规模与强度的平衡,可以通过包括联系列表在内的网络的不同表现形式进行计算。两组共引网络和合作网络的实证研究显示 H 强度测度集的效用。H 强度在一定程度上反映了顶端和整体联系强度,也可作为抽取网络中重要联系的方法,H 子网成功保留了实例网络中的最重要的部分节点,体现了潜在鲁棒性。将 H 强度与 H 子网相结合,可构成网络中联系的新型描述方法,而 I_h 则能体现网络演化进程。最后,分析了 H 强度的理论特征。最有趣的结果是发现计量学模型——Glänzel-Schubert 与 Hirsch 模型在此网络情境中依然近似成立。这说明,H 型网络测度或能成为连通计量学研究和网络科学模型的纽带。

3. 全网测度:带权信息网络的骨干抽取

在有了 H 度与 H 强度等一系列测度方法之后,得以给出带权信息网络的骨干抽取方法,抽取结果称之为 H 骨干,抽取方法分为三步:(1)以 H 度为基础,用网络 H 核心方法截取重要节点;(2)以 H 强度为基础,用 H 子网方法抽取核心联系;(3)重构关键桥组件,从而合并得到网络的简洁主干。H 骨干既考虑了网络中的节点与联系的权重分布结构,也包含网络中的中介与连通结构,具有一定综合性。图书情报学领域的论文共引网络分析显示,H 骨干仅用很少的节点和联系成功提取了具有较强解释意义的网络主体结果,结果骨干保持与整体网络一致的形

态并具有帮助理解网络的内涵意义的功效。包括信息网络在内的现有网络研究中，复杂性既是网络的特点亦是分析的难点。因此，精巧的消解复杂性的方法，可望构成分析复杂网络的深入方法，从而对网络的结构进行深刻理解，也利于网络可视化的有效表现，此为 H 骨干的方法启示。

17.2 从计量属性到结构揭示的信息学研究

任一测度都只是从某一视角对实体进行测量，故实际上并无所谓"完美"的测度。本篇给出的方法亦是如此。就 H 度及其测度集而言，现有设计只适用于自然数型网络权重的测量，对于小数等其他类型，需采用数值变换的方法转为具有一定量级的整数。当然，前提是转换后其物理意义还依然存在。另外，H 度会存在 H 指数的一些算法缺点，例如有时会缺乏区分度，不能很好反映 H 核心之内的数值等，此时可通过各种改进型 H 指数（如 G 指数和 R 指数等）进行补充。总体而言，H 度是一个表征网络中核心节点的量值。信息网络中，高 H 度值可能同时代表网络中的"组织者"与"控制者"。组织者要求联系广度，广度不够无法组织整个网络。控制者需要联系强度，强度不足无以控制整个网络。而 H 度是针对这两方面的一并要求。因此，在关键词网络中，H 度可标示关键概念；信息合作网络中，体现最受欢迎的合作者；引文网络中，发掘信息交流的中心。

社会系统中的规律通常都只是近似规律。尽管联系权重的幂律分布已经过 12 个不同主题、时间、范围或规模的网络检验，但在理论上仍无法表征这一规律一定会出现在某一现实网络中。例如，对于规模很小，或主题混杂的网络，可推测其将很难出现。对于联系强度定义特殊的网络，例如密度和速度等，此规律是否存在或如何体现也值得讨论。当然，检验幂律的方法还在不断地发展中(Milojevic, 2010)，即使在近似符合幂律的网络中，发现奇异点并调查原因也是极有意义的工作。幂律模型实现了普遍性和简洁性的平衡，因而联系强度的幂律分布适用于研究带权网络中的联系模型。在不同层面探索不同的现实世界网络分布亦是今后可扩展的工作。例如，在信息网络领域，可探讨根据作者、期刊、组织及其权重交互所构建的引文网络、共引网络、关键词网络或合作网络(Lemarchand, 2012；Medina and van Leeuwen, 2012；Yi and Choi, 2012)的联系分布特征。另一方面，最近的研究发现，幂律或会随时间而变化(Li and Zhao, 2012)，也可能取决于观察规模(Li, 2010；Li and Zhao, 2010)。因此，挖掘关于联系权重幂律的更多的细节变换以及在各种网络中的独有性质都会是今后的有趣研究方向。

与 H 度相似，H 强度及相关测度也面临 H 指数算法缺陷的影响，因此也可以将改进型 H 测度作为今后深化方向。H 子网和 H 骨干此类方法面向的是具有较大规模的复杂信息网络，而不建议用于结构较简单的网络。虽然在本篇的实证案例中，都显示 H 子网能覆盖主要的重要节点，但理论上，该方法无法保证不会遗失重要节点。特别是，若出现桥组件仅有极高的中介性却权重极低，那么 H 子网可能无法将其涵盖其中，而需要 H 骨干方法作为补充。H 度与传统测度的差别已在 2 章中详细讨论，此处再将 H 子网和 H 骨架与可能相关的网络分析方法(He, et al., 2011；Lorrain and White, 1971；Newman, 2010；Scott, 2000；Korn et al., 2009；White, 2003)列出（表 17.1），作为比较总结。

表 17.1　与 H 强度、H 子网和 H 骨干可能相关的代表性概念/测度的简要对比

概念/测度	原始目标网络	简述	主要特点
k 核心	无权网络中的节点组	每个节点至少与其他 k 个节点（k 近邻）连接的最大节点组。	表示高度聚合子群；主要与节点度相关；计算相对简单
k-丛	无权网络中的节点组	每个节点至少与其他 $(n-k)$ 个节点（$n-k$ 近邻）连接的，包含 n 个节点的最大群组。	表示高度聚合子群；主要与节点度相关
k-集团	无权网络中的节点组	每个节点与其他节点距离不超过 k 的最大节点组。	显示无权网络中的密集子群；主要与节点距离相关
Component	无权网络中的节点组	每个节点都可通过某些路径到达其他节点的最大节点组。	表示网络稳健性；主要与可能路径相关
Blockmodeling	无权网络中的聚类	按结构等价将网络节点分为聚类。	有助于可视化；主要与网络组件的结构等价相关
Pathfinder 网络	作者共引网络	查找节点之间的最小权重路径，并重建一个所有节点（作者）之间相互连接的网络。	有助于可视化；主要与所有节点的距离与联系强度相关
Contextual subgraph	共作者网络中的子图	由两个直接相连节点（作者）之间一定长度的路径形成的子图。	有助于可视化；主要与节点距离相关
网络中心势	无权网络整体	在全网中，根据中心度，对最中央的节点与其他节点进行比较。	显示节点中心度的分布；主要与节点测度（中心度）相关；相对指标
网络 H 指数	无权网络整体	网络中有 h 个节点具有不小于 h 的节点度，h 的最大值即网络度 H 指数。	测量整个网络（全网）；主要与节点度相关；实现节点数与节点度的平衡
H 强度	带权网络中的联系群	网络中有 h_s 条强度不小于 h_s 的联系，h_s 的最大值即网络 H 强度。	测度网络的核心联系；主要与联系强度相关；实现联系数量与联系强度的平衡；相对容易计算
H 子网	带权网络中的子网	由高强度联系与这些联系连接的节点构成的子网。	有利于理解复杂带权网络的联系结构；主要与联系强度相关；实现联系数量与联系强度的平衡
H 骨干	大型的复杂带权网络	由 H 度、H 强度和桥连接抽取网络的主干结构	简化复杂的带权网络；利于可视化和网络主体结构理解

由表 17.1，可总结本篇给出测度的几点特色：第一，面向带权网络；第二，注重联系结构；第三，追求测度和结果的简洁性。

图书情报学和信息资源管理学科是研究信息的产生、储存、传播、组织和控制等环节的宽泛领域。学科内部时常困扰于研究内容的不断泛化，而统一研究范式和方法却远未形成。理论上，许多涉及信息及交互的系统都可尝试构建为信息网络，因此信息网络可成为研究各类信息主题的公有备选工具之一。

例如，网络舆情研究中，若以人或信息源为节点，舆情的传播路径为联系，即可系统性地分析整个舆情系统中的行为，从而达到控制与引导的作用。计量学研究中，若以人或组织等科学信息源为节点，相互的引用为联系，则能描绘出整个科学知识世界中的信息传递与交流，并有望绘制出更细致、更广泛的科学图景。知识组织中，若以知识单元为节点，知识关联为联系，构建出的知识网络结构即可作为分类或整理的重要参考。信息可视化研究中，需展示的信息实体为节点，实体间关系为联系，即可构成天然的网络可视化图示，这一图示不仅在结构上一目了然，其本身就可能是信息世界的直观景象。

本篇作为全书最后一部分，尝试从信息计量到信息分析的拓展。带权信息网络的测度可望为从计量属性到结构揭示的信息学研究提供一类支持理论或方法选择，促进信息学和计量学中的特色网络研究，并在今后应用中持续改良。同时，也热切期望，本学科的信息研究能在不远的将来，超越 H 型测度，超越网络分析，融汇和发展出更深刻的、能揭示复杂信息与复杂数据联系的定量化范式。

参 考 文 献

Glänzel W. (2012). The role of core documents in bibliometric network analysis and their relation with h-type indices. Scientometrics, 93(1): 113-123.

He B, Ding Y, Ni C. (2011). Mining enriched contextual information of scientific collaboration: a meso perspective. Journal of the American Society for Information Science and Technology, 62(5): 831-845.

Korn A, Schubert A, Telcs A. (2009). Lobby index in networks. Physica a-Statistical Mechanics and Its Applications, 388(11): 2221-2226.

Lemarchand G A. (2012). The long-term dynamics of co-authorship scientific networks: Iberoamerican countries (1973-2010). Research Policy, 41(2): 291-305.

Li M. (2010). Fractal time series-a tutorial review. Mathematical Problems in Engineering. http://www.hindawi.com/journals/mpe/2010/157264/abs/

Li M, Zhao W. (2010). Representation of a stochastic traffic bound. IEEE Transactions on Parallel and Distributed Systems, 21(9): 1368-1372.

Li M, Zhao W. (2012). Quantitatively investigating the locally weak stationarity of modified multifractional Gaussian noise. Physica A: Statistical Mechanics and its Applications, 391(24): 6268-6278.

Lorrain F, White H C. (1971). Structural equivalence of individuals in social networks. The Journal of mathematical sociology, 1(1): 49-80.

Medina C M C, van Leeuwen T N. (2012). Seed journal citation network maps: A method based on network theory. Journal of the American Society for Information Science and Technology, 63(6): 1226-1234.

Milojevic S. (2010). Power Law Distributions in Information Science: Making the Case for Logarithmic Binning. Journal of the American Society for Information Science and Technology, 61(12): 2417-2425.

Newman M E J. (2010). Networks: An Introduction. Oxford: Oxford University Press.

Scott J. (2000). Social network analysis: a handbook. London: Sage Publications.

White H D. (2003). Pathfinder networks and author cocitation analysis: A remapping of paradigmatic information scientists. Journal of the American Society for Information Science and Technology, 54(5): 423-434.

Yi S, Choi J. (2012). The organization of scientific knowledge: the structural characteristics of keyword networks. Scientometrics, 90(3): 1015-1026.

附　录

附表1　2009~2013 年社会网络研究主要机构（国内机构香港城市大学为序列第一）

序号	机构	篇次
1	HARVARD UNIV	211
2	UNIV N CAROLINA	147
3	UNIV CALIF LOS ANGELES	144
4	UNIV OXFORD	141
5	COLUMBIA UNIV	134
6	UNIV ILLINOIS	133
7	PENN STATE UNIV	131
8	UNIV MICHIGAN	115
9	UNIV WASHINGTON	108
10	UNIV MELBOURNE	104
11	ARIZONA STATE UNIV	103
12	UNIV TORONTO	100
13	UNIV WISCONSIN	100
14	UNIV MARYLAND	99
15	UNIV SO CALIF	95
16	MICHIGAN STATE UNIV	91
17	UNIV GRONINGEN	91
18	UNIV MINNESOTA	86
19	UNIV SYDNEY	86
20	CORNELL UNIV	83
21	STANFORD UNIV	82
22	UNIV PENN	82
23	UNIV CALIF SAN DIEGO	80
24	NORTHWESTERN UNIV	78

序号	机构	篇次
25	UCL	78
26	MIT	76
27	DUKE UNIV	75
28	INDIANA UNIV	74
29	UNIV TEXAS AUSTIN	73
30	CARNEGIE MELLON UNIV	72
31	UNIV CALIF BERKELEY	72
32	UNIV CAMBRIDGE	70
33	UNIV PITTSBURGH	70
34	CITY UNIV HONG KONG	69

附表 2　2009～2013 年复杂网络研究主要领域

领域	篇次
PHYSICS	2697
MATHEMATICS	748
SCIENCE TECHNOLOGY OTHER TOPICS	704
COMPUTER SCIENCE	697
ENGINEERING	584
BIOCHEMISTRY MOLECULAR BIOLOGY	355
MATHEMATICAL COMPUTATIONAL BIOLOGY	253
MECHANICS	228
NEUROSCIENCES NEUROLOGY	188
CELL BIOLOGY	138
AUTOMATION CONTROL SYSTEMS	136
ENVIRONMENTAL SCIENCES ECOLOGY	136
CHEMISTRY	124
BIOTECHNOLOGY APPLIED MICROBIOLOGY	111
LIFE SCIENCES BIOMEDICINE OTHER TOPICS	110
OPERATIONS RESEARCH MANAGEMENT SCIENCE	108
BUSINESS ECONOMICS	97
TELECOMMUNICATIONS	92
GENETICS HEREDITY	69
MICROBIOLOGY	59
BIOPHYSICS	54

续表

领域	篇次
MATERIALS SCIENCE	52
PLANT SCIENCES	52
PHARMACOLOGY PHARMACY	49
RADIOLOGY NUCLEAR MEDICINE MEDICAL IMAGING	48
INFORMATION SCIENCE LIBRARY SCIENCE	46

附表 3　LIS 学科期刊名称对照表

序号	刊名缩写	期刊全名
1	ASLIB PROC	ASLIB PROCEEDINGS
2	CAN J INFORM LIB SCI	CANADIAN JOURNAL OF INFORMATION AND LIBRARY SCIENCE-REVUE CANADIENNE DES SCIENCES DE L INFORMATION ET DE BIBLIOTHECONOMIE
3	COLL RES LIBR	COLLEGE RESEARCH LIBRARIES
4	ECONTENT	ECONTENT
5	ELECTRON LIBR	ELECTRONIC LIBRARY
6	GOV INFORM Q	GOVERNMENT INFORMATION QUARTERLY
7	INFORM MANAGE-AMSTER	INFORMATION MANAGEMENT
8	INFORM PROCESS MANAG	INFORMATION PROCESSING MANAGEMENT
9	INFORM SOC	INFORMATION SOCIETY
10	INFORM SYST J	INFORMATION SYSTEMS JOURNAL
11	INFORM SYST RES	INFORMATION SYSTEMS RESEARCH
12	INFORM TECHNOL LIBR	INFORMATION TECHNOLOGY AND LIBRARIES
13	INT J GEOGR INF SCI	INTERNATIONAL JOURNAL OF GEOGRAPHICAL INFORMATION SCIENCE
14	INT J INFORM MANAGE	INTERNATIONAL JOURNAL OF INFORMATION MANAGEMENT
15	INTERLEND DOC SUPPLY	INTERLENDING DOCUMENT SUPPLY
16	J ACAD LIBR	JOURNAL OF ACADEMIC LIBRARIANSHIP
17	J AM MED INFORM ASSN	JOURNAL OF THE AMERICAN MEDICAL INFORMATICS ASSOCIATION
18	J AM SOC INF SCI TEC	JOURNAL OF THE AMERICAN SOCIETY FOR INFORMATION SCIENCE AND TECHNOLOGY
19	J DOC	JOURNAL OF DOCUMENTATION
20	J HEALTH COMMUN	JOURNAL OF HEALTH COMMUNICATION
21	J INFORM SCI	JOURNAL OF INFORMATION SCIENCE

序号	刊名缩写	期刊全名
22	J INFORM TECHNOL	JOURNAL OF INFORMATION TECHNOLOGY
23	J LIBR INF SCI	JOURNAL OF LIBRARIANSHIP AND INFORMATION SCIENCE
24	J MANAGE INFORM SYST	JOURNAL OF MANAGEMENT INFORMATION SYSTEMS
25	J SCHOLARLY PUBL	JOURNAL OF SCHOLARLY PUBLISHING
26	KNOWL ORGAN	KNOWLEDGE ORGANIZATION
27	LAW LIBR J	LAW LIBRARY JOURNAL
28	LIBR COLLECT ACQUIS	LIBRARY COLLECTIONS ACQUISITIONS TECHNICAL SERVICES
29	LIBR INFORM SCI	LIBRARY AND INFORMATION SCIENCE
30	LIBR INFORM SCI RES	LIBRARY INFORMATION SCIENCE RESEARCH
31	LIBR QUART	LIBRARY QUARTERLY
32	LIBR RESOUR TECH SER	LIBRARY RESOURCES TECHNICAL SERVICES
33	LIBR TRENDS	LIBRARY TRENDS
34	LIBRI	LIBRI
35	MIS QUART	MIS QUARTERLY
36	ONLINE	ONLINE
37	ONLINE INFORM REV	ONLINE INFORMATION REVIEW
38	PROGRAM-ELECTRON LIB	PROGRAM-ELECTRONIC LIBRARY AND INFORMATION SYSTEMS
39	REF USER SERV Q	REFERENCE USER SERVICES QUARTERLY
40	RESTAURATOR	RESTAURATOR-INTERNATIONAL JOURNAL FOR THE PRESERVATION OF LIBRARY AND ARCHIVAL MATERIAL
41	SCIENTIST	SCIENTIST
42	SCIENTOMETRICS	SCIENTOMETRICS
43	SOC SCI COMPUT REV	SOCIAL SCIENCE COMPUTER REVIEW
44	SOC SCI INFORM	SOCIAL SCIENCE INFORMATION SUR LES SCIENCES SOCIALES
45	TELECOMMUN POLICY	TELECOMMUNICATIONS POLICY
46	Z BIBL BIBL	ZEITSCHRIFT FUR BIBLIOTHEKSWESEN UND BIBLIOGRAPHIE

附表 4　12 组共引网络的基础数据检索策略

序号	网络指代名	检索策略*
1	"Complex Network" 04-06 in Physics, Mathematical	TS="complex network*" AND PY=2004-2006 AND Document Type=(Article) Refined by: Subject Areas=(PHYSICS, MATHEMATICAL) Databases=SCI-EXPANDED.

序号	网络指代名	检索策略*
2	"Complex Network" 07-09 in Physics, Mathematical	TS="complex network*" AND PY=2007-2009 AND Document Type=(Article) Refined by: Subject Areas=(PHYSICS, MATHEMATICAL) Databases=SCI-EXPANDED.
3	"Complex Network" 04-06 in Physics, Multidisciplinary	TS="complex network*" AND PY=2004-2006 AND Document Type=(Article) Refined by: Subject Areas=(PHYSICS, MULTIDISCIPLINARY) Databases=SCI-EXPANDED.
4	"Complex Network" 07-09 in Physics, Multidisciplinary	TS="complex network*" AND PY=2007-2009 AND Document Type=(Article) Refined by: Subject Areas=(PHYSICS, MULTIDISCIPLINARY) Databases=SCI-EXPANDED.
5	"H-index" top 93	Citing Articles Title: An index to quantify an individual's scientific research output
6	"H-index" top 164	Author(s): Hirsch, JE
7	"H-index" top 374	Source: PROCEEDINGS OF THE NATIONAL ACADEMY OF SCIENCES OF THE UNITED STATES OF AMERICA Volume: 102 Issue: 46 Pages: 16569-16572 Published: NOV 15 2005
8	"H-index" all	Refined by: Document Type=(ARTICLE) Databases=IC, SCI-EXPANDED, CCR-EXPANDED, A&HCI, SSCI, CPCI-SSH, CPCI-S.
9	JASIST 08-10	Year Published=(2008-2010) AND Publication Name=(JOURNAL OF THE AMERICAN SOCIETY FOR INFORMATION SCIENCE AND TECHNOLOGY) Refined by: Document Type=(ARTICLE) Databases=SSCI.
10	JAMIA 06-10	SO="JOURNAL OF THE AMERICAN MEDICAL INFORMATICS ASSOCIATION" and PY=2006-2010 AND Document Type=(Article) Databases=SSCI.
11	JOI 07-10	Year Published=(2007-2010) AND Publication Name=(Journal of Informetrics) Refined by: Document Type=(ARTICLE) Databases=SSCI.
12	Scientometrics 06-10	Year Published=(2006-2010) AND Publication Name=(SCIENTOMETRICS) Refined by: Document Type=(ARTICLE) Databases=SSCI

*所有的"Timespan"均为"All Years"。

后 记

过去十年中，在课题组成员共同努力下，先后在 H 指数、H 型指数和 H 型测度这一系列研究中完成和进行三个国家自然科学基金项目，分别是：国家自然科学基金项目"h-指数和类 h-指数的机理分析与实证研究"（70773101）、"专利 h 指数与专利信息网络测度研究"（71173187）和"h 型信息网络测度的机理与实证研究"（71503083）。项目研究取得总体令人满意的成果，获得国家自然基金委员会绩效评价为优的肯定。

自 2005 年 H 指数被发现以来，研究文献快速增长，本专著对 2005～2010 年的文献基本采用全面参考策略，而对 2011～2018 年的文献则采取选择性参考策略。虽然作为研究热点的 H 指数相关发表已过高峰期，但 H 型指数和 H 型测度的研究发现和扩张发展仍在继续，相关研究无论是在信息计量学、定量信息研究还是科学数据分析中都具有重要启发，使得本专著的出版具有价值。

本书把 H 型指数和 H 型测度研究主要概括为机理研究、应用研究、扩展研究、探索研究等若干方面，目前仍有一些问题悬而未决。例如，在 H 指数的机理方面，目前仍缺乏一致和公认的理论解释，一些本质属性缺乏度量参数而沿用传统参数测度，造成研究局限；在 H 指数应用扩展方面，一部分应用提出后尚缺乏深入的实证研究，具体领域的具体问题还有待明晰和解决；在 H 指数的方法改进方面，现有改进略显零散，一部分改进在可能弥补 H 指数缺陷的同时，又失去了 H 指数原有的简洁普适的主要优点，如何在简洁与深化之间找到平衡，将是今后需要努力的方向。

科学计量与学术评价领域鲜有一个研究对象能像 H 指数这样在发现不久的短时间内异军突起成为一个热点，H 型指数和 H 型测度的研究有可能继续对科学计量和信息计量测度与方法研究提供重要启示线索。首先，新的指标和方法要被普遍接受，应同时具备简洁、普适和稳健三大要点；其次，科学评价指标和方法研究应在机理研究、应用扩展和方法改进三方面综合推进；第三，富含计量信息的简单指标或测度是值得探索的方向，增加测度复杂性应以增多评价信息作为回报。

目前，社会网络、复杂系统、信息可视化等研究也在蓬勃发展，和 H 指数研究一样形成了具有研究活力的前沿领域，本书第五篇给出的 H 型信息网络测度正是在这一背景下应运而生，网络分析与信息分析进一步相互交叉渗透必将引发新的研究问题和研究共识。关系型数据和科学数据是当今数据科学研究的重点，也可为科学计量学、信息计量学乃至整个信息学研究注入新的活力并推进学术评价和启迪学术创新。总之，新的发展值得期待，新的热土有待开拓，前路漫漫，但我们责无旁贷。

赵星　李盛庆　叶鹰

2018 年夏